メールも文書もプレゼンも

Googleアプリ×生成AI

最強仕事術

著 グエル 鈴木眞里子
編 日経PC21

日経BP

● 本書の解説画面は、2023年9月中旬時点のものです。グーグルをはじめとする各社のサービスやソフトウエアのアップデートにより、画面のデザインやメニューの名称、機能や動作などが変わる場合があります。

はじめに

「Google（グーグル）」と聞いて、ほとんどの人はインターネットの検索サービスを真っ先に思い浮かべるでしょう。インターネットで情報を検索することを俗に“ググる”と言い、わからないことは何でも“グーグル先生に聞く”という人は少なくありません。

しかし、グーグルが提供するサービスは、検索にとどまりません。グーグルのメールサービス「Gmail」は、無料で使えるWebメールの代表格となっています。グーグルが手がけるOS「Android」を搭載したスマートフォンでは、利用時にGoogleアカウントを作成するのが一般的です。その際に取得したGmailのアドレスを、普段から使っているユーザーも多いと思います。

パソコン用のWebブラウザーとしてトップシェアを誇る「Chrome」も、グーグルが開発・提供しているものです。Windowsには「Edge」というブラウザーが標準で搭載されていますが、マイクロソフトのブラウザー戦略が二転三転してきた経緯から、あまり使われていません。一方のChromeは、Google検索を標準で使えるなどの利便性から、圧倒的な支持を得ています。AndroidではChromeが標準のブラウザーになっているので、パソコンとスマホで同じブラウザーを使えるというメリットもあります。パソコンのChromeとスマホのChromeの両方に同じGoogleアカウントでログインしていれば、ブックマーク（お気に入り）や閲覧履歴、パスワードなどを同期して、パソコンとスマホでシームレスに利用できるのが魅力です。

クラウド上にファイルを保存、文書の閲覧・編集もできる

上記で触れた点だけでも、グーグルのサービスやアプリを使う理由になりますが、グーグルが無料で提供するツールはほかにもたくさんあります。

例えばビジネスでの活用、仕事効率化を考えるのであれば、「Googleドライブ」を使わない手はありません。Googleドライブはクラウド上のファイル保管庫であり、仕事上の書類や資料、写真などを保存したり、バックアップしたりできます。クラウド

にファイルを置いておけば、職場のパソコンからも、自宅のパソコンからも、常に持ち歩くスマホからも、場所を問わずにいつでもアクセスできるようになります。

さらにGoogleドライブでは、文書作成、表計算、プレゼンテーションという三大オフィスアプリを、Webブラウザー上で利用できます。それぞれ「Googleドキュメント」「Googleスプレッドシート」「Googleスライド」と呼ばれるものです。これらはマイクロソフトの「Word」「Excel」「PowerPoint」で作成したファイルも、一部制限はあるものの表示・編集ができます。そのため、WordやExcelがない環境でも仕事を進められるのが利点です。ほかにも、予定管理には「Googleカレンダー」、ビデオ会議には「Google Meet」、アンケート調査やテストを実施するなら「Googleフォー

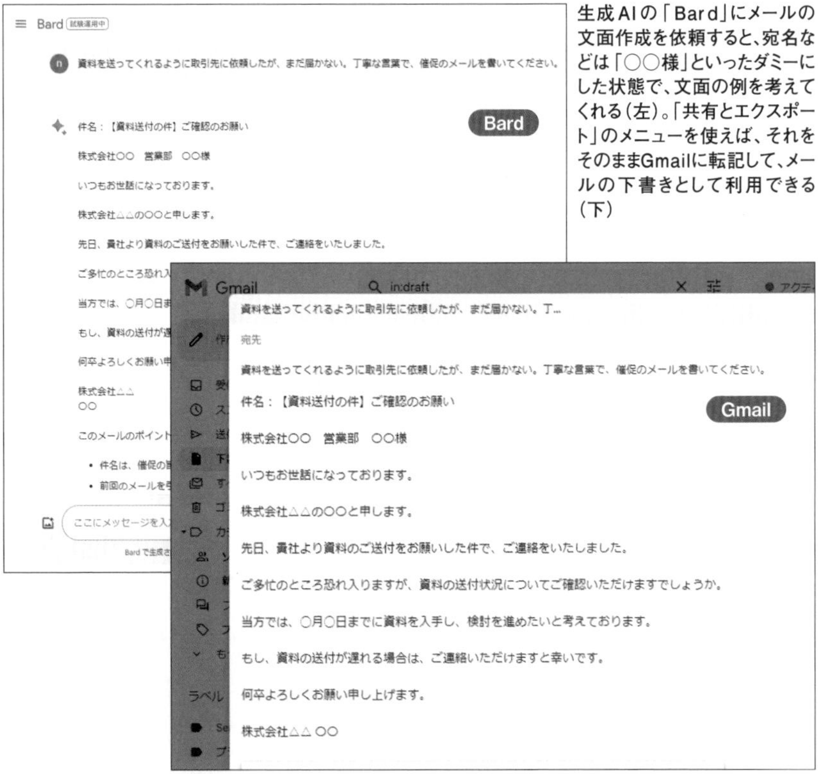
Bard
試験運用中
資料を送ってくれるように取引先に依頼したが、まだ届かない。丁寧な言葉で、催促のメールを書いてください。
件名：【資料送付の件】ご確認のお願い
株式会社○○　営業部　○○様
いつもお世話になっております。
株式会社△△の○○と申します。
先日、貴社より資料のご送付をお願いした件で、ご連絡をいたしました。
Bard
Gmail
in:draft
資料を送ってくれるように取引先に依頼したが、まだ届かない。丁…
宛先
資料を送ってくれるように取引先に依頼したが、まだ届かない。丁寧な言葉で、催促のメールを書いてください。
件名：【資料送付の件】ご確認のお願い
株式会社○○　営業部　○○様
いつもお世話になっております。
株式会社△△の○○と申します。
先日、貴社より資料のご送付をお願いした件で、ご連絡をいたしました。
ご多忙のところ恐れ入りますが、資料の送付状況についてご確認いただけますでしょうか。
当方では、○月○日までに資料を入手し、検討を進めたいと考えております。
もし、資料の送付が遅れる場合は、ご連絡いただけますと幸いです。
何卒よろしくお願い申し上げます。
株式会社△△ ○○
Gmail

生成AIの「Bard」にメールの文面作成を依頼すると、宛名などは「○○様」といったダミーにした状態で、文面の例を考えてくれる（左）。「共有とエクスポート」のメニューを使えば、それをそのままGmailに転記して、メールの下書きとして利用できる（下）

ム」……と、ビジネスの現場で役立つツールがグーグルにはひと通りそろっています。それらをすべて無料で使えるのですから、活用しないのは損です。

生成AI「Bard」の登場で、検索や文書作成の常識が変わる

そして2023年に登場した、最も注目すべきグーグルの新サービスが「Bard」です。「生成AI」「対話型AI」などと呼ばれるAI(人工知能)チャットサービスで、ユーザーが入力した質問や要望に対し、会話をするような自然な言葉で回答してくれます。同様のサービスとしてOpenAIの「ChatGPT」が有名ですが、グーグルも対抗して試験運用中(2023年9月時点)。次々と機能を強化して進化させています。

BardやChatGPTのすごいところは、質問にずばり答えてくれるだけでなく、文章の生成から文書の要約や翻訳、企画の立案やアイデアの整理、さらにはプログラミングまで、ありとあらゆる相談に乗ってくれる点です。特に、メールや文書の下書きとなるようなテキストの生成機能は、仕事の効率化に大いに役立ちます。Bardの場合、「○○のメールを作成して」と頼んで文面を考えてもらい、それを直接Gmailに転記して送信する、といった使い方ができます。ある商品についての情報をネットから集めて一覧表にしてもらい、それをGoogleスプレッドシートに転記してファイルとして保存する、といったことも可能です。さまざまなツールを提供するグーグルならではの連携ワザが、ビジネスの現場で威力を発揮することでしょう。

本書では、こうしたグーグルの多彩なアプリやサービスの中から、特に仕事に直結するものを取り上げ、基本から実践までを解説しています。多数の図版を使い、ステップ・バイ・ステップで操作できるように手順を紹介していますので、日々の仕事にぜひ役立てください。

日経PC21編集長　田村 規雄

基本を確認 Googleアプリとは

多彩なGoogleアプリ

検索サイトとして有名なグーグルだが、ほかにも多くのサービスを展開している（**図1**）。その多くが、Webブラウザー上で動作するWebアプリやクラウドサービスだ。パソコンではほとんどのサービスをアプリのインストールなしで利用できる。スマホやタブレットでもWebブラウザーで利用できるが、スマホに最適化したアプリを利用したほうが操作しやすいことが多い。

本書では、グーグルが提供するこれらのサービスやアプリを総称して「Googleアプリ」と呼ぶ。

代表的なGoogleアプリ

アプリ名	機能概要
Google検索	Webページを検索
Chrome	高機能なWebブラウザー。Googleアプリとの親和性が高い
Gmail	無料で利用できるメールサービス。検索機能や自動振り分け機能など、独自の機能も多い。迷惑メール対策にも定評がある
Googleドライブ	クラウドストレージ。Googleアプリのファイル保存先でもある
Googleドキュメント	文書の作成、編集を行うWebアプリ。Word文書も扱える
Googleスプレッドシート	作表、計算、グラフ作成などを行うWebアプリ。Excelのファイルも扱える。マクロ機能もある
Googleスライド	プレゼン用のスライドを作成。PowerPointのファイルも扱える
Googleフォーム	アンケートやテストなどをオンラインで作成、配布し、自動で集計が行えるフォーム作成ツール
Googleカレンダー	スケジュール管理ツール
Googleフォト	写真や動画の保存に特化したクラウドストレージ
Google Meet	オンライン会議やチャットなどを行うコミュニケーションツール
Googleマップ	地図検索ツール。住所やスポット名などで検索し、目的地までのルート検索も可能
Google翻訳	100以上の言語に対応する翻訳サービス
YouTube	動画配信サービス
連絡先	GmailなどのGoogleアプリで利用する連絡先を管理

図1 グーグルが展開するクラウドサービスは多いが、ここに挙げたアプリはビジネスでの利用頻度も高い

クラウドサービスの利点を生かして使おう

Googleアプリは、Webブラウザーとインターネット環境さえあれば使える。パソコンはもちろん、スマホやタブレットでも利用できる。通常のアプリは、外出先の機器にインストールされていなかったり、使い慣れた環境と大きく違ったりすることもあるが、Googleアプリならそうした心配は無用だ。ほかにも、クラウドサービスならではの利点は多い（**図2**）。

Googleアプリは基本的に無料で利用できるが、無料で保存できるデータ容量には15GB以内という制限がある（**図3**）。超えた場合は有料（100GBで月250円／年2500円から）のプランもある。

Googleアプリを使うメリット

- パソコン、スマホ、タブレットと機種を問わず利用可能
- Webブラウザーで動作するのでインストール不要
- ほとんどのサービスを無料で利用できる
- 組織外の人とも共同作業がしやすい
- Googleアカウントがあれば、クラウドストレージ「Googleドライブ」を15GBまで無料で使える
- Googleドライブでは保存したデータの履歴が残り、過去のファイルに復元することができる
- Googleアカウントで同期すればどこでも同じ環境で使える
- Microsoft Officeのファイルも閲覧、編集できる
- クラウドサービスなので常に最新の機能が利用できる

図2 Webブラウザーで利用するGoogleアプリには、多くのメリットがある。マイクロソフトのOfficeアプリと併用も可能なので、双方のメリットを理解して使い分けたい

無料でクラウド保存できるファイル容量は15GBまで

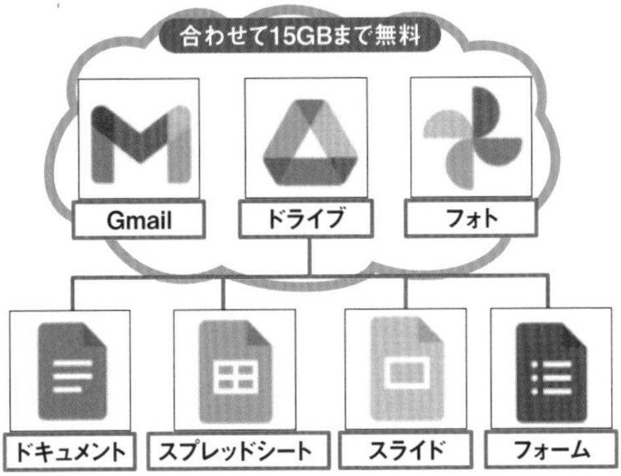

図3 Googleアプリのデータは、クラウド上に保存される。Gmail、Googleドライブ、Googleフォトを合わせて15GB以内であれば無料だ。Googleドライブには、ドキュメント、スプレッドシート、スライド、フォームなどのデータが保存されるので、容量オーバーに注意しよう。有料のクラウドストレージ「Google One」を契約すれば、容量を増やすこともできる

Googleアカウントでサービスをフル活用

Googleアプリの中には、検索やGoogleマップのようにログイン不要で使えるサービスもある。ただ、Googleマップはログインすることで自宅やお気に入りの場所を登録でき、素早く経路検索ができる。同様に、ログインによって使える機能が増えるものがGoogleアプリには多い（**図4**）。GmailやGoogleドキュメントのようにデータを保存するアプリや、Playストアのように支払いが必要なアプリはログイン必須だ。Googleアプリを使うなら、無料のGoogleアカウントを作成して使おう（**図5**）。

ログインすると使える機能が増えるアプリ

アプリ名	ログインで使えるようになる機能
Google検索	検索履歴の保存
Chrome	ブックマークや閲覧履歴などの保存。環境の同期
YouTube	お気に入りチャンネルの登録。アップロード
Googleマップ	お気に入りの場所や自宅などの登録

図4　ログイン不要で使えるアプリでも、ログインすることで個人的な情報を登録できるようになる。ログインせずに使うのは損だ

ChromeにGoogleアカウントでログイン

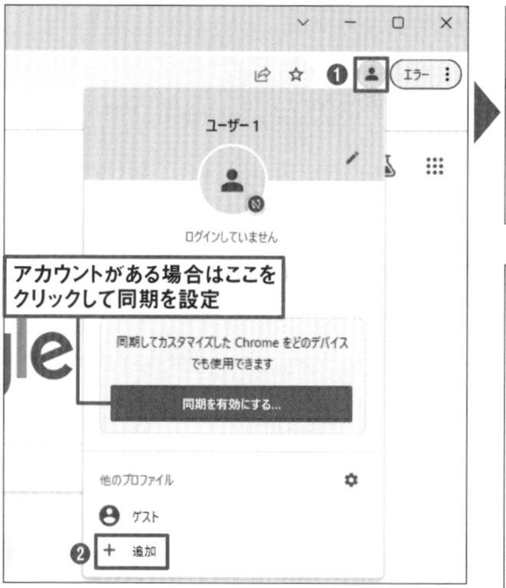

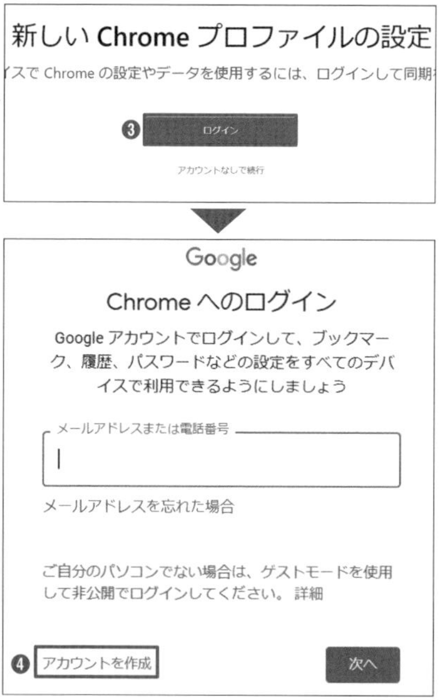

図5　ChromeのインストールI時にGoogleアカウントを指定しなかった場合、アカウントアイコンをクリックしてログインやアカウント作成ができる（❶）。アカウントを作成する場合は「追加」をクリックして（❷）、「ログイン」をクリック（❸）。「アカウントを作成」をクリックして必要事項を入力する（❹）

自分のパソコン以外でも、Chromeに自分のGoogleアカウントでログインすることで、普段通りにGoogleアプリを利用可能になる。ブックマークや履歴なども同期され、Gmailならどこでもメールのやり取りができる。

Googleアプリの起動は、Google検索の画面などで表示される「Googleアプリ」アイコンを使うと簡単だ（**図6**）。

なお、自分のパソコン以外でGoogleアプリを利用した場合、次に使う人に勝手に使われないように、必ずログアウトして痕跡を消しておこう（**図7**）。

Googleアプリの一覧を表示し、アプリを起動する

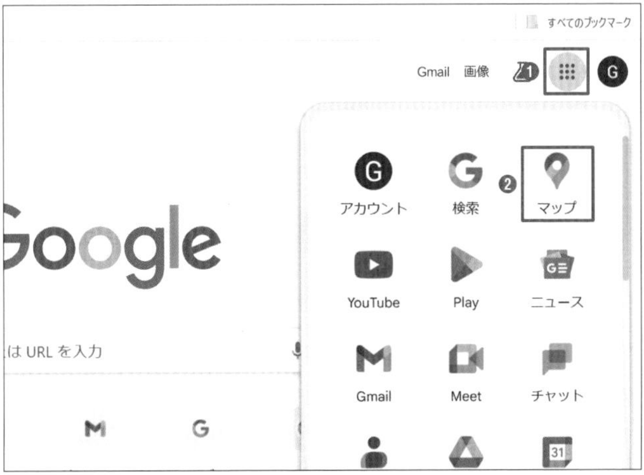

図6 Google検索をはじめとするGoogleアプリのページには、点が格子状に並んだ「Googleアプリ」アイコンがある（❶）。これをクリックするとGoogleアプリの一覧がメニュー表示されるので、目当てのアプリを選択して起動する（❷）

Chromeからログアウトして痕跡を消去

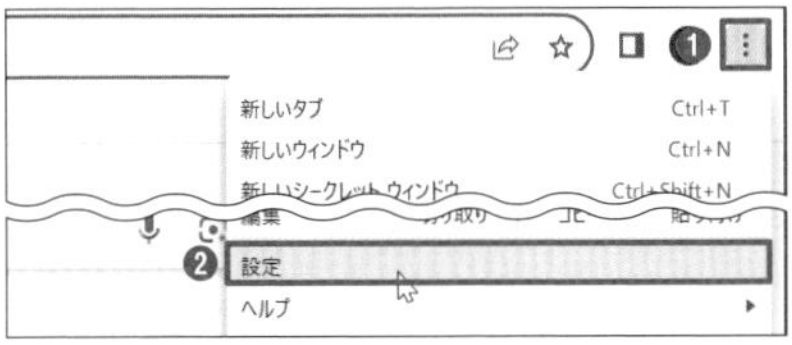

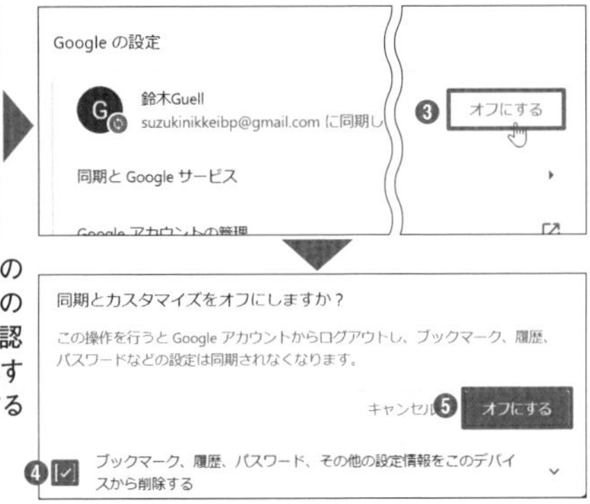

図7 Chromeからログアウトするには、画面右上の「⋮」をクリックし、「設定」を選択（❶❷）。「Googleの設定」で「オフにする」をクリックする（❸）。続く確認画面で「ブックマーク、…をこのデバイスから削除する」にチェックを入れて、「オフにする」をクリックする（❹❺）

チームでの作業に有効なGoogle Workspace（有料版）

単体で使っても便利なGoogleアプリだが、アプリ同士を連携させたり、仕事仲間と情報を共有したりすることで、より利便性が上がる。グーグルは組織で情報を共有するコミュニケーション機能を備えた「Google Workspace」というグループウエアも提供している（**図8**）。スケジュール共有、メールやチャットでの情報交換、ファイル共有、会議室などの設備予約など、無料版にはない機能も多い。

Googleアプリの新機能は、先行してGoogle Workspaceで提供されることが多い。グーグルの対話型AIサービス「Duet AI」による文章の自動作成機能もその1つだ（212ページ）。グループウエアというと初期投資が必要なものもあるが、Google Workspaceは月払いで利用できるサブスクリプション方式なので、すぐにでも使い始めることができる（**図9**）。

本書ではChromeで無料のGoogleアプリを使う手順を中心に説明するが、Google Workspaceでも同様に使える機能なので参考にしてほしい。

組織として導入するならGoogle Workspace

Google Workspace
https://workspace.google.co.jp/

図8 Googleアプリを組織として活用するならGoogle Workspaceの導入を検討したい

図9 Google Workspaceは月額680円から利用できる。14日間は無料での試用も可能だ

第1章

メール処理を速くする Gmailの達人ワザ

「Gmail」はグーグルの無料メールサービス。パソコンではWebブラウザーでメールのやり取りを行う。ほかのGoogle サービスと合計して15GB の大容量を無料で利用できる。便利な送信機能やメール管理機能を使いこなすポイントを紹介する。

Section 01 複数の端末で使いやすいGmailならではの仕組み

「Gmail」は、主にブラウザー上でやり取りを行うWebメールサービス。独自のメールサーバーを使うGmailには、プロバイダーのメールやほかのWebメールサービスとは異なるさまざまな特徴がある。その特徴を理解しておくと、より効果的に使えるはずだ。

プロバイダーメールでは、受信メールをパソコンにダウンロードするPOP方式が主流であり、メールデータがサーバー側に残らないのが一般的だ。しかしGmailでは、サー

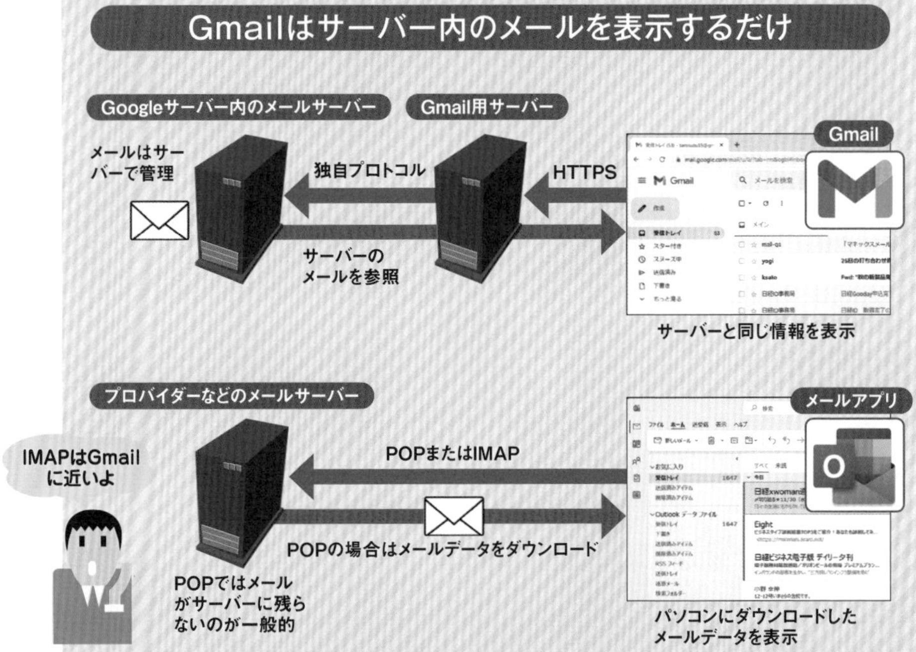

図1 Gmailはメールサーバーと同期することでパソコンなどにメールを表示する。一般的なメールアプリはPOPかIMAPというプロトコル（通信手段）を使い、POPではメールデータをサーバーからダウンロードする。IMAPの場合は同期するだけなのでGmailと動作が似ている

バーにあるデータを参照して表示するだけで、メールのデータはサーバーに残る（**図1**）。そのため、パソコンでもスマホでも、Outlookなどのメールアプリでも、同じようにメールを表示できる（**図2**）。外出先のスマホで既読にしたメールは、帰社してパソコンで見ても既読になっているということだ。

POPではなくIMAP方式を使えば、プロバイダーメールでもサーバー側でメールを管理できるが、Gmailの特徴はそれだけではない（**図3**）。なかでも重要なのが安全性だ。悪質なメールのブロック機能や不正アクセスへの対処など、Googleサービス全体で提供する強固なセキュリティには定評がある。サーバーを参照するにはネット環境が必要だが、後述する「オフラインGmail」を使えば、ネット環境がない場所でもメールの閲覧・返信・検索ができるので安心だ。

場所やアプリの自由度が高いGmail

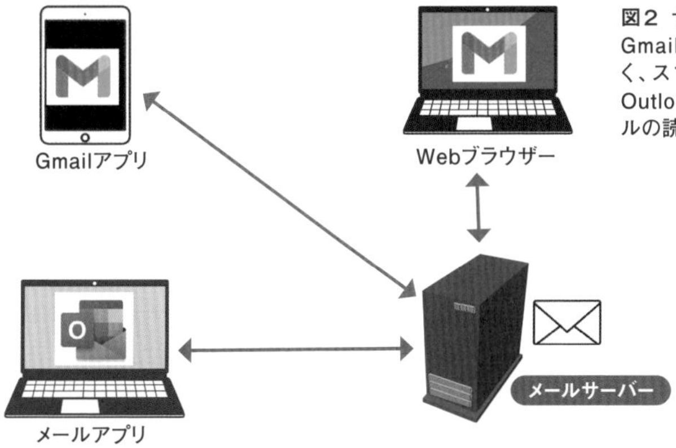

図2　サーバーでメールの管理を行うGmailでは、Webブラウザーだけでなく、スマホなどのGmailアプリや、Outlookなどのメールアプリからもメールの読み書きができる

Gmailを使う7つの利点

1　複数の端末から同じ環境でアクセスできる
2　セキュリティの高さに定評がある
3　15GBまで無料（ほかのGoogleサービスと共用）
4　ほかのGoogleサービスと連携しやすい
5　「ソーシャル」などのカテゴリー自動振り分けが便利
6　アーカイブ機能で容量を節約可能
7　プロバイダーメールもまとめて送受信できる

図3　Gmailを使う7つのメリット。複数の端末からのアクセスはIMAPでも可能だが、ほかにもGmailならではのメリットは多い

Section 02

送信メールの差出人名はわかりやすく書き換えること

受信メールには、誰からのメールかがわかるように差出人名が表示される。差出人名はメール作成画面に表示されるだけなので、おかしな名前になっていても気付きづらいものだ。Gmailの差出人名は、初期設定ではGoogleアカウントの名前になっている。仕事で使う場合には社名を入れるなど、差出人名を変更しておきたい。差出人名はGmailの設定画面で簡単に変更することができる（**図1**、**図2**）。

メールの差出人名を変えるのは簡単

図1　画面右上にある歯車アイコンの「設定」をクリックし、「すべての設定を表示」を選択（❶❷）。「アカウントとインポート」を選択し（❸）、「名前」欄の「情報を編集」をクリックする（❹）

図2　「名前」欄の上段に表示されるのが現在の差出人名だ。変更するには、下段の入力欄に正しい差出人名を入力して「変更を保存」をクリックする（❶❷）

ただし、この方法で変更されるのは、Gmailで送信するの差出人名のみ。Googleドキュメントやスプレッドシートなど、Googleアプリ全体の作成者名を変更するには、Googleアカウントの名前を変える必要がある。アカウントの設定画面で「名前」を変更しよう（**図3、図4**）。アカウント名は1つしか登録できないので、個人でも仕事でも使えるような名前にしておくとよいだろう。

Googleアカウントの名前を変更する

図3 画面右上のユーザーアイコンをクリックし（❶）、「Googleアカウントを管理」をクリック（❷）。開くページで「個人情報」を選択して「名前」欄をクリックする（❸❹）

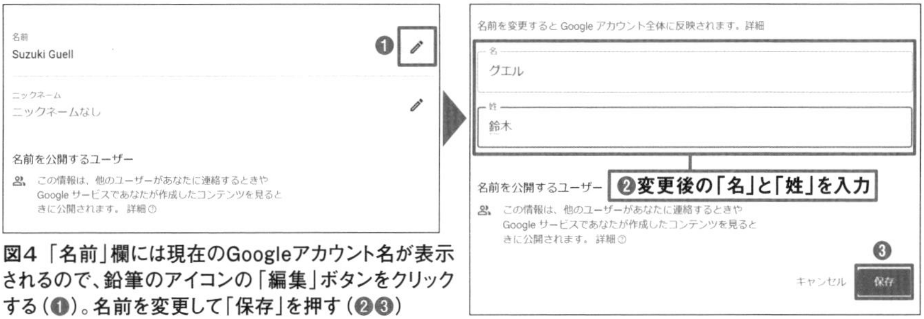

図4 「名前」欄には現在のGoogleアカウント名が表示されるので、鉛筆のアイコンの「編集」ボタンをクリックする（❶）。名前を変更して「保存」を押す（❷❸）

Section 03

画面をカスタマイズして作業効率を爆上げ！

作業しづらい画面設定だと効率が悪い。Webブラウザーで作業するGmailだが、画面の構成や表示方法はかなり自由に変更できる。

画面左側に表示されるメインメニューから見ていこう。Gmailだけを利用している場合、ここにはGmailのメニューが表示される。左上の三本線をクリックするとアイコン表示にできるのだが、そうすると新着メールの数がわからないのが難点だ（**図1**）。一方、

メインメニューは4通りの表示方法から選択

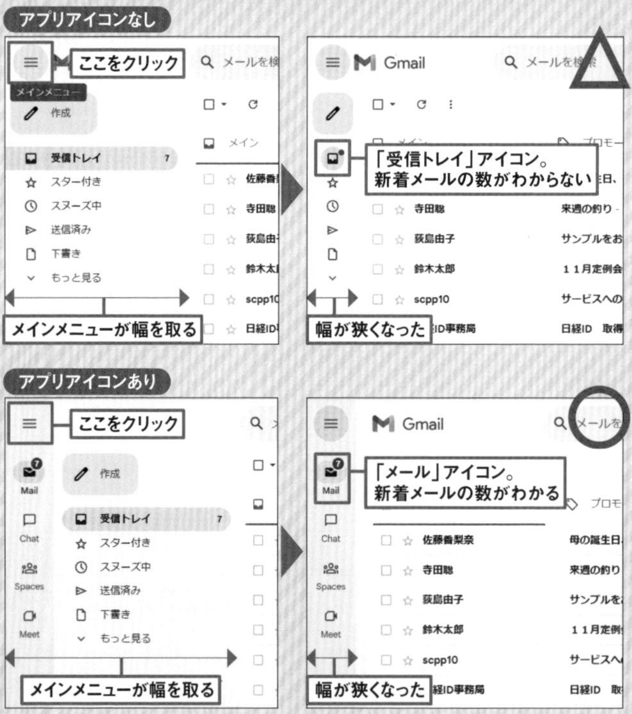

図1 グーグルのChatやMeetを使っていない場合の表示。三本線の「メインメニュー」ボタンを押すと、Gmailのアイコンのみがコンパクトに表示される。ただし、新着メールの数が表示されないなど、使い勝手はイマイチ

図2 ChatやMeetを使っている場合、画面左端にアプリアイコンが表示され、アプリの切り替えができる。「メインメニュー」ボタンをクリックすると、アプリアイコンのみの表示になるが、新着メールの数も表示される

ChatやMeetを使っていると、メインメニューにはアプリのアイコンが表示される（**図2**）。その場合、アイコンのみの表示にしても、新着メールの数が表示されて便利だ。

ChatやMeetを使っていなくても、このアプリアイコンを表示させることはできる（**図3**）。ただし、Chatを使っていないのにオンにすると、Gmail起動時に確認メッセージが出てひと手間かかることがあるので、Meetのみオンにするのがコツだ。

アプリアイコンのみの表示にした場合でも、「Mail」にマウスポインターを合わせれば「受信トレイ」などGmailのメニューが表示されるので問題ない（**図4**）。下端の「通知バブル」にはChatの新着メッセージも表示される。好みに応じて表示を選ぼう。

アプリアイコンを表示するには

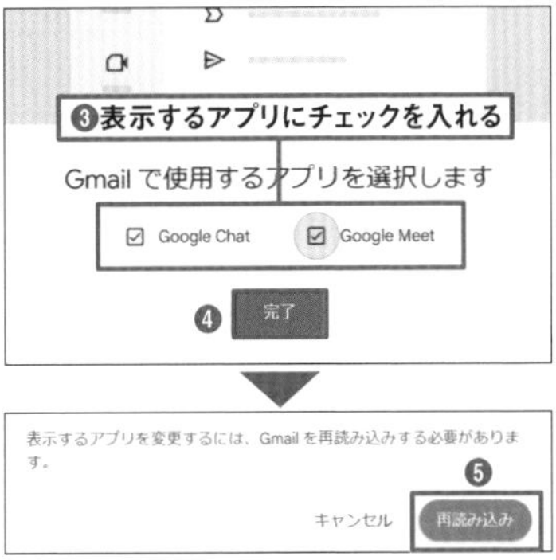

図3 歯車アイコンの「設定」ボタンを押し、「ChatとMeet」の「カスタマイズ」をクリックする（❶❷）。「Google Chat」か「Google Meet」のどちらかまたは後者のみにチェックを入れ、「完了」を押す（❸❹）。確認画面で「再読み込み」をクリックする（❺）

通常はアプリアイコンのみの表示でOK

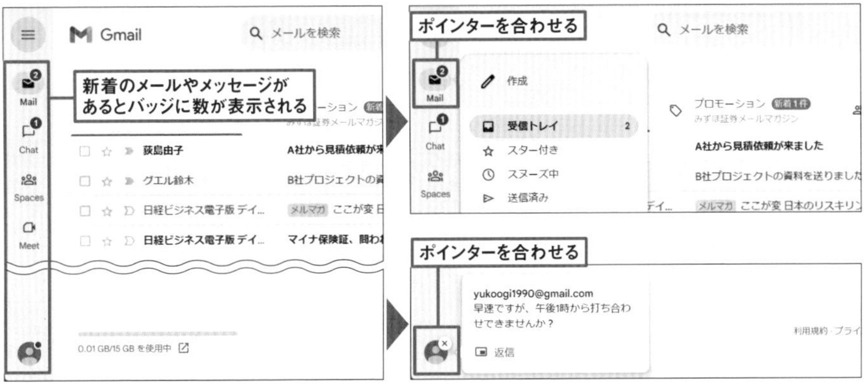

図4 メインメニューが非表示でも、アプリアイコンには新着メールの数などがバッジで表示されるのでわかりやすい（左）。メールの操作をするときには、「Mail」アイコンにマウスポインターを合わせるとメニューが表示され、メール作成やラベルの選択も可能だ（右上）。新着のチャットをポップアップ表示で確認することもできる（右下）

メール一覧からメールを開くと閲覧画面のみの表示に切り替わり、次のメールを開くにはメール一覧に戻る必要がある（**図5**）。メールをサクサク読みたいなら、メール一覧と同じ画面に閲覧ウィンドウを表示させよう。閲覧ウィンドウの位置は、「受信トレイ」の右か下かを選べるので、使い勝手の良いほうを選択する（**図6**）。

閲覧ウィンドウを表示させると、画面右上に新しいメニューが追加され、閲覧ウィンドウの表示／非表示や、配置の選択が可能になる（**図7**）。

プレビュー用の閲覧ウィンドウを表示させる

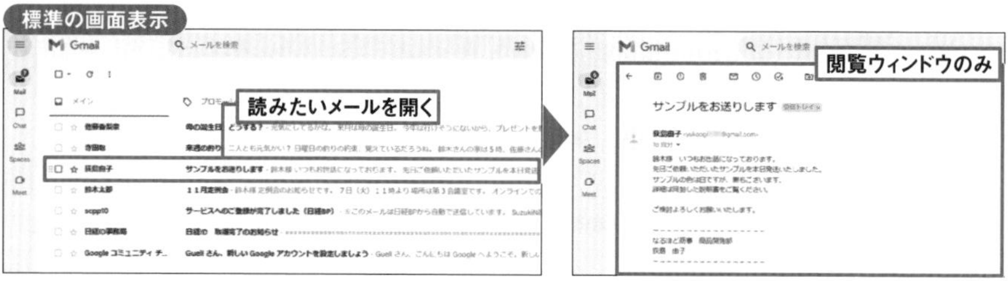

図5 通常はメールを開くと閲覧ウィンドウのみになり、別のメールを開くには「受信トレイ」に戻る必要がある

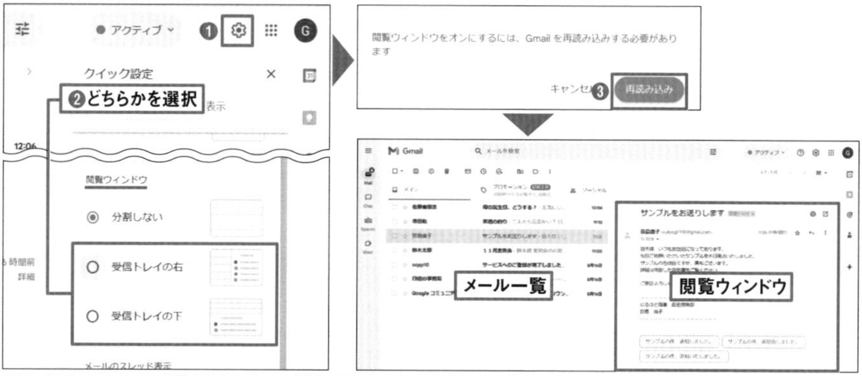

図6 歯車アイコンの「設定」をクリック（❶）。「クイック設定」画面の「閲覧ウィンドウ」欄で「受信トレイの右」または「受信トレイの下」を選ぶ（❷）。確認画面で「再読み込み」を選択すると、受信メールの一覧と閲覧ウィンドウが並んで表示される（❸）。メールを選ぶとその場で本文が表示されるので、順番にメールをチェックするのに便利だ

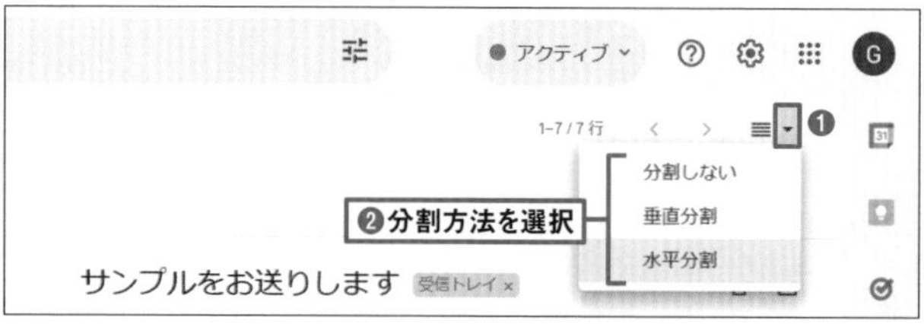

図7 閲覧ウィンドウを表示させると、ウインドウ右上に画面の分割方法を選択するメニューが表示される（❶）。「分割しない」で非表示に戻り、「垂直分割」で右側、「水平分割」で下側に表示される（❷）

メールを開いて確認するかどうかは、差出人名と件名で判断できることがほとんどだ。メール一覧に本文の初めの部分が表示されるのが邪魔だと感じるなら、本文のプレビューをオフにして、件名のみの表示に切り替えよう（**図8、図9**）。

メインメニューに表示されるラベル（分類）が多いと、よく使うラベルが「もっと見る」の中に隠れてしまうことがある（**図10**）。使わないラベルは非表示にして、よく使うラベルだけを表示させたい。設定画面でラベルごとに表示／非表示を切り替えよう（**図11**）。

件名欄は本文非表示でスッキリ

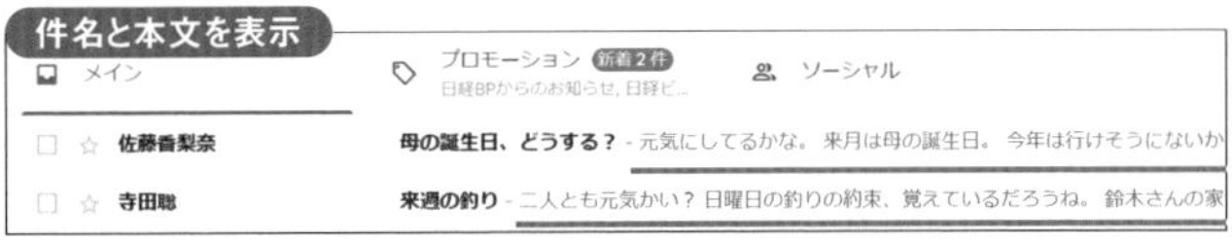

図8 メールの一覧には、件名と本文の一部を表示するのが初期設定。本文が不要なら、消したほうがスッキリする

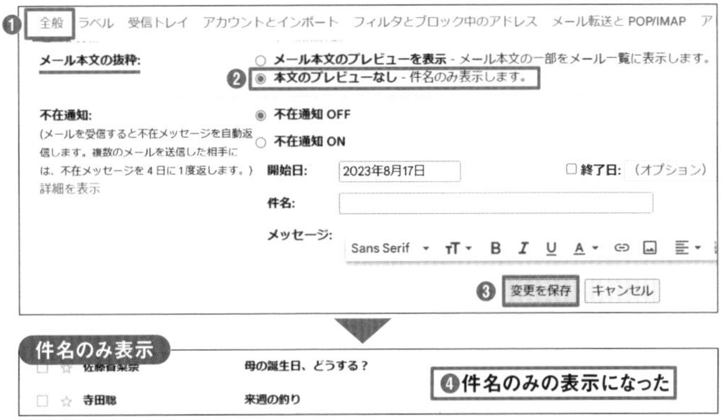

図9「設定」をクリックし、「すべての設定を表示」を選択。「全般」を選ぶ（❶）。「メール本文の抜粋」で「本文のプレビューなし」を選択する（❷）。「変更を保存」を押すと、件名のみの表示になり、スッキリする（❸❹）

使うラベルだけを表示する

図10 メインメニューに表示されるラベルが多いと、「もっと見る」の中によく使うラベルが隠れることがある

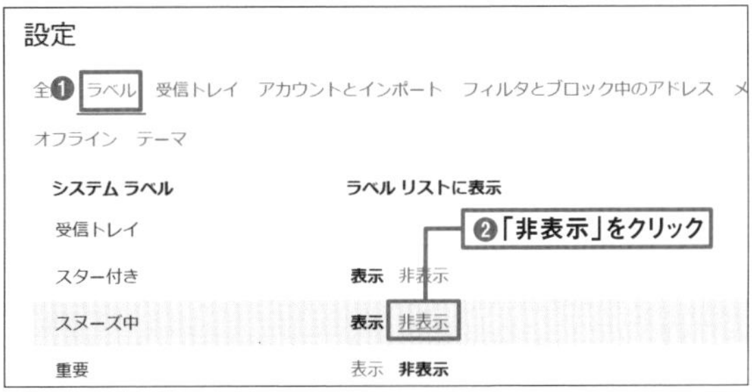

図11「設定」の画面を表示させ、「ラベル」を選択する（❶）。現在の設定は黒い文字で表示される。使わないラベルは「非表示」を選択する（❷）。最後に「変更を保存」を押す

Section 04

「スレッド表示」をやめて メールは1通ずつ表示

Gmailの初期設定では、「スレッド表示」がオンになっている。スレッド表示とは、メールを件名ごとのグループとして表示する方法だ（**図1**）。

一連のやり取りをまとめて表示できるスレッド表示は便利に思えるが、途中で件名を変えてしまうと別スレッドとして扱われることがある。逆に件名を変えずに別の会話を始めると同じスレッドに入ってしまい、探しづらくなることもある。

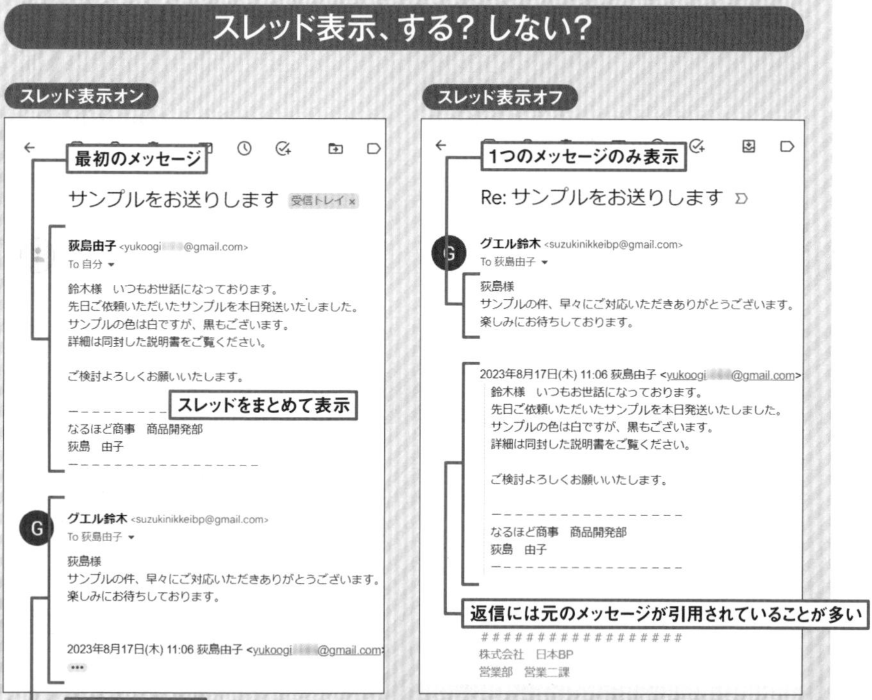
スレッド表示、する？ しない？
スレッド表示オン
最初のメッセージ
サンプルをお送りします
受信トレイ ×
荻島由子 <yukoogi@gmail.com>
To 自分
鈴木様　いつもお世話になっております。
先日ご依頼いただいたサンプルを本日発送いたしました。
サンプルの色は白ですが、黒もございます。
詳細は同封した説明書をご覧ください。
ご検討よろしくお願いいたします。
スレッドをまとめて表示
なるほど商事　商品開発部
荻島　由子
グエル鈴木 <suzukinikkeibp@gmail.com>
To 荻島由子
荻島様
サンプルの件、早々にご対応いただきありがとうございます。
楽しみにお待ちしております。
2023年8月17日(木) 11:06 荻島由子 <yukoogi@gmail.com>
返信のメッセージ
スレッド表示オフ
1つのメッセージのみ表示
Re: サンプルをお送りします
グエル鈴木 <suzukinikkeibp@gmail.com>
To 荻島由子
荻島様
サンプルの件、早々にご対応いただきありがとうございます。
楽しみにお待ちしております。
2023年8月17日(木) 11:06 荻島由子 <yukoogi@gmail.com>
鈴木様　いつもお世話になっております。
先日ご依頼いただいたサンプルを本日発送いたしました。
サンプルの色は白ですが、黒もございます。
詳細は同封した説明書をご覧ください。
ご検討よろしくお願いいたします。
なるほど商事　商品開発部
荻島　由子
返信には元のメッセージが引用されていることが多い
株式会社　日本BP
営業部　営業二課

図1 スレッド表示では一連のメッセージがまとめて表示される（左）。スレッド表示をオフにすると、メッセージごとの表示になるが、返信は元のメッセージを含む場合が多いので問題は少ない（右）

スレッド表示はオフにすることで、表示がわかりやすくなることも多い。オフにしても、返信には元メールの内容を付けるのが一般的なので大きな問題はないだろう。スレッド表示にするかどうかは、クイック設定で簡単に変更できる（**図2**）。

スレッド表示では、返信のやり取りも含めて1通のメールとしてメール一覧に表示される。差出人名の右側に表示される数字が、やり取りしたメールの数だ（**図3**）。スレッド表示をオフにすると、やり取りした数ではなく、返信や転送をしたかどうかを示す矢印が表示されるようになる（**図4**）。

スレッド表示をオフにする

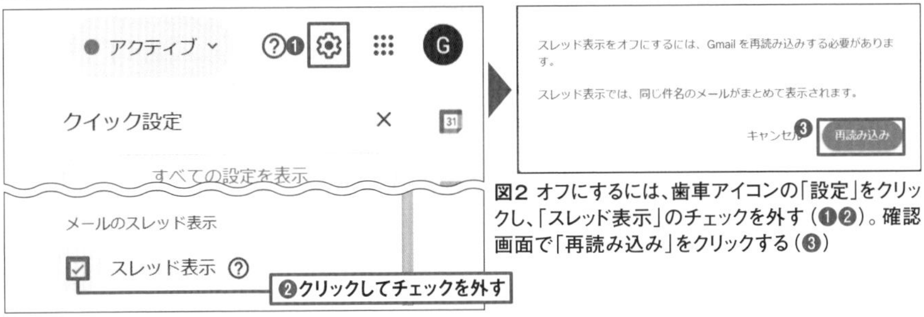

図2 オフにするには、歯車アイコンの「設定」をクリックし、「スレッド表示」のチェックを外す（❶❷）。確認画面で「再読み込み」をクリックする（❸）

スレッド表示のオン／オフでメール一覧の表示も変わる

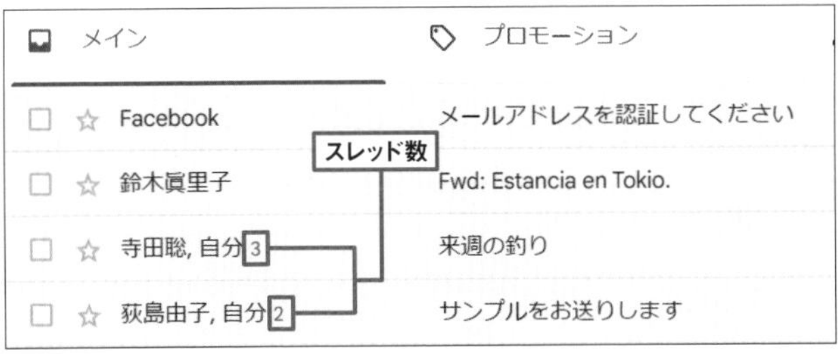

図3 スレッド表示で差出人名の右側に表示される数字は、メールをやり取りした数だ

図4 スレッド表示をオフにすると、メール一覧には1通ごとにメールが表示される。返信済みかどうかは、差出人名左側の矢印でわかる

Section 05 メールの内容を基に返信のひと言をAIが提案

メールはインターネットのトラブルで届かないこともあれば、迷惑メールなどに仕分けされて相手が見ていない可能性もある。大事なメールを受け取ったら、ひと言でも返信することで受信したことを相手に知らせるのがマナーだ。

とはいえ、いつも「了解です」のひと言返信では味気ない。Gmailには、受信メールの内容に応じてひと言返信の候補を表示し、「返信」ボタンを押してひと言書くまでの操作

「スマートリプライ」で返信を一発入力

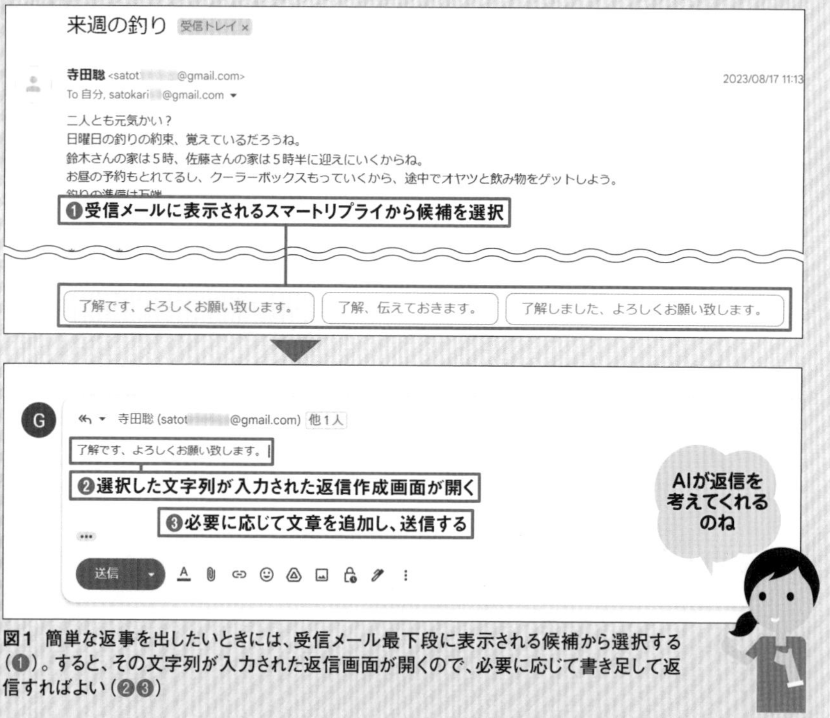
来週の釣り　受信トレイ ×
寺田聡 <satot　@gmail.com>
2023/08/17 11:13
To 自分, satokari　@gmail.com
二人とも元気かい？
日曜日の釣りの約束、覚えているだろうね。
鈴木さんの家は5時、佐藤さんの家は5時半に迎えにいくからね。
お昼の予約もとれてるし、クーラーボックスもっていくから、途中でオヤツと飲み物をゲットしよう。
❶受信メールに表示されるスマートリプライから候補を選択
了解です、よろしくお願い致します。
了解、伝えておきます。
了解しました、よろしくお願い致します。
G
寺田聡 (satot　@gmail.com) 他1人
了解です、よろしくお願い致します。
❷選択した文字列が入力された返信作成画面が開く
❸必要に応じて文章を追加し、送信する
送信
AIが返信を考えてくれるのね

図1　簡単な返事を出したいときには、受信メール最下段に表示される候補から選択する(❶)。すると、その文字列が入力された返信画面が開くので、必要に応じて書き足して返信すればよい(❷❸)

をワンクリックで行える「スマートリプライ」という機能がある（**図1**）。AI（人工知能）を利用して受信メールの内容を読み解いて返信候補を表示するため、気の利いた言葉に驚くこともあるほどだ（**図2**）。スマートリプライがGmailに搭載されたのは2017年のこと。当初は英語のみの対応だったが、現在では日本語、スペイン語、フランス語、ポルトガル語などにも対応している。

スマートリプライが表示されない場合は、設定でオンに切り替えよう（**図3**）。なお、スマートリプライの利用には、ユーザーの使用履歴に応じて各種の提案などを行う「スマート機能とパーソナライズ」をオンにする必要がある。

内容に応じた候補を自動表示

図2 スマートリプライに表示される候補は、受信メールの内容や、Googleサービスで普段使っている文章などによって変わる。2022年9月以降は、スペイン語、フランス語、ポルトガル語にも対応した

「スマートリプライ」のオン／オフを切り替え

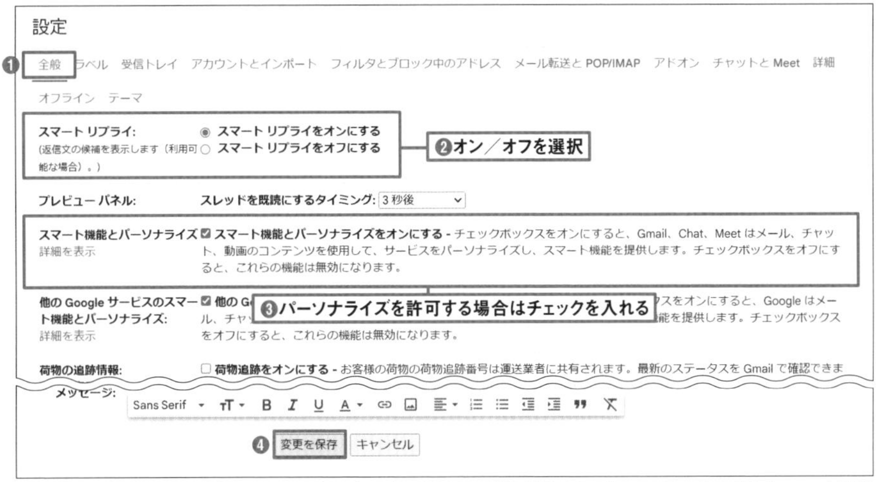

図3 「設定」をクリックし、「すべての設定を表示」を選択する。「全般」にある「スマートリプライ」と「スマート機能とパーソナライズ」をオンにすると、スマートリプライが表示される（❶〜❹）

Section 06 仕事用と個人用署名を適切に使い分ける

メールに付ける署名は、毎回手入力するのではなく、自動入力で手間を省こう。Gmailでは、メールの作成時や返信時に署名を自動入力したり、複数の署名を登録して切り替えて使用したりできる（**図1**）。

署名の登録は設定画面で行う。仕事用の署名なら社名や会社の住所などを入力するが、プライベートなメールには個人の連絡先を入れたい。まずは頻繁に利用する署名を登録し、メールの作成時と返信時に自動入力するよう設定する（**図2**、**図3**）。

複数の署名を切り替えて自動入力

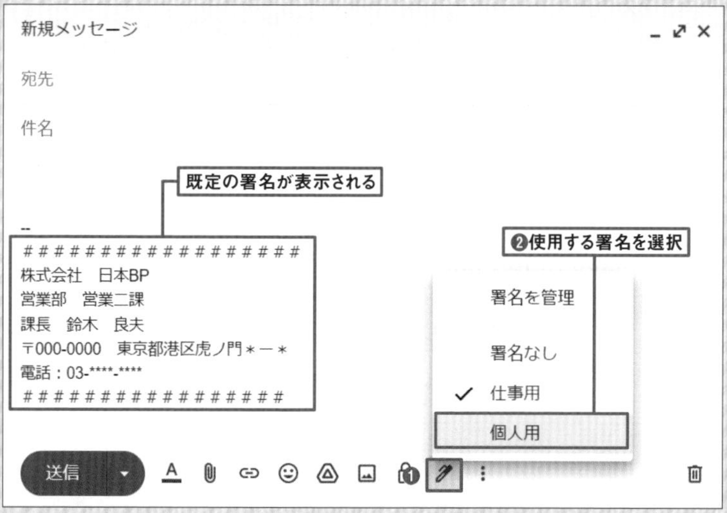

図1 署名を登録すると、メールの作成画面と、返信／転送画面にデフォルト（既定）の署名を自動表示させることができる。複数の署名を登録した場合、デフォルトの署名以外を使いたいときには、ペンのアイコンの「署名を挿入」ボタンから切り替える（❶❷）

ほかにも用途別に登録しておきたい場合は、同じ画面で登録を続ける(**図4**)。最後に「変更を保存」をクリックすることで、署名の登録は完了だ。メールの作成時や返信／転送時に自動的に署名が表示されるようになり、必要に応じて切り替えて使える。

署名を登録する

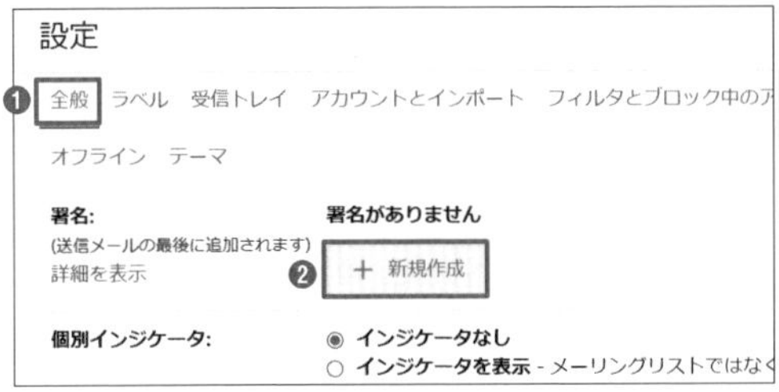

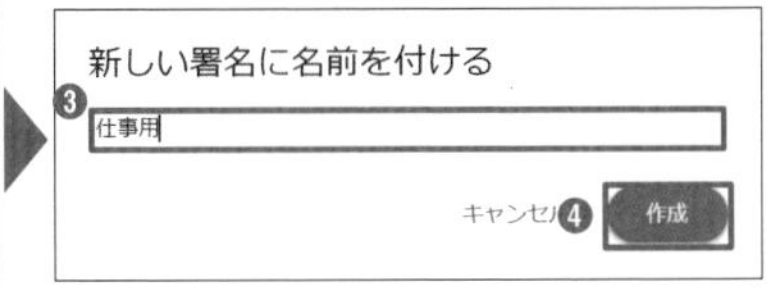

図2 「設定」をクリックし、「すべての設定を表示」を選択する。「全般」をクリックし、「署名」欄の「＋新規作成」を選択(❶❷)。わかりやすい名前を付けて「作成」を押す(❸❹)

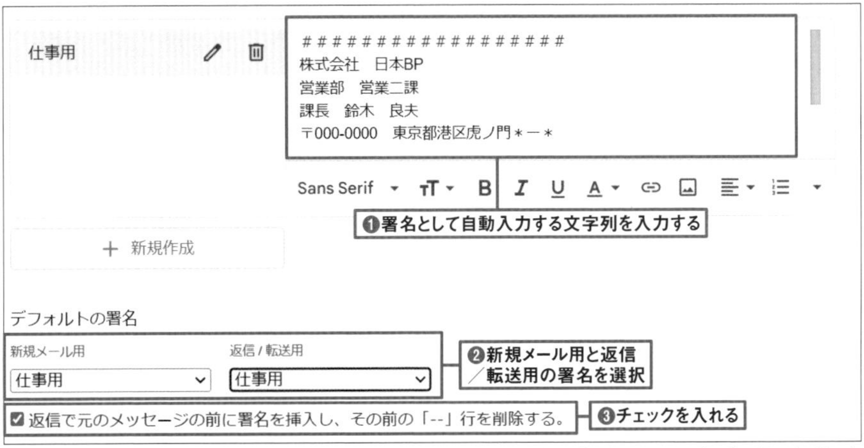

図3 署名として表示する文字列を入力する(❶)。「デフォルトの署名」で、「新規メール用」と「返信／転送用」に自動表示する署名をそれぞれ選択する(❷)。「返信で元のメッセージの前に…」をオンするとよい(❸)

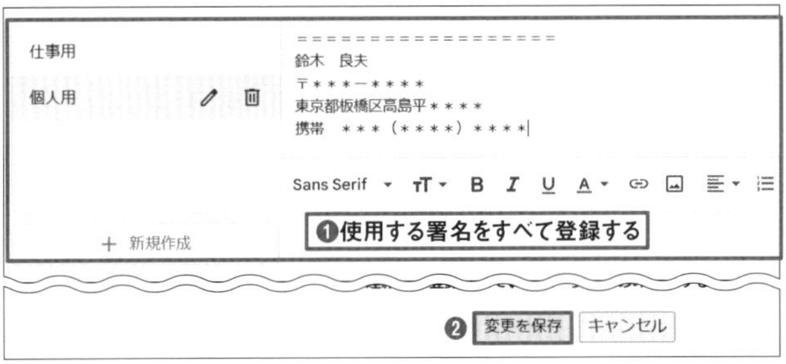

図4 複数の署名を使い分ける場合は、「＋新規作成」をクリックし、別の署名を登録する(❶)。最後に画面下部にある「変更を保存」をクリックするのを忘れないように(❷)

Section 07
過去メールを流用するなら テンプレートに登録

送付状や定例会議の開催通知のように、同じ文面で頻繁に出すメールは、テンプレートとして登録しておこう。登録したテンプレートは、メールの作成画面や返信画面で簡単に開いて再利用できる（**図1**）。

初期設定ではテンプレートが使えない状態になっているので、使える設定にする（**図2**）。その後、メールの作成画面で登録したい定型文を入力し、テンプレートとして保存

テンプレートならいつでも呼び出して使える

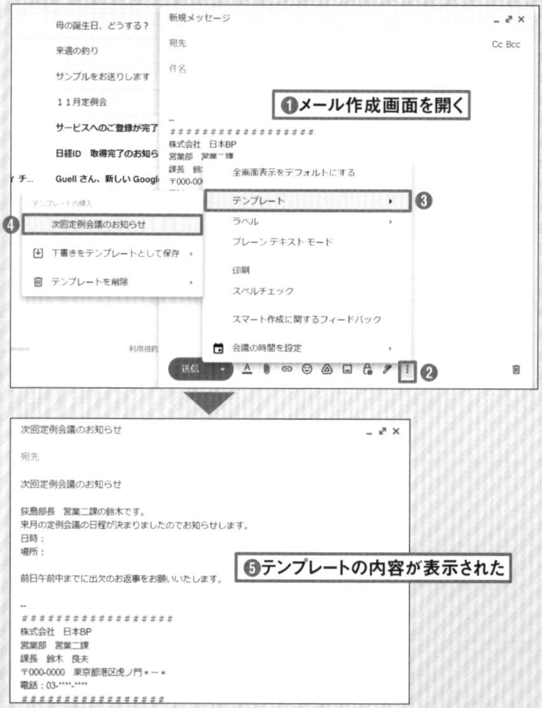

図1　よく使う文書をテンプレートとして保存しておくと、メールの作成時や返信時などにすぐ呼び出して再利用できる。保存したテンプレートを使うには、画面右下の「︙」ボタンを押し、「テンプレート」から使用するテンプレートを選ぶ（❶～❹）。登録したテンプレートの内容が入力されるので、必要に応じて修正して送信する（❺）

する（**図3**、**図4**）。署名を自動入力するように設定している場合は、署名部分を除いた文章のみをテンプレートに登録しよう。

よく使う定型文を「テンプレート」に登録

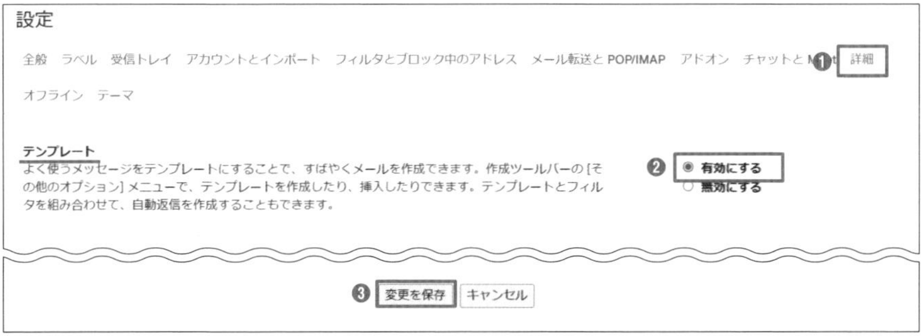

図2「設定」をクリックし、「すべての設定を表示」を選択する。「詳細」をクリックし、「テンプレート」をオンにして、最後に「変更を保存」をクリックする（❶～❸）

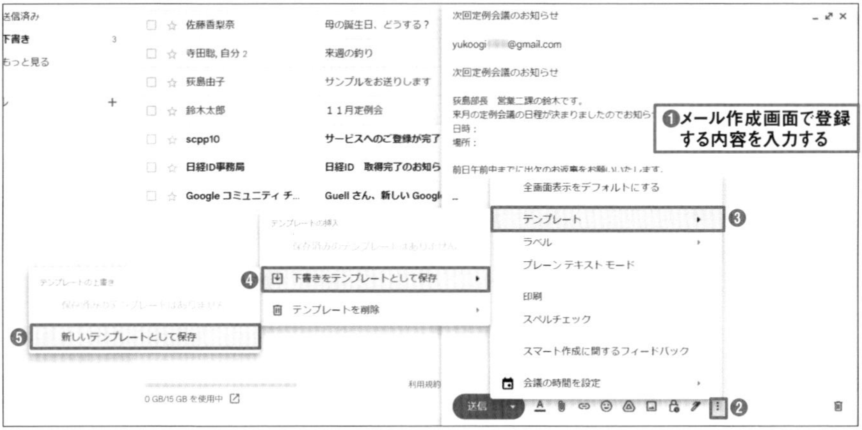

図3 メール作成画面でテンプレートとして登録したい文章を入力する（❶）。右下の「⋮」ボタンから「テンプレート」→「下書きをテンプレートとして保存」→「新しいテンプレートとして保存」と選択する（❷～❺）

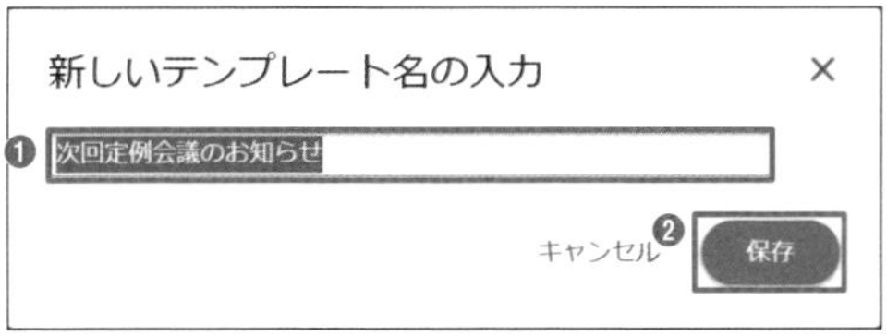

図4 件名または本文の最初の行がテンプレート名として表示される（❶）。必要に応じて書き換え、「保存」を押す（❷）

Section 08 大きな添付ファイルはGoogleドライブ経由で送信

大きなファイルをメールで送るのはマナー違反。ダウンロードに時間がかかり、経由するメールサーバーによっては届かないこともある。相手がスマホでメールを受け取る場合も考慮した転送方法にしたい。大容量のファイルは、Googleドライブなどのクラウドストレージを経由して送るのが今どきの常識だ。

クラウドストレージ上のファイルをほかの人に送るときには共有機能を使うのが一般

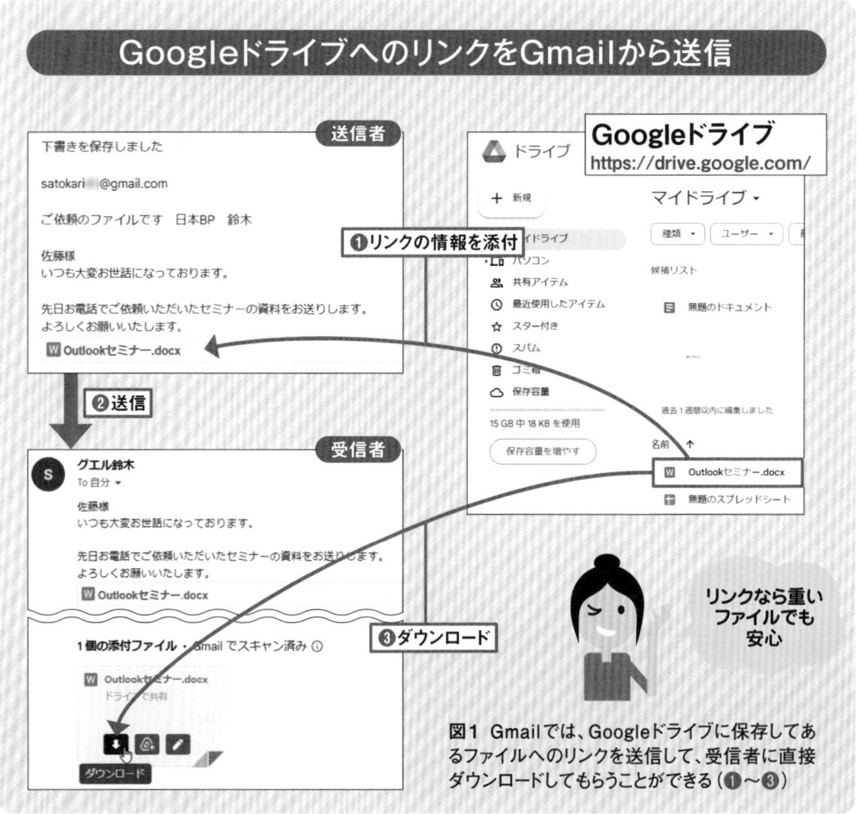

図1　Gmailでは、Googleドライブに保存してあるファイルへのリンクを送信して、受信者に直接ダウンロードしてもらうことができる（❶〜❸）

的だが、Gmailを使っているならGoogleドライブ上のファイルを直接メールに添付できる（**図1**）。わざわざGoogleドライブを開く手間を省けるし、パソコン内のファイルもまとめて送ることができるなど、メリットは多い。

メールの作成画面で「ドライブを使用してファイルを挿入」を選択する（**図2**）。送信するファイルを選択し、「添付ファイル」にするか「ドライブのリンク」にするかを指定する。容量を軽くしたいなら、選択すべきは「ドライブのリンク」だ。リンクを送る場合、受信者がGoogleドライブからファイルをダウンロードするため、Googleドライブ上のファイルへのアクセス権を指定する必要がある（**図3**）。

メールにGoogleドライブ上のファイルを添付またはリンク

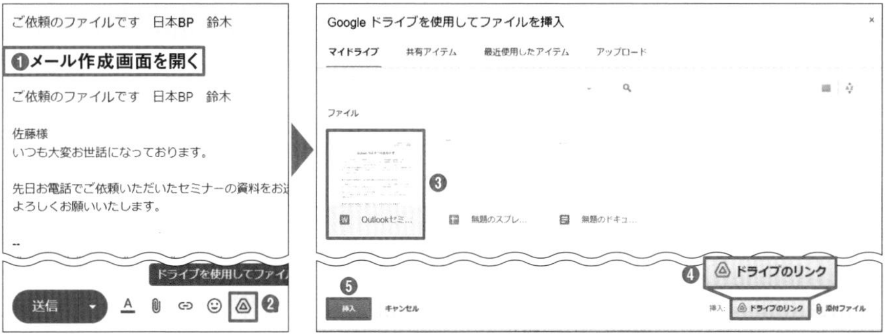

図2 送信するファイルをあらかじめGoogleドライブにアップロードしておく。メール作成画面などで、「ドライブを使用してファイルを挿入」をクリック（❶❷）。Googleドライブ内のファイルが表示されるので、送信するファイルを選択し（❸）、「ドライブのリンク」が選ばれた状態で（❹）、「挿入」ボタンを押す（❺）

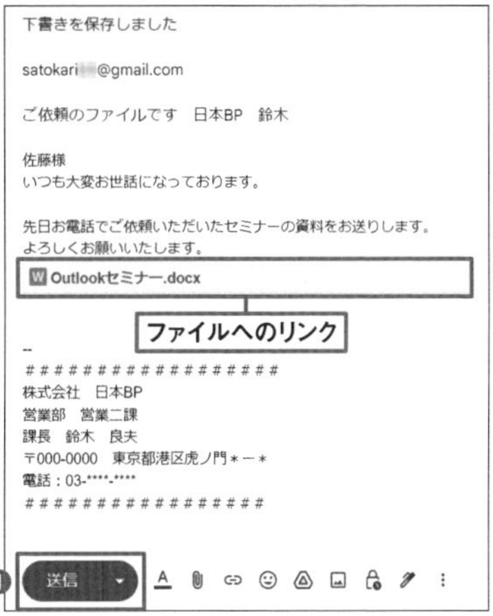

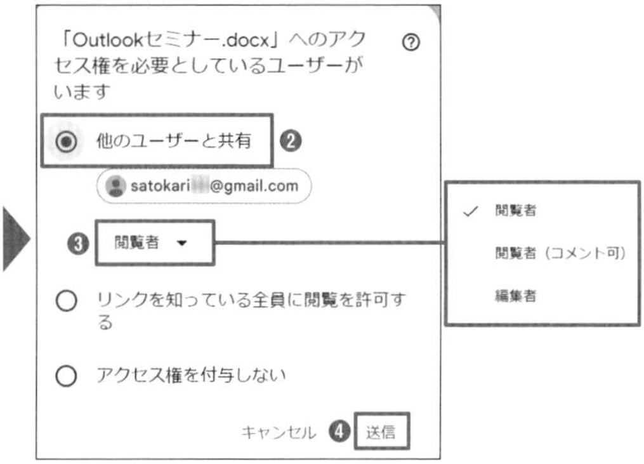

図3 「送信」をクリックした後、ファイルへのアクセス権を選択する（❶～❹）。「閲覧者」は表示のみ、「閲覧者（コメント可）」はコメントを書き込むことができ、「編集者」は内容の変更が可能だ

Section 09 締め切り厳守のメールはタスクやスヌーズに登録

受信メールの中には、やるべき作業や納期を知らせるものがある。「来週までに請求書を出す」といった決まった納期で作業する「タスク」は、「TODOリスト」に登録するとよい（**図1**）。メールとは別の「マイタスク」として表示されるため、ほかのメールに埋もれるのを防ぎ、いつも目に入る場所に表示することができる（**図2**）。作業が完了したら、「完了とする」をクリックすればタスクから消えてスッキリする。

期日までに作業が必要なら「マイタスク」に登録

図1 期日までに作業が必要なメールを選び、「TODOリストに追加」をクリックする（❶❷）

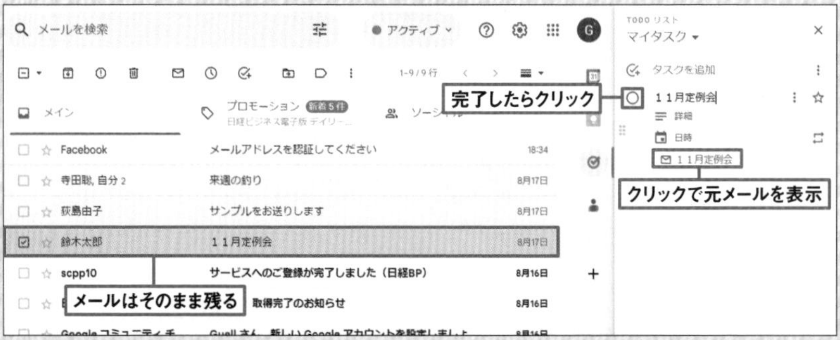

図2 画面右側に「TODOリスト」が開くので、登録したタスクが表示されたことを確認する。タスクとして登録したメールはそのまま残る。タスクが完了したら、「完了とする」をクリックすると「マイタスク」から消える

メールの中には、タスクとして登録するほどではないが、処理を忘れると困るものがある。「今日中に返信しよう」「週明けに対応すればいい」といったメールは、放置すると「受信トレイ」に埋もれてしまう。そこで「スヌーズ」を使おう。スヌーズしたメールはいったん「受信トレイ」から消え、指定した日時に再度「受信トレイ」の最上段に表示される。

メールを選んだら「スヌーズ」で処理期限を指定する（**図3**）。メールは「受信トレイ」から消えて「スヌーズ中」に移動する（**図4**）。指定した日時になると再表示されるので、うっかりミスを防げるだろう（**図5**）。

いったん保留して後で確認したいなら「スヌーズ」を設定

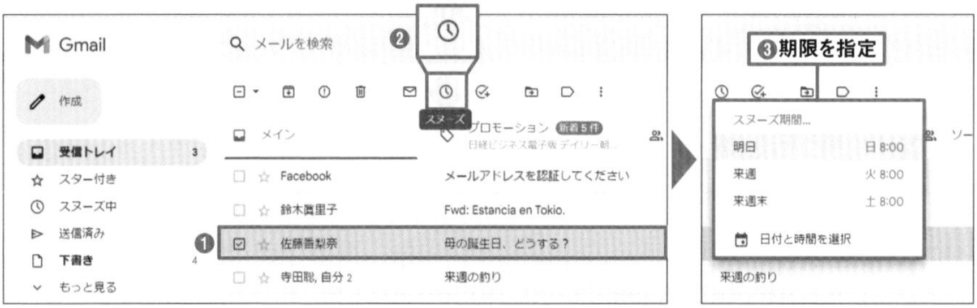

図3 いったん非表示にするメールを選択して、「スヌーズ」（時計のアイコン）を選択する（❶❷）。再表示する日時を指定する（❸）

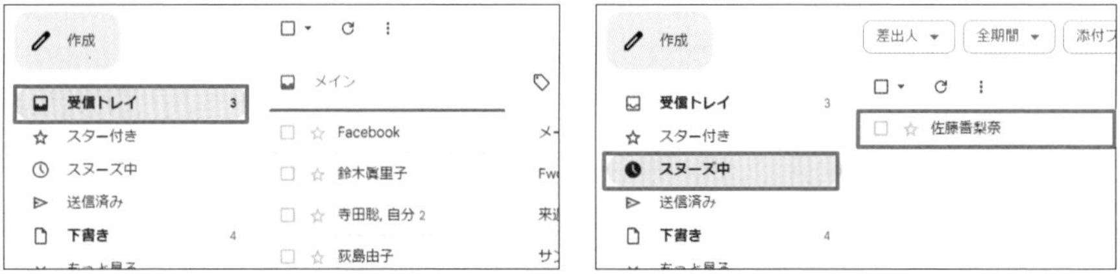

図4 「スヌーズ」を指定したメールはいったん「受信トレイ」から消え（左）、「スヌーズ中」に移動する（右）

図5 指定した日時になると、「受信トレイ」の一番上に表示され、行動を促してくれる

Section
10
「メイン」タブの大混雑はタブを増やして解決

受信メールをカテゴリーに応じて自動振り分けしてくれるのが、Gmailの特徴の1つ。初期設定では「メイン」「プロモーション」「ソーシャル」の3つのタブが表示される（**図1**）。

「メイン」タブは、仕事関係やプライベートなメールなど、個人的なメールを表示。「プロモーション」タブに入るのは、マーケティング関連のメール。ショップからのセールのお知らせや、社会的・政治的運動などに関するメールなどが分類される。「ソーシャル」タブにはSNSや口コミサイト、YouTubeからのメールなど、ソーシャル系Webサイトからのメールが分類される。重要なメールは主に「メイン」タブに表示されると考えてよい。

「メイン」タブには、ほかのタブに振り分けられないメールがすべて入るため、多くの

受信メールはタブに自動仕分け

図1　初期設定では「メイン」「プロモーション」「ソーシャル」という3つのタブが表示される。「プロモーション」は広告メール用、「ソーシャル」はSNS用のカテゴリーで、そのほかのメールは「メイン」に表示される

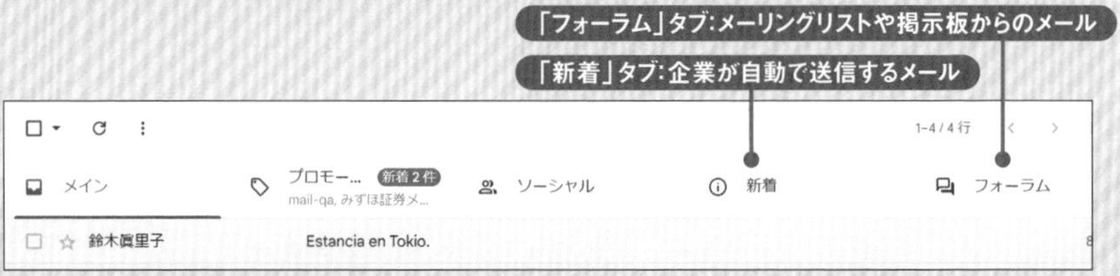

図2　ショップなどからの自動送信メールが多いと、大事なメールが埋もれることがある。自動送信メールを「新着」タブに振り分ければ、「メイン」タブで重要メールを見逃さずに済む。メーリングリストや掲示板、オンライングループを利用しているなら、「フォーラム」タブも利用しよう

メールが残っているかもしれない。Gmailには「新着」タブと「フォーラム」タブもあるので、必要に応じてカテゴリーを増やすとよい（**図2**、**図3**）。特に「メイン」タブのメールを減らすのに効果的なのが「新着」タブ。オンラインショッピングで買い物をしたときなどに送られてくる領収書や明細といった自動送信メールが分類される。電子掲示板やメーリングリストを使っているなら、「フォーラム」タブに分類できる。

タブの振り分けはかなり正確だが、定期的に確認し、間違って分類されたメールがあれば手動で正しいタブにドラッグしよう（**図4**）。表示される確認画面で「はい」を選べば、以降、同じ差出人からのメールは、指定したタブに分類されるようになる。

表示するタブは自分で選択可能

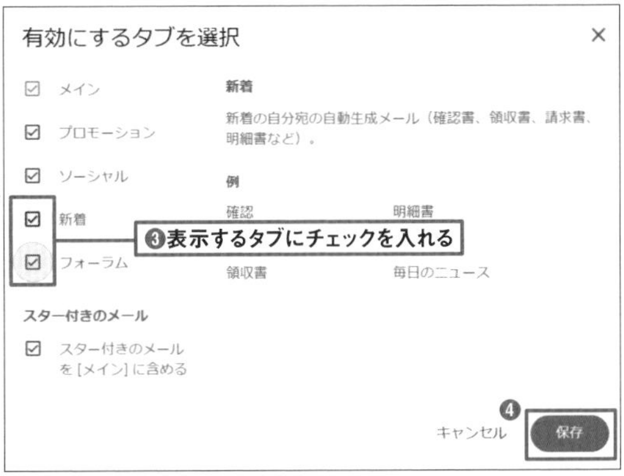

図3「設定」をクリックし、「受信トレイの種類」欄から「デフォルト」の「カスタマイズ」を選択（❶❷）。表示するタブにチェックを入れ、「保存」をクリックする（❸❹）

違うタブに入ったら手動で調整

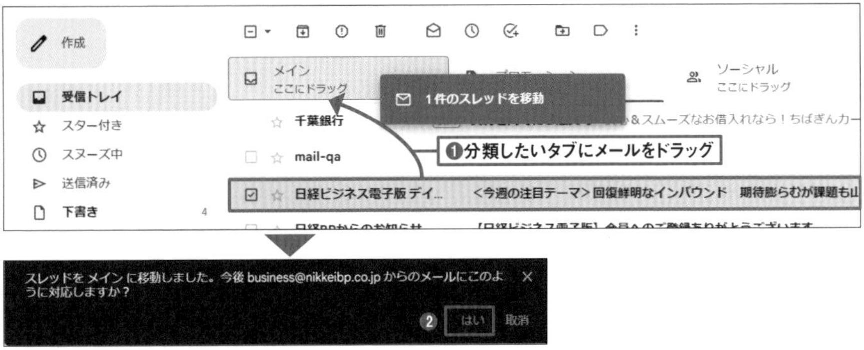

図4 タブの振り分けを変更したいメールを選択し、分類したいタブまでドラッグする（❶）。表示される確認メッセージで「はい」を選ぶと、以降は同じ宛先からのメールが指定したタブに分類される（❷）

Section 11 フォルダーとはひと味違う「ラベル」を賢く活用

「受信トレイ」の中でも、重要なメールがたまる「メイン」タブはスッキリさせておかないと大事なメールを見逃してしまう。保存すべきメールはわかりやすく整理したい。

メールの整理はフォルダーでグループ分けするのが一般的だ。しかし、「B社から来たプロジェクトXのメール」は、「B社」と「プロジェクトX」のどちらに入れるか迷うといったことがよくある（**図1**）。Gmailではフォルダーではなく「ラベル」で仕分ける。1通のメールに「B社」と「プロジェクトX」のように複数のラベルを付けられるのがポイントだ。

ラベルは自由に追加できる（**図2**）。「B社」のラベルの下に「プロジェクトX」ラベルを作るなど、ラベル内を細分化することも可能だ（**図3**）。

メールをラベルにドラッグすると、あたかもフォルダーに入れたかのように、メールがラベルに移動する（**図4**）。Gmailでは、「受信トレイ」もラベルの1つにすぎない。ほかのラ

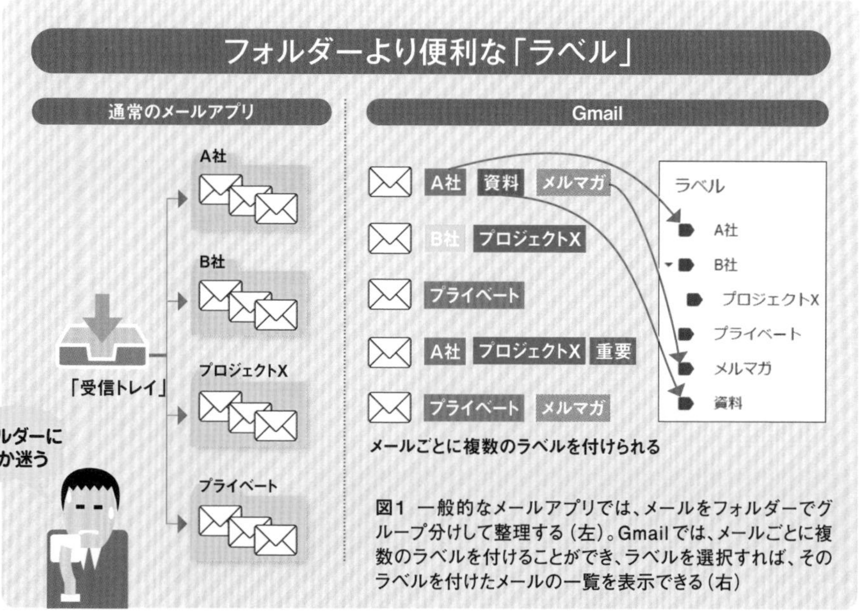

図1　一般的なメールアプリでは、メールをフォルダーでグループ分けして整理する（左）。Gmailでは、メールごとに複数のラベルを付けることができ、ラベルを選択すれば、そのラベルを付けたメールの一覧を表示できる（右）

ベルが設定されると同時に「受信トレイ」ラベルが外れ、「受信トレイ」から消える。

メールに複数のラベルを付ける場合は、メールを右クリックして、付けたいラベルを選択する（**図5**）。この場合、「受信トレイ」ラベルが残るので、設定したラベルと「受信トレイ」でメールが表示されるようになる。メールがコピーされたように見えるが、いずれかのラベルでメールを削除するとすべてのラベルからメールが消えてしまうので注意しよう。

必要なラベルを作成

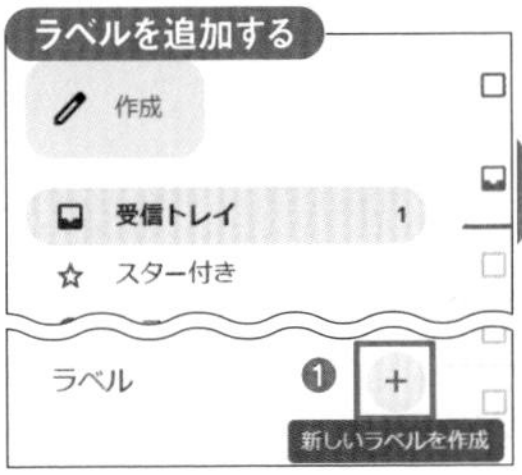

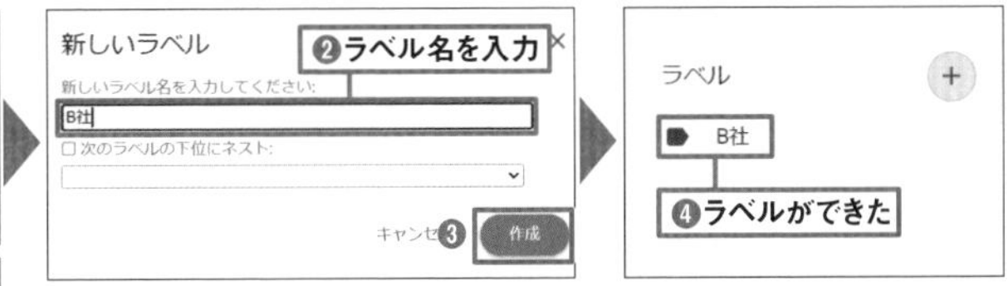

図2 画面左下にある「ラベル」欄で「＋」（新しいラベルを作成）をクリック（❶）。ラベル名を入力し（❷）、「作成」をクリックするとラベルができる（❸❹）

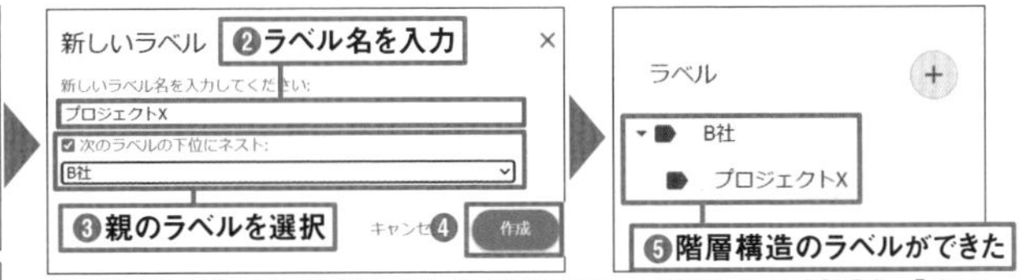

図3 「＋」をクリックして、新しく作成するラベルの名前を入力（❶❷）。「次のラベルの下位にネスト」にチェックを入れて、親のラベルを選択する（❸）。「作成」を押すと子のラベルができる（❹❺）

メールにラベルを付ける

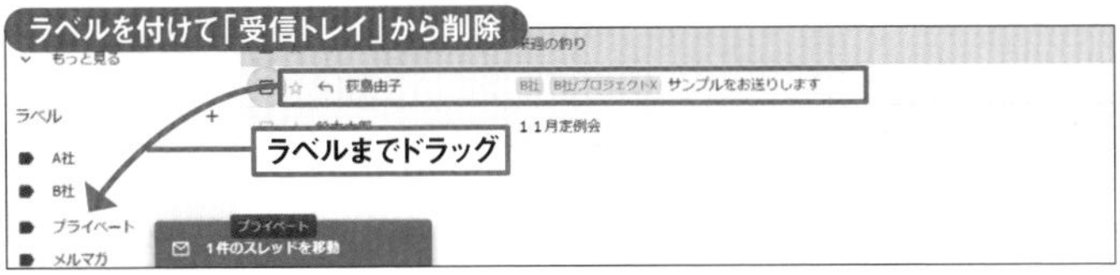

図4 メールにラベルを付けて「受信トレイ」から消すには、目当てのラベルまでメールをドラッグする

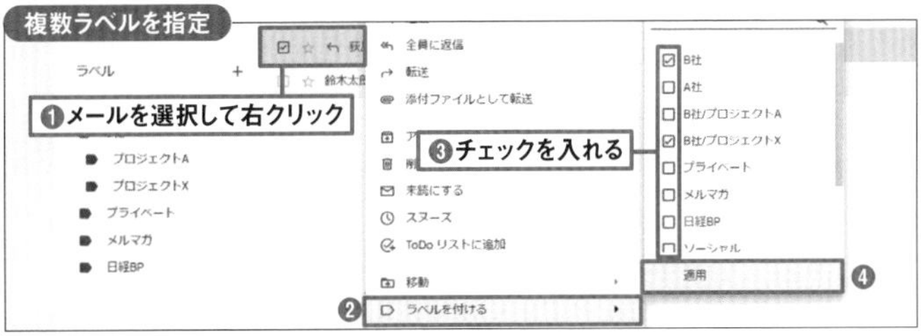

図5 複数のラベルをまとめて付けるなら、メールを右クリックして「ラベルを付ける」からラベルを選択する（❶～❹）。この場合、「受信トレイ」にもメールは残る

Section 12 面倒なメールの整理はフィルタ機能におまかせ

毎日受信するメールに手作業でラベルを付けていては手間がかかる。「メルマガは既読にしてラベルを付ける」といった頻繁に行う操作は自動仕分けを設定すれば、手間が省けるだけでなく「受信トレイ」に残るメールも減らせる。そのために役立つのが「フィルタ」機能だ。フィルタは、指定した条件に合うメールを自動処理する機能。ラベルを付ける、既読にする、削除する、転送するなどの操作を自動化できる。複数の操作をまとめて自動化することも可能だ（**図1**）。

フィルタは、メールを検索するときと同様に検索の条件を指定するので、「検索オプション」画面を表示させて設定する（**図2**）。ただし、特定の差出人やドメイン名（メールアドレスの「＠」以降の文字列）を条件として指定する場合、その差出人からのメールを選んで自動振り分けの設定をすると、アドレスを間違いなく指定できる（**図3**）。

仕分けするメールの条件を指定し、対象メールに行う処理を指定する（**図4**、**図5**）。設定したフィルタは、これから来るメールだけでなく、受信済みのメールにも適用できるので、まとめてメールを仕分けするのにも役に立つ。

頻繁に行う処理は「フィルタ」で自動化

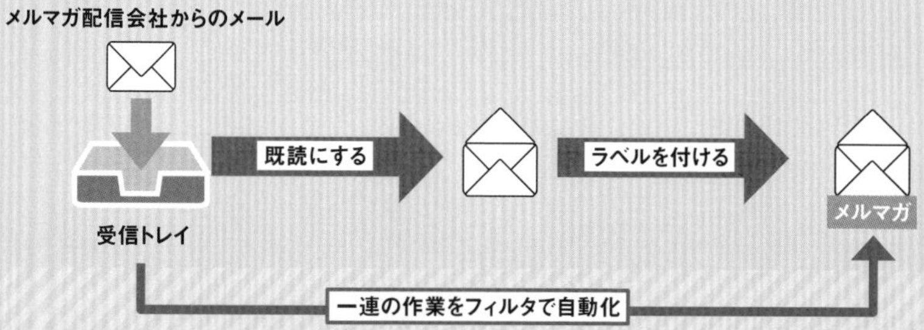

図1　「既読にしてラベルを付ける」といった操作は、クリックやドラッグで済むのだが、毎日何十通も同じ処理をするのは時間の無駄。「フィルタ」で自動化しよう

「フィルタ」を設定する

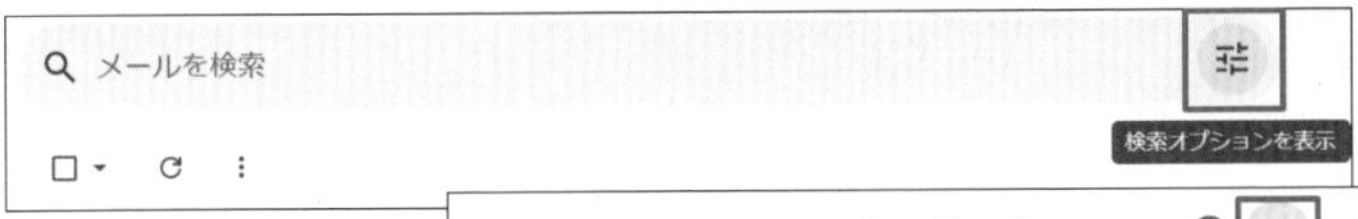

図2 「検索」ボックス右端にある「検索オプションを表示」をクリック

図3 差出人のメールアドレスを条件として使う場合は、その差出人からのメールを選択後、「⋮」（その他）のメニューから「メールの自動振り分け設定」を選択する（❶〜❸）

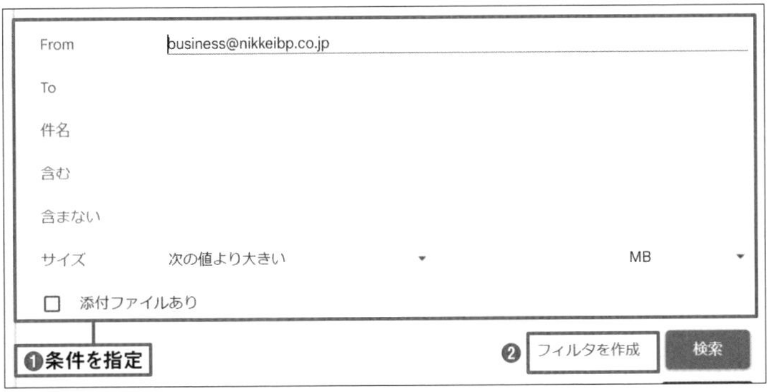

図4 フィルタを適用するメールの条件を指定する（❶）。図3の手順で画面を開いた場合は、「From」（差出人）欄にアドレスが自動入力されるので、必要に応じて修正する。「フィルタを作成」をクリックする（❷）

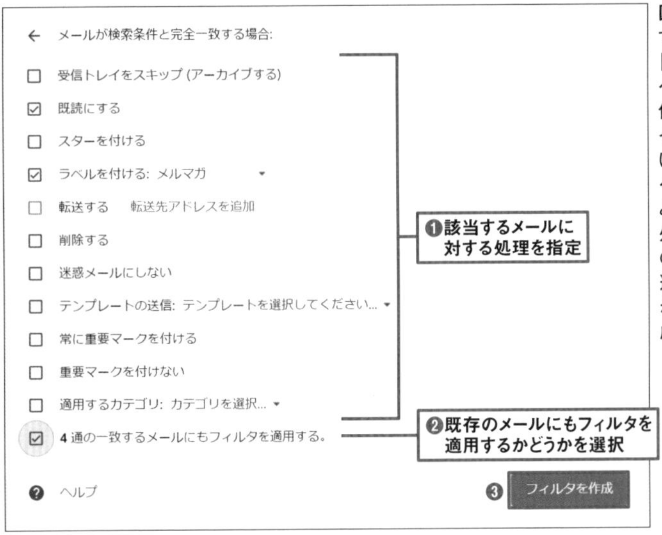

図5 該当するメールに対する処理を指定する（❶）。「受信トレイ」に入れずにラベルを付ける場合は、「受信トレイをスキップ（アーカイブする）」と「ラベルを付ける」にチェックを入れてラベルを指定する。受信済みのメールに対しても同じ処理をする場合は「〇通の一致するメールにも…適用する。」にチェックを入れる（❷）。「フィルタを作成」をクリックする（❸）

Section 13 「アーカイブ」「ミュート」「ゴミ箱」で受信トレイをスッキリ

不要なメールは「ゴミ箱」に入れて削除するのが基本だ。しかし、すぐ削除するのがためらわれるメールも多く、かといって適当なラベルもない場合、処理に迷う。取りあえずとっておくメールは「受信トレイ」に残さず、「アーカイブ」と「ミュート」で片付けよう。

この2つは、どちらも「受信トレイ」からいったん消して「すべてのメール」に移動する機能だ。似ているが、移動したメールに対して返信が来たときの動作が異なる。返信メールも非表示にするなら「ミュート」、返信は「受信トレイ」に表示する場合は「アーカイブ」を選ぶ（**図1**）。

メールを選択し、「アーカイブ」ボタンをクリックするか、「⋮」（その他）のメニューから「ミュート」を選択すれば、メールは「すべてのメール」に移動する（**図2～図5**）。

仕分けに迷うメールは「アーカイブ」か「ミュート」

	アーカイブ	ミュート	ゴミ箱
結果	「すべてのメール」に移動	「すべてのメール」に移動	「ゴミ箱」に移動
検索対象	○	○	×（通常は含まない）
返信メール	「受信トレイ」に表示	同報メールの場合は返信もミュートされる	「受信トレイ」に表示
自動削除	されない	されない	30日後に自動削除

捨てられなければアーカイブでいいのか

図1　捨てるのはためらわれ、適当なラベルに仕分けられないメールなら、「アーカイブ」か「ミュート」を使うとよい。すぐに消せないメールは「アーカイブ」、重要でない同報メールなどは「ミュート」を利用しよう

「アーカイブ」はワンクリックでOK

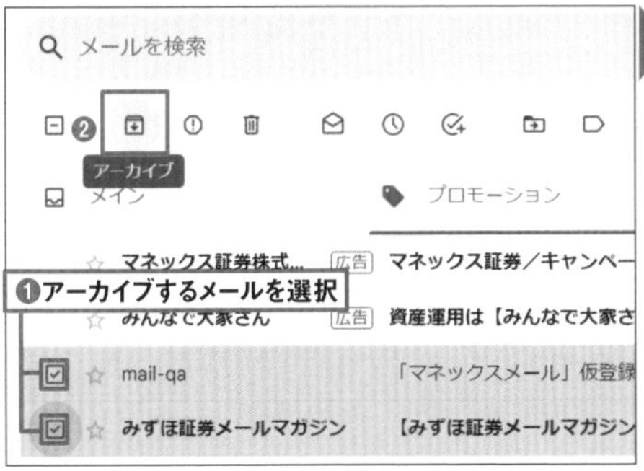

図2 「受信トレイ」から消したいメールを選択し、「アーカイブ」ボタンを押す（❶❷）。確認メッセージが表示され、間違った場合は「取消」のクリックで取り消せる

図3 メール一覧でアーカイブしたいメールにマウスポインターを合わせ、「アーカイブ」ボタンを押してもアーカイブできる（❶❷）

「ミュート」はメニューから選択

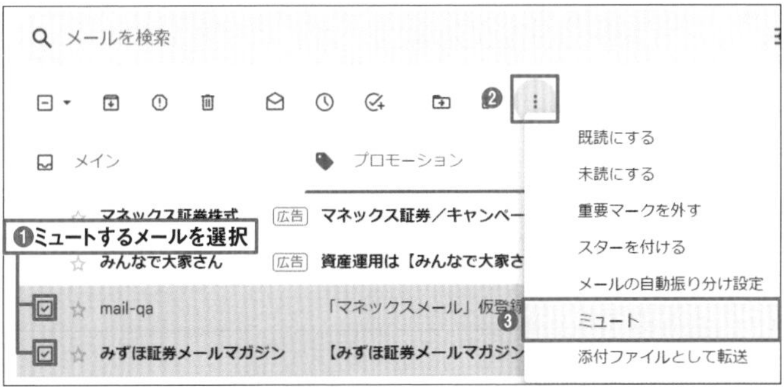

図4 消したいメールを選択し、「︙」（その他）のメニューから「ミュート」を選択する（❶〜❸）

後から見るには「すべてのメール」を選択

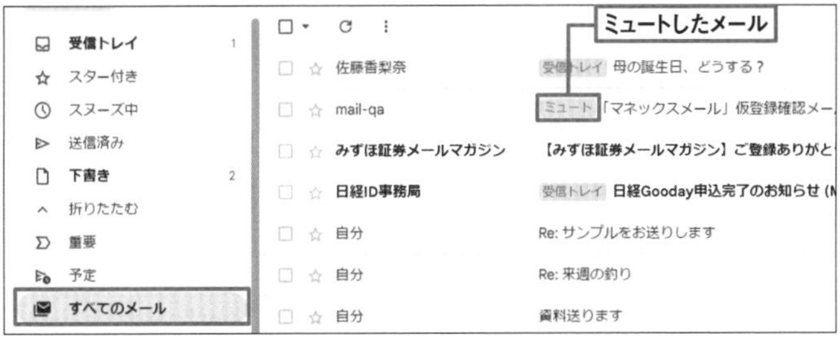

図5 アーカイブやミュートを指定したメールは、いったん「受信トレイ」から消える。表示するには、「すべてのメール」を選択する。ミュートしたメールには「ミュート」というラベルが付いている

Section 14 日時予約で送り忘れナシ 絶妙のタイミングで送信

メールはすぐに届くのが利点だが、内容によっては決まった日時に届けたいこともある。そんなときは、メール作成画面で送信日時を指定する（**図1**、**図2**）。送信予約をしたメールは「予定」として表示され、送信時までは取り消しが可能だ（**図3**）。

メールの送信日時を指定

図1 メール作成画面の左下にある「送信」の「▼」をクリックし、「送信日時を設定」を選択する（❶❷）

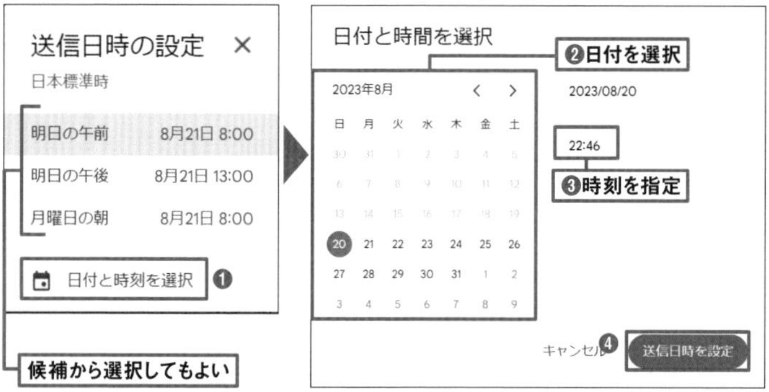

図2 メールの送信日時を指定する画面が表示される。一覧にある候補から選択するか、「日付と時刻を選択」をクリックして日時を指定する（❶～❹）

送信されるまでは変更可能

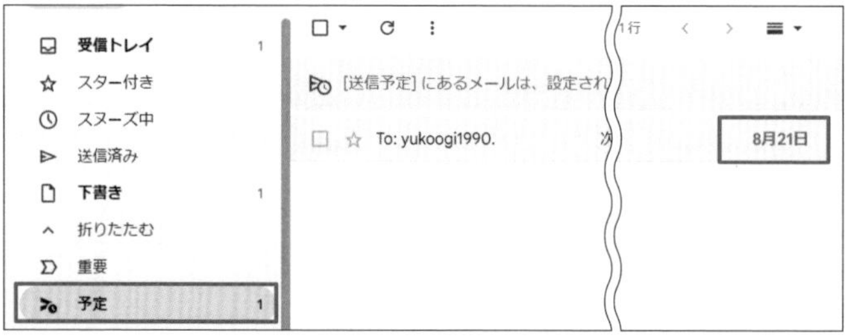

図3 送信予約をしたメールは、「送信済み」ではなく「予定」に入る。メール一覧の右端に送信予定日時が表示されるので、送信が完了するまでは開いて日時などの変更や取り消しも可能だ

Section 15

大事なメールを見逃さないマークで目立たせる

保存するメールの中でも特に大事なメールや、後から見返したいメールは、一覧でもすぐわかるように目立たせたい。メール一覧や閲覧画面に表示される「☆」をクリックすると星が黄色に変わり、「スター付き」ラベルが設定される（**図1**、**図2**）。

グーグルが重要と判断したメールは「重要」マークが黄色に変わる。メールのやり取りや開封の頻度などを総合して表示されるマークだが、ユーザーにとって重要なメールかどうかは別問題。重要でないメールで「重要」マークが黄色になっている場合は、クリックで通常の状態に戻せる（**図3**）。「重要」マークは非表示にもできる（**図4**）。

目立たせたいメールに「スター」を付ける

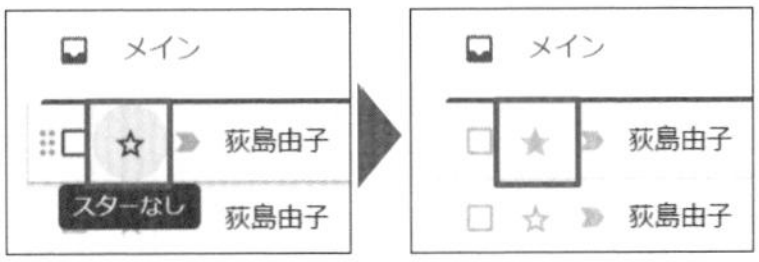

図1 メール一覧などで星（スター）のマークをクリックすると、マークが黄色に変わる。黄色の星のマークをクリックすれば、元の色に戻る

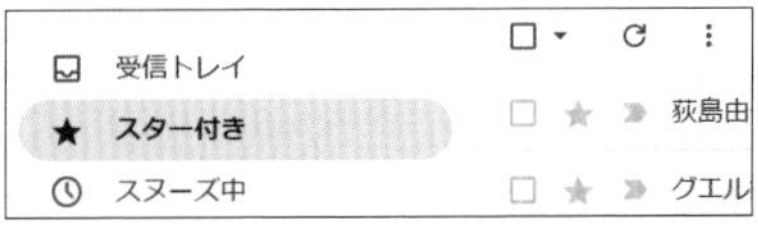

図2 「スター付き」は星が黄色に変わるだけでなく、「スター付き」ラベルが付く。ラベルの一覧から「スター付き」を選択すると、スターを付けたメールだけに絞り込める

重要でないメールは「重要」マークをオフ

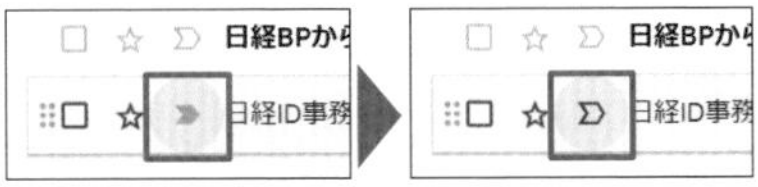

図3 やり取りの多い相手や、開封や返信の度合いが多い相手からのメールには、「重要」マークが黄色で表示される。重要でないメールが黄色になっている場合は、クリックでオフにする

図4 「重要」マークを非表示にするには、「設定」をクリックし、「すべての設定を表示」を選択する。「受信トレイ」を選んで「重要マーク」欄にある「マークを表示しない」を選択し（❶❷）、画面下部の「設定を保存」を押す

Section 16 「あ、送り間違えた！」そんなときでも取り消せる

送信すれば取り消せないのが電子メールの常識だが、Gmailにはこの常識を覆す「送信取り消し」機能がある。ただし、取り消せるのは「送信」ボタンを押した後の5秒間が初期設定。最長30秒まで設定できるので心配なら長めに変更しよう（**図1**）。送信後に「元に戻す」ボタンが表示され、このボタンが消えないうちなら取り消しができる（**図2**）。

取り消し可能時間を長めに変更

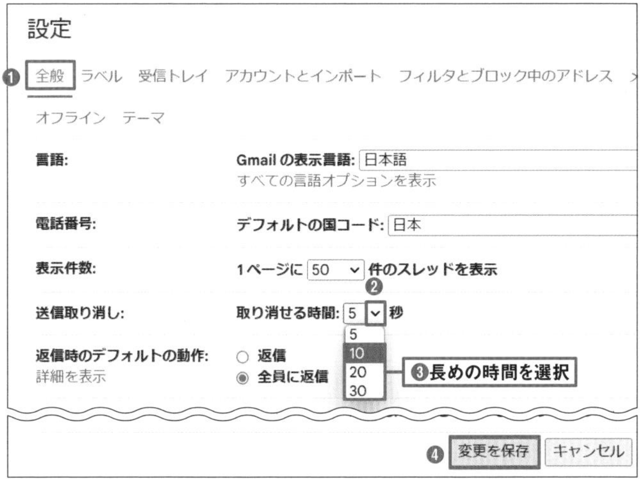

図1　「設定」をクリックし、「すべての設定を表示」を選択する。「全般」の画面で「送信取り消し」欄の「取り消せる時間」を長めに設定する（❶〜❹）

ミスに気づいたら送信をキャンセル

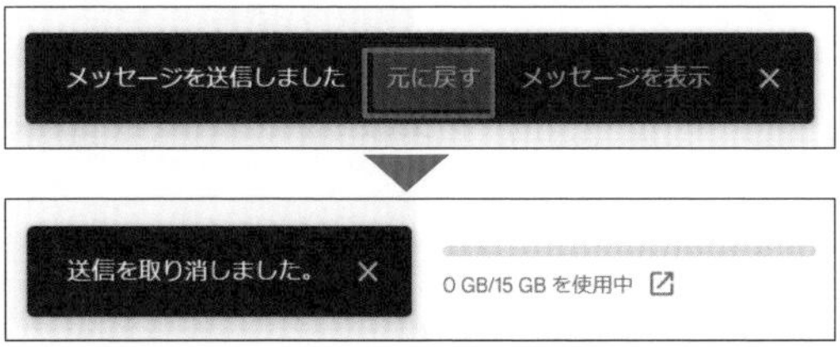

図2　メールを送信すると、画面左下にメッセージが表示される。このメッセージが表示されている間に「元に戻す」を選ぶと、送信をキャンセルできる

Section 17

「全員に返信」を標準にして手間なく情報を共有

Gmailでは、受信メールの右上に「返信」ボタンが表示される。1対1のメールならよいが、複数人宛てのメールでは「全員に返信」ボタンでないと面倒だ（**図1**）。1対1のメールでは「返信」ボタン、複数人宛てのメールでは「全員に返信」ボタンが自動で表示されるように設定を変更する（**図2**）。

ひと手間かかる「全員に返信」

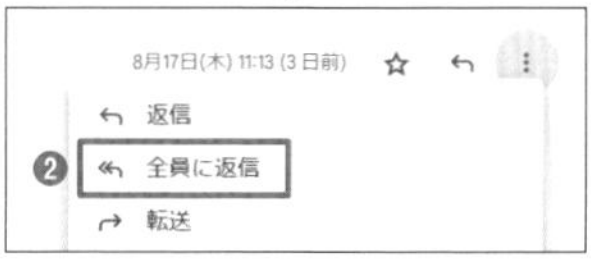

図1 受信メールに表示されるのは、通常「返信」ボタンだ。関係者全員に返信するには、「その他」から「全員に返信」を選ばなくてはならない（❶❷）。「返信」ボタンではなく、画面下部に表示される「全員に返信」ボタンが表示されれば、ワンクリックで済む

「全員に返信」ボタンをデフォルト表示

図2 「設定」をクリックし、「すべての設定を表示」を選択する。「全般」の画面で「返信時のデフォルトの操作」を「全員に返信」に変更する（❶❷）。「変更を保存」を押すと（❸）、複数人宛てのメールのみ「全員に返信」が表示されるようになる（❹）

Section 18 不在通知を「自動返信」出張や休暇時も問題なし

メールを送ったのに返事が来ないと、届いているのか不安になるものだ。長期間メールの送受信ができない場合は「不在通知」の設定をしておこう。

不在通知は、不在時に届いたメールに対して、あらかじめ登録しておいたメールを自動返信する機能。ただし、受信メールにはメルマガや迷惑メールなど、返信してはいけないメールも含まれる。そんなメールに返信しないためには、差出人が連絡先に登録されている人かどうかを基準に振り分けるとよい。連絡先に登録された差出人からメールが届いた場合のみ、不在メールを自動返信するように設定しよう（**図1**）。

不在通知の設定は、Gmailの設定画面で行う（**図2**）。不在通知は途中で解除する

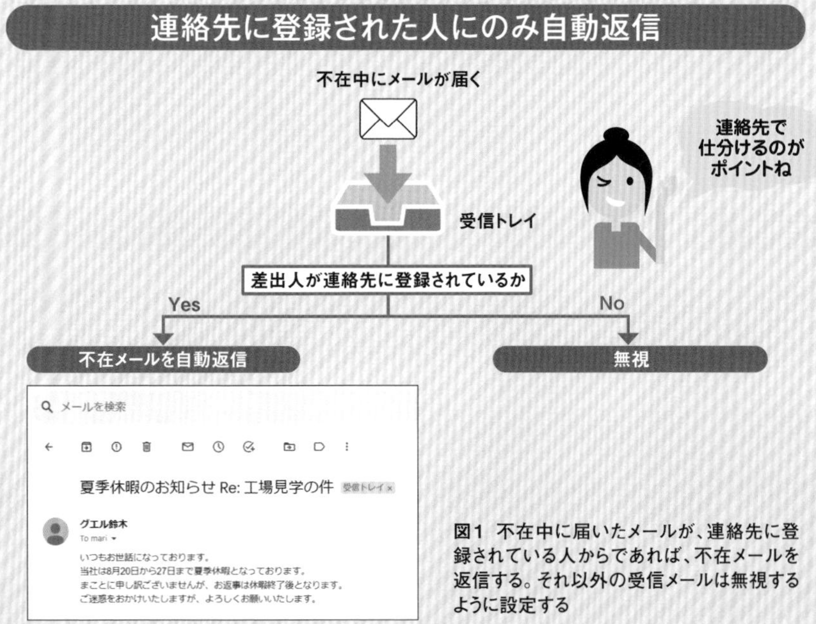

図1　不在中に届いたメールが、連絡先に登録されている人からであれば、不在メールを返信する。それ以外の受信メールは無視するように設定する

ことも可能なので、「開始日」と「終了日」は予測される最長の日付で設定しておこう。「件名」と「メッセージ」を入力する。最後に「連絡先に登録されているユーザーにのみ返信する」にチェックを入れれば、登録されていないユーザーへの返信を防げる。不在期間はいつでも変更できる（**図3**）。

長期不在時は登録者にのみ不在通知を返信

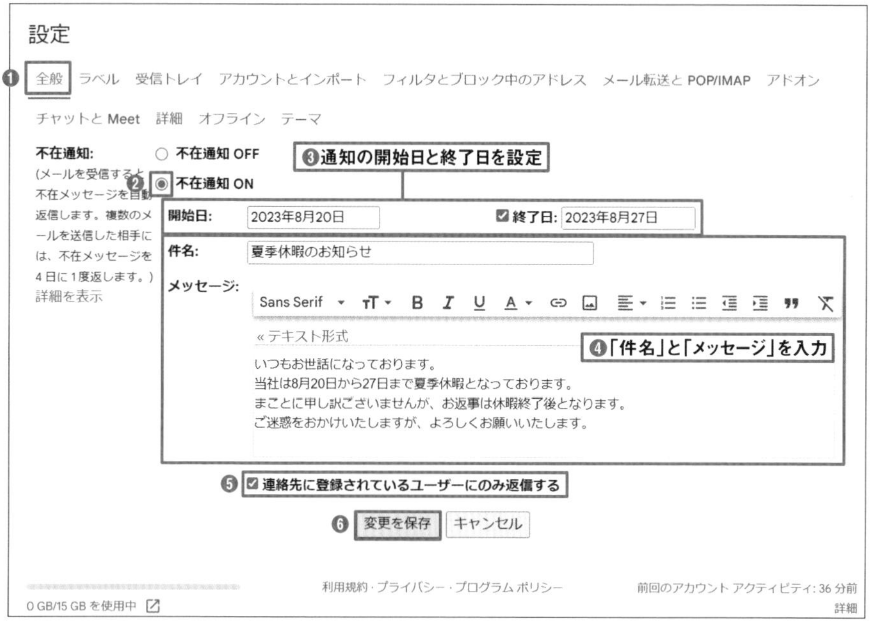

図2 「設定」をクリックし、「すべての設定を表示」を選択する。「全般」の画面にある「不在通知」欄で「不在通知ON」を選択（❶❷）。不在通知を返信する期間を設定し、送信内容を入力する（❸❹）。「連絡先に登録されているユーザーにのみ返信する」にチェックを入れて「変更を保存」を押す（❺❻）

不在通知はいつでも変更可能

図3 不在通知の設定期間中は、Gmail上部に不在通知の件名が表示される。その右側に表示される「今すぐ終了」をクリックすると、不在通知を解除できる。送信内容などを変更する場合は、「不在設定」をクリックして設定を変更する

Section 19 機密情報は自動消去やパスコードでしっかり守る

重要なメールは安全性も高めたい。Gmailでは、送信するメールに有効期限の設定や、SMSを使った2段階認証の設定ができる（**図1**、**図2**）。ただし、受信者がGmail以外のメールアプリやメールアカウントを使っている場合、閲覧にはGoogle アカウントでのログインが要求されるので注意が必要だ（**図3**）。

有効期限などを設定するには、メール作成画面で「情報保護モード」を設定する（**図4**）。有効期限は「1日」「1週間」「1か月」「3か月」「5年」から選択できる（**図5**）。

有効期限やスマホで受け取るパスコード認証を設定

有効期限あり

メッセージの有効期限は2023/08/25です。
このメールは転送、コピー、印刷、ダウンロードできません。

図1 受信メールには有効期限と、転送、コピーなどの制限が表示され、期限後は開けなくなる

パスコードあり

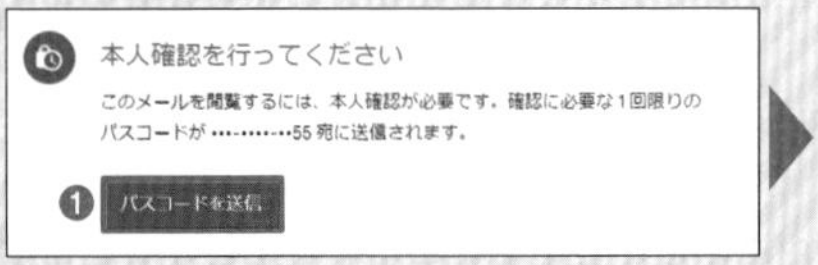
本人確認を行ってください
このメールを閲覧するには、本人確認が必要です。確認に必要な1回限りのパスコードが ••••••••••55 宛に送信されます。
❶
パスコードを送信

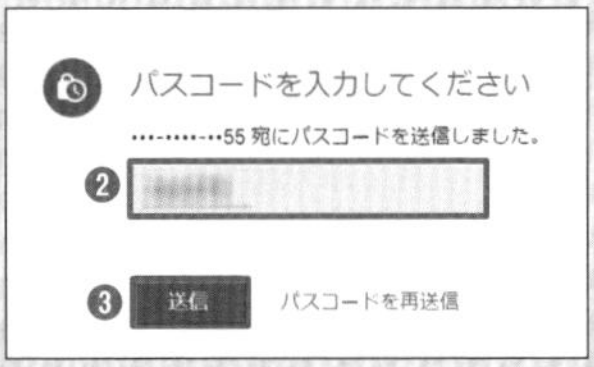
パスコードを入力してください
••••••••••55 宛にパスコードを送信しました。
❷
❸
送信
パスコードを再送信

図2 「パスコードを送信」をクリックしてスマホでパスコードを受け取り入力するとメールが開く（❶～❸）

Gmail以外のメールアドレスの場合

グエル鈴木 さんから Gmail 情報保護モードでメールが送信されました。
Fwd: 打合せ資料をお送りします　日本BP鈴木
このメールは 2023/08/20 16:02:06 GMT-7 に送信されました
下記のリンクをクリックすると開けます。このリンクは さんのみが利用できます。
❶
メールを表示
アカウントの切り替え
お使いのアカウントには、このメールを開く権限がありません。別の Google アカ
❷クリックしてGoogleアカウントにログイン
Google アカウントを切り替え

図3 Gmail 以外のメールアプリやメールアカウントで受信した場合、「メールを表示」をクリックし、Googleアカウントにログインすることでメールが開ける（❶❷）

「SMSパスコード」は、携帯電話のSMS（ショートメールサービス）を使ってパスコードを送信し、そのパスコードを入力しないとメールを開けないようにする設定だ。パスコードを使用する設定にした場合は、送信時に相手の電話番号を入力する画面が表示される（**図6**）。日本の国番号が入るので、最初の「0」を省いて入力する。

有効期限とパスコードの有無を設定する

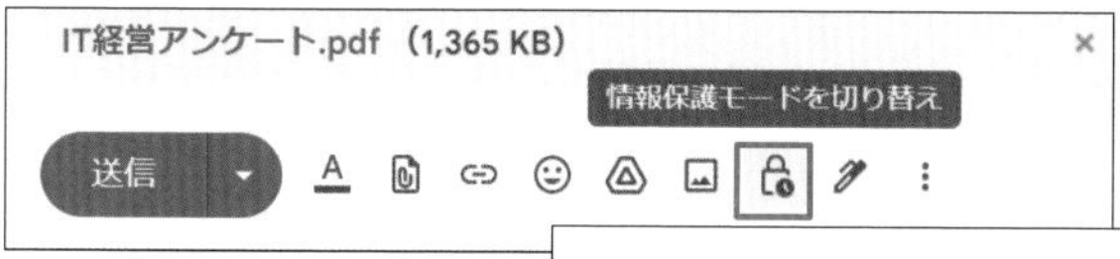

図4 メール作成画面下部にある「情報保護モードを切り替え」ボタンをクリックする

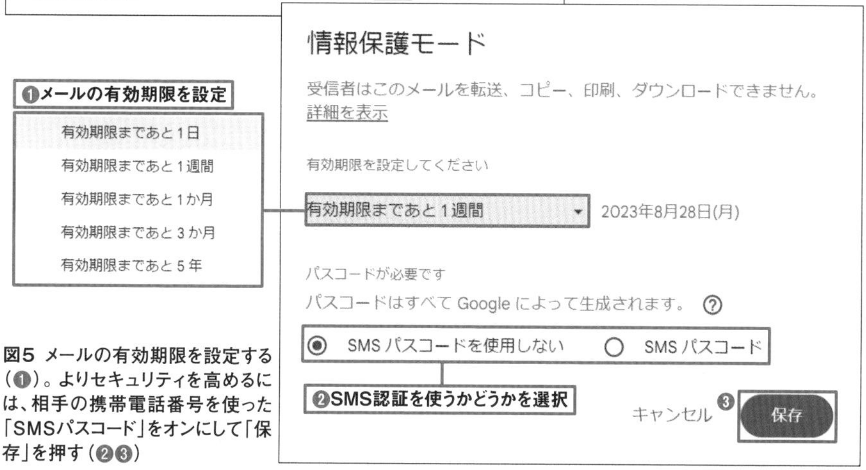

図5 メールの有効期限を設定する（❶）。よりセキュリティを高めるには、相手の携帯電話番号を使った「SMSパスコード」をオンにして「保存」を押す（❷❸）

パスコードを受け取るSMSの電話番号を指定

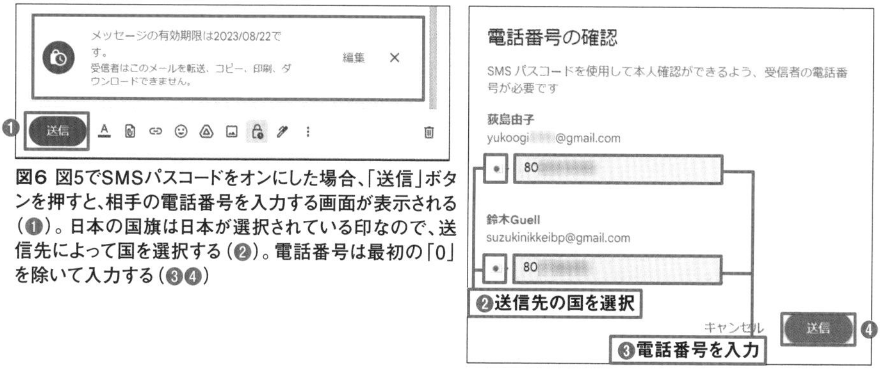

図6 図5でSMSパスコードをオンにした場合、「送信」ボタンを押すと、相手の電話番号を入力する画面が表示される（❶）。日本の国旗は日本が選択されている印なので、送信先によって国を選択する（❷）。電話番号は最初の「0」を除いて入力する（❸❹）

Section 20 行方不明のメールを探す検索達人のテクニック

あるはずのメールが見つからない……。そんなときに役立つのがウインドウ上部にある「検索」ボックス（**図1**）。「検索」ボックスにキーワードを入れるだけで、該当するメールをリストアップしてくれる。「鈴木　打ち合わせ」のように空白で区切って複数のキーワードを指定できるが、「検索オプション」を使うとより簡単に複雑な条件を指定できる。

「検索」ボックスと「検索オプション」で探す

図1 Gmailに保存されているメールを検索するには、画面上部の「検索」ボックスにキーワードを入力するか、「検索」ボックス右端の「検索オプションを表示」ボタンをクリックして検索オプションの画面を開き、条件を指定する

アーカイブやミュートにしたメールも検索でき、削除したメールや迷惑メールも検索条件として指定する方法がある。

通常の検索方法から説明していこう。「検索」ボックスに、探したいメールに含まれるキーワードを入力し、「Enter」キーを押す（**図2**）。この方法では、差出人名、宛先名、件名、本文など、メールに使われているすべての文字列が検索対象となっているため、単純なキーワードを指定すると、検索結果が多すぎて探しづらいことがある。そんなときは、上部に表示される「検索チップ」を使って、「差出人」や「期間」などで絞り込むと効果的だ（**図3**）。

キーワードで検索、「検索チップ」で絞り込み

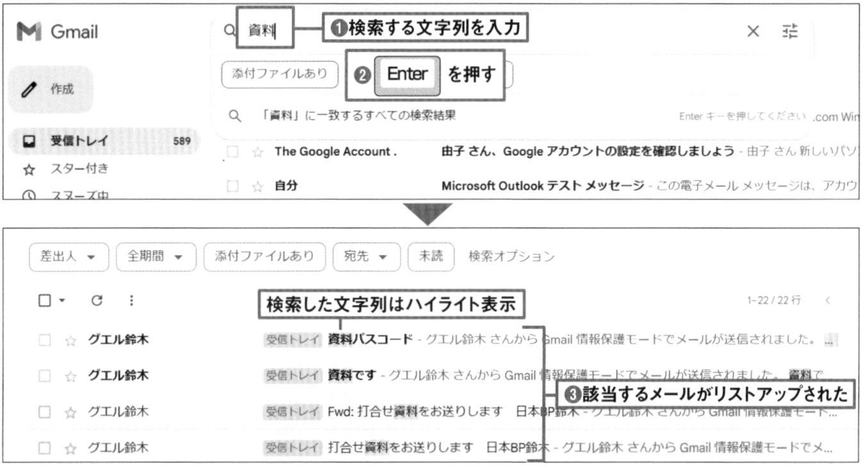

図2 画面上部にある「検索」ボックスにキーワードを入力して「Enter」キーを押す（❶❷）。差出人、宛先、件名、本文などの文字列から検索され、該当するメールがリストアップされる（❸）

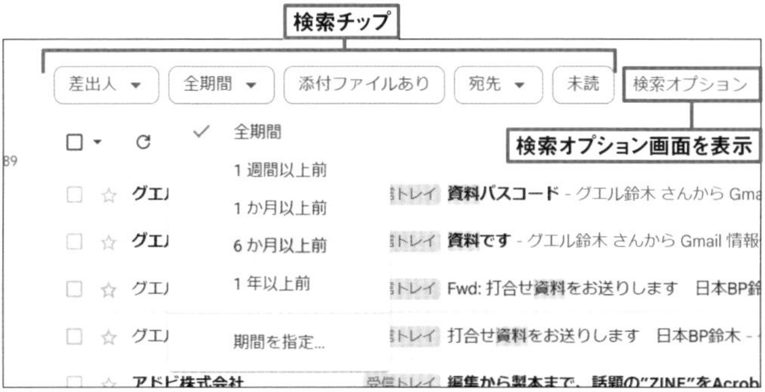

図3 検索後に表示される「検索チップ」は、検索結果の絞り込みに使う。「全期間」をクリックすると、古いメールの検索も楽にできる。「検索オプション」で検索条件の追加もできる

差出人名や件名、添付ファイルの有無などを条件として指定する場合は、「検索オプション」を使うとわかりやすい。しかし、「検索オプション」画面を呼び出すにはひと手間かかる。また、ミュートやスヌーズなどのメールの状態を条件として指定したり、ゴミ箱に捨てたメールを対象にするなど、「検索オプション」では指定できない条件もある。そこで「検索演算子」の出番だ。検索演算子は、「検索」ボックスのキーワードの前に付けて入力する。よく使う演算子を覚えておけば、目的のメールをピンポイントで探しやすい（**図4**）。「3MBより大きいメール」を探すなら、「検索」ボックスに「size:3M」などと入力する（**図5**）。

検索に使える主な演算子

検索演算子	機能	例
from:	差出人名	from:Suzuki
to:	宛先	to:Suzuki
cc:	CCの宛先	cc:Suzuki
bcc:	BCCの宛先	bcc:Suzuki
subject:	件名	subject:日程
filename:	指定したファイル形式やファイル名の添付ファイルがあるメール	filename:資料.pdf
" "	入力した文字列やフレーズと完全一致	"B社との打ち合わせ"
is:～	～したメールに絞り込み	is:mute（ミュート）、is:sent（送信済み）、is:starred（スター付き）、is:snoozed（スヌーズ中）、is:read（既読）、is:unread（未読）　など
OR	「または」で複数条件指定	from:Suzuki OR from:Taro
-	結果から除外	打ち合わせ　-Teams
label:	ラベルで絞り込み	label:A社（「l:A社」でも同じ）
has:～	～を含む	has:attachment（添付ファイルあり）
in:anywhere	ゴミ箱を含むすべてのメール	in:anywhere　A社
after:	指定日以降に送信	after:2023/10/13
before:	指定日以前に送信	before:2023/09/13
older_than:	日（d）、月（m）、年（y）で指定した期間より古いメール	older_than:3y（3年以上前）
size:　または larger:	指定サイズより大きいメール。単位の「B」（バイト）は省略可能	size:10000　size:10K larger:10K

図4 検索ボックスで使える演算子の例。「検索オプション」では指定できない条件もあるので、使いそうな演算子を覚えておこう

検索演算子は複数組み合わせるとピンポイントに検索しやすい。例えば、容量の大きなメールを削除したいが、最近のメールまで消されると困る、といった場合だ。容量を節約するためには、大容量の添付ファイルがある古いメールだけを削除したい。そんなときは3つの検索演算子を組み合わせればすぐリストアップできる（**図6**）。

たくさんの重量級メールが見つかっても、検索結果が1画面に入りきらないと、選択して消す操作を繰り返さなくてはならない。そんなときは、検索条件に一致するメールをすべて選択してから削除すれば一気に削除できる（**図7**）。

容量の大きいメールを検索

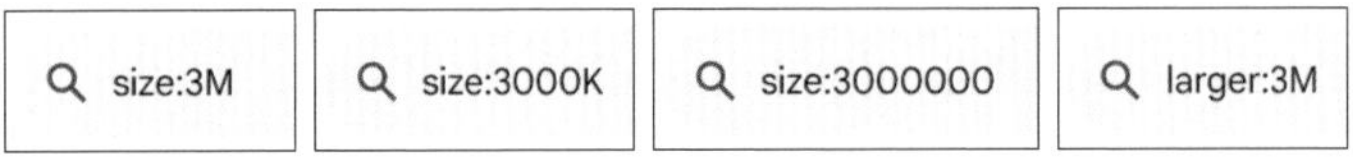

図5 これらの指定はいずれも3MB以上のメールを検索できる

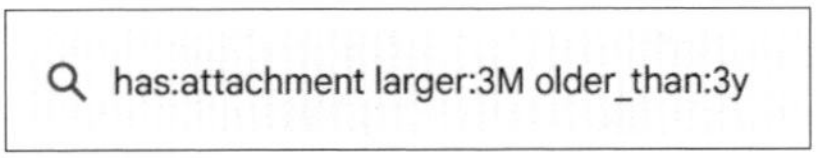

図6 「添付ファイルがある」「3MB以上」「3年以上前」の3つの条件を組み合わせた例

多すぎる検索結果をまとめて削除

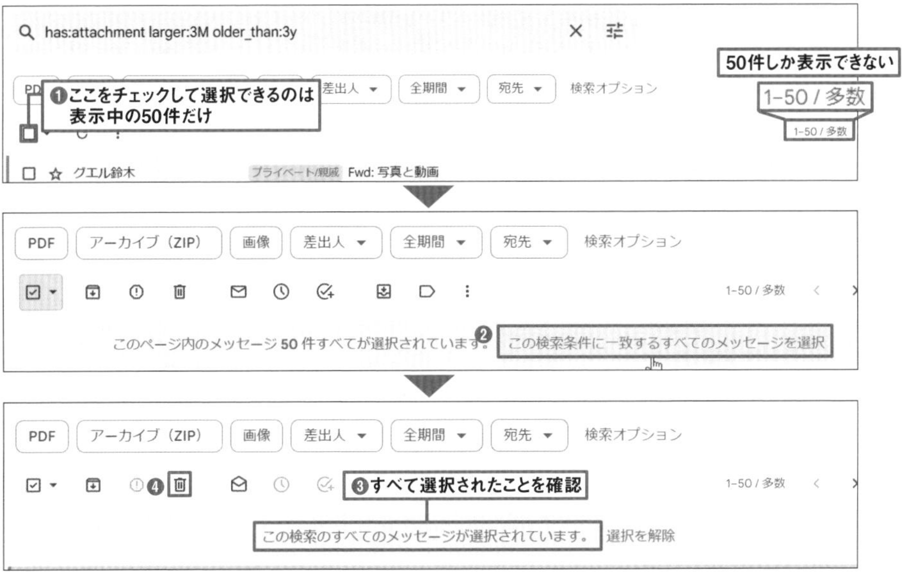

図7 メール選択のチェックボックスにチェックを入れても、表示中の50件しか選択できない（❶）。続いて「この検索条件に…」をクリックすると、検索結果すべてを選択できる（❷❸）。これで、まとめて削除も可能だ（❹）

Section 21

ほかのメールアカウントもGmailで読み書き

ほかのメールアプリで送受信しているプロバイダーなどのアカウントもGmailに統合すれば、Gmailですべてのメールを一括管理できる。

Gmail以外のメールアカウントからメールを受信する方法は2つ。Gmailにプロバイダーのアカウントを追加する方法（**図1上**）と、プロバイダーが受信したメールをGmailに転送する方法だ（**図1下**）。前者の場合、受信メールの確認が一定時間ごとなので、受信にタイムラグが生じることが多い。お勧めは受信メールの転送だ。

プロバイダーメールを受信する2つの方法

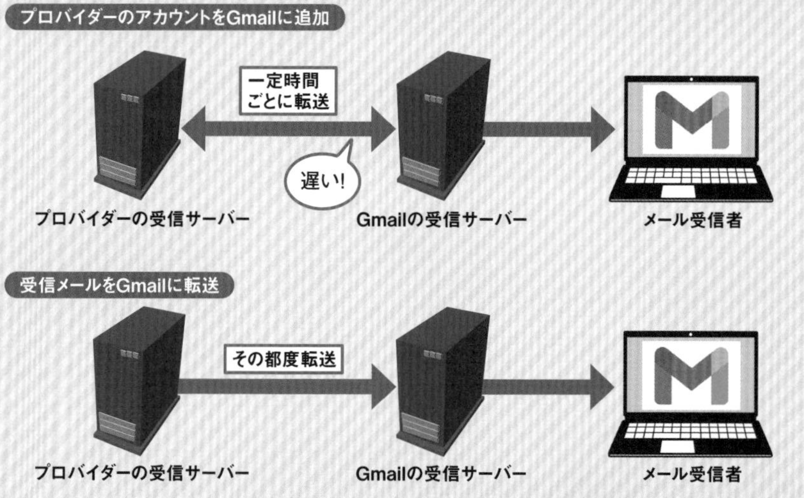

図1 プロバイダーのメールをGmailで受信する方法は、2つある。プロバイダーのメールアカウントを追加した場合、受信までに数分から数十分のタイムロスが発生することがある（上）。プロバイダーから転送した場合は瞬時に届く（下）

転送の設定はプロバイダーの設定画面で行う（**図2**）。ここで重要なのが、転送後のメールの処理だ。Gmailのみで送受信する場合はサーバーから消してもよいが、ほかのメールアプリでも受信する場合はサーバーに残す設定を選択する。

転送されたメールも、Gmailで受信したメールと同様に「受信トレイ」に並び、一覧を見ただけでは区別がつかない（**図3**）。確認したい場合は、メールを開いて受信者の情報を表示すれば、どちら宛てに来たものかがわかる。

受信できるようになったら、送信の設定もしておこう。プロバイダー宛てに来たメールに対して、Gmailから返信すると紛らわしいので、プロバイダーのアドレスから返信や送信する設定にしたい（次ページ**図4**）。

転送設定はプロバイダーのサイトで

図2 プロバイダーのメール設定画面で転送の設定を表示させる（❶）。転送先のメールアドレスとしてGmailのアドレスを入力し、転送後にサーバーに残すかどうかを指定する（❷❸）。手順はプロバイダーによって異なるので説明書を参照して正しく設定しよう

プロバイダーから転送されたメールを確認

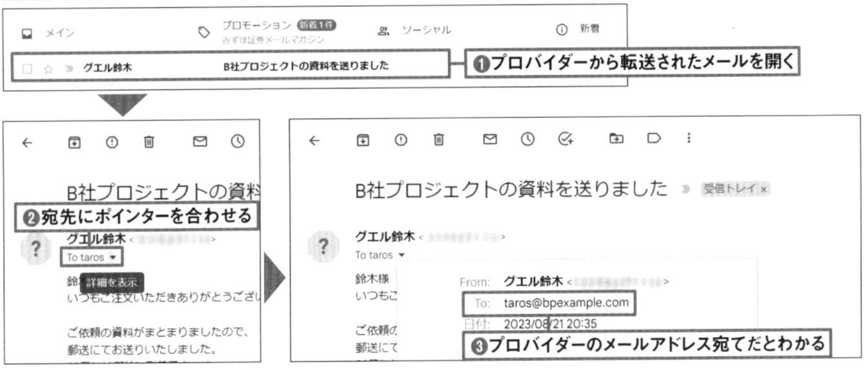

図3 プロバイダーから転送されたメールも、Gmailで受信したメールと一緒に「受信トレイ」に並ぶ（❶）。開いて宛先を見ると、転送メールだとわかる（❷❸）

Gmailの「設定」を開いて「アカウントとインポート」の画面にある「他のメールアドレスを追加」を選択する（**図5**）。プロバイダーのアドレスで送信する際の「名前」とメールアドレスを指定し、プロバイダーの資料に従ってサーバーなどを設定する（**図6〜図8**）。

メールの返信時には、受信したアドレスを使用するよう設定しておけば、メールごとに受信したアドレスから返信できる（**図9**）。新規メールを作成する際には、「差出人」欄でどちらのアドレスを使うか選択できる（**図10**）。

プロバイダーのメールアドレスで送信／返信

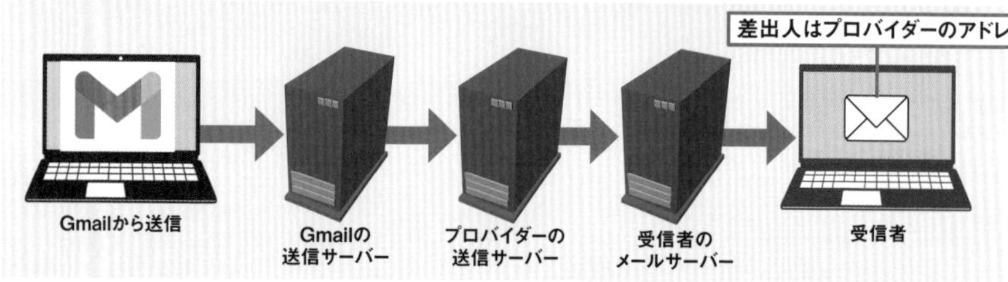

図4 プロバイダーのメールアドレスを使ってGmailから送信すれば、受信者にはGmailからだとわからない

送信用にプロバイダーのアドレスを設定

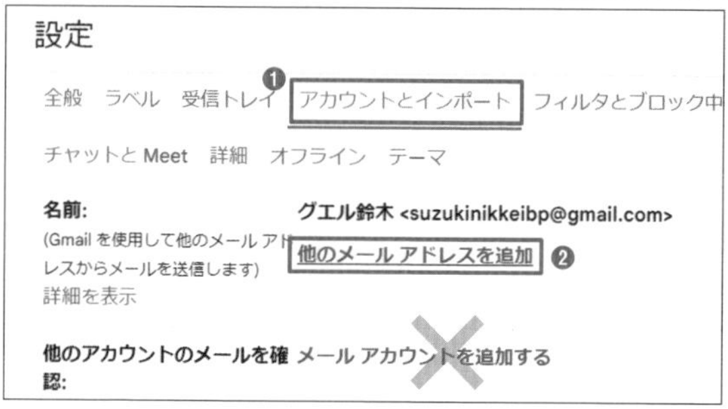

図5 「設定」をクリックして「すべての設定を表示」を選び、「アカウントとインポート」を選択（❶）。「名前」欄で「他のメールアドレスを追加」をクリックする（❷）。なお、すぐ下にある「メールアカウントを追加する」はプロバイダーのメールを直接送受信するための設定なので、選んではいけない

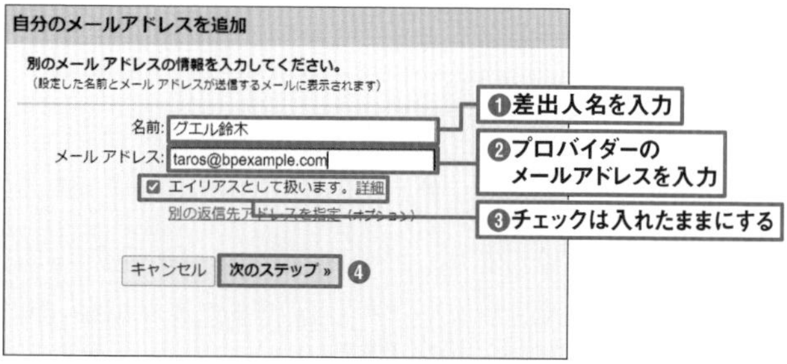

図6 開く画面でそのメールアドレスで使う差出人名とプロバイダーのメールアドレスを入力する（❶❷）。「エイリアスとして扱います。」のチェックは入れたまま、次のステップに進む（❸❹）

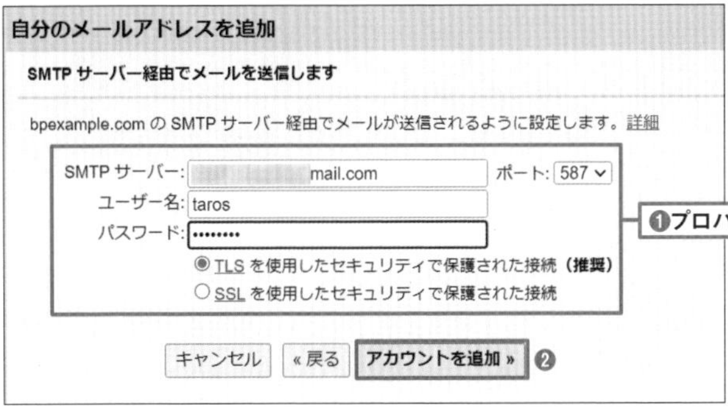

図7 追加するメールアドレスの設定画面が表示される。利用しているプロバイダーの設定方法に従って、SMTPサーバー名やユーザー名などを入力する（❶❷）

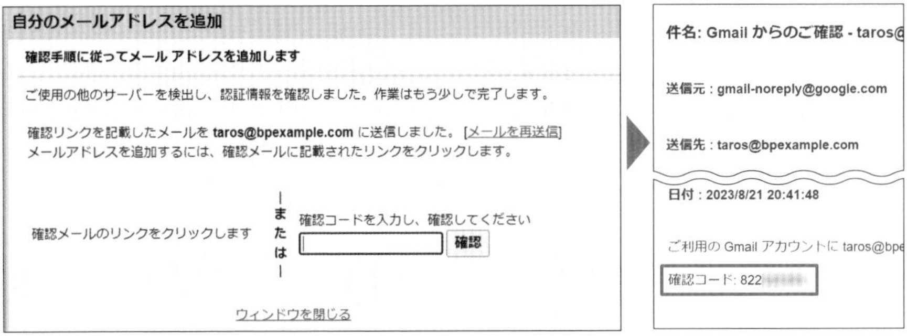

図8 確認画面が表示され、プロバイダーのアドレス宛てにGmailからメールが届く。届いたメールのリンクをクリックするか、確認コードを入力する

図9 図5の画面を開き、どちらのメールアドレスをデフォルト（既定）にするかを選択する（❶）。「デフォルトの返信モードを選択」欄で「メールを受信したアドレスから返信する」を選択する（❷）

図10 複数のアドレスを登録すると、メールの作成画面に「差出人」欄が表示される。その右端にある「▼」をクリックすると、アドレスを選べるようになる（❶❷）

Section 22 特定のラベルが付いたメールを効率良くバックアップ

容量を減らす手段として、済んだ案件に関するメールをまとめて削除したいが、後から確認できるようにバックアップは残しておきたい――。Gmailではラベルごとにバックアップできるので、客先ごとやプロジェクトごとにバックアップファイルを作成できる。

メールのバックアップは「Googleデータエクスポート」で行う。アクセスした時点ではGoogleサービス全体のバックアップが選択されているので、いったん選択を解除してから、メールのみを選択する（**図1、図2**）。「メールのコンテンツオプション」を表示させ、バックアップしたいラベルだけを選択してからエクスポートしよう（**図3**）。バックアップデータのダウンロードが可能になるとグーグルからメールが届く（**図4**）。

ラベルごとのバックアップだけでなく、定期的にGmail全体のバックアップも作成しておくとより安心だ。

バックアップは「Googleデータエクスポート」で

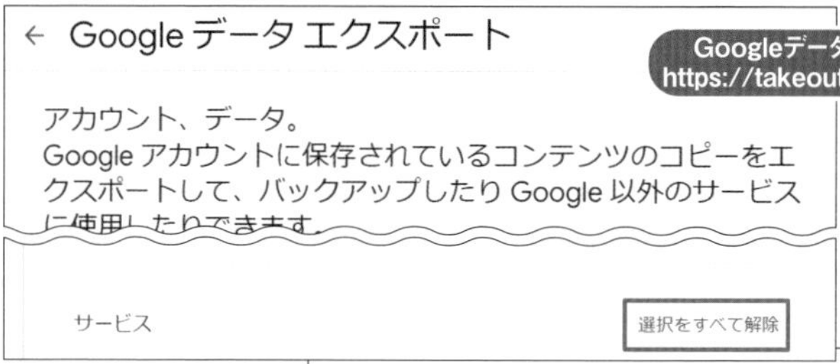

Googleデータエクスポート
https://takeout.google.com/

図1　「Googleデータエクスポート」のページにアクセスして、「選択をすべて解除」を選んでいったん全サービスの選択を解除する

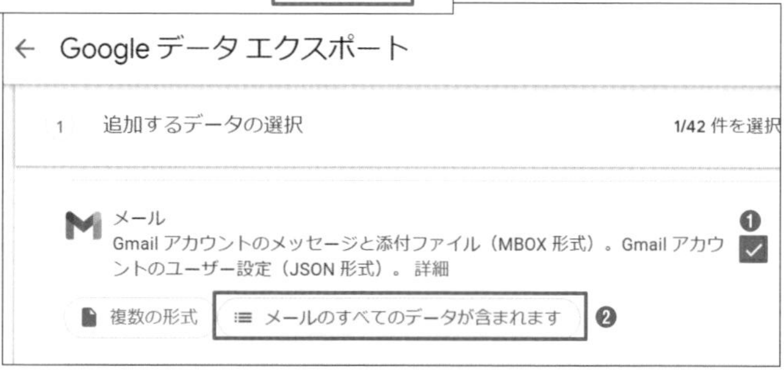

図2　下方向にスクロールして「メール」にチェックを入れ、「メールのすべてのデータが含まれます」をクリックする（❶❷）

バックアップするラベルを選択してエクスポート

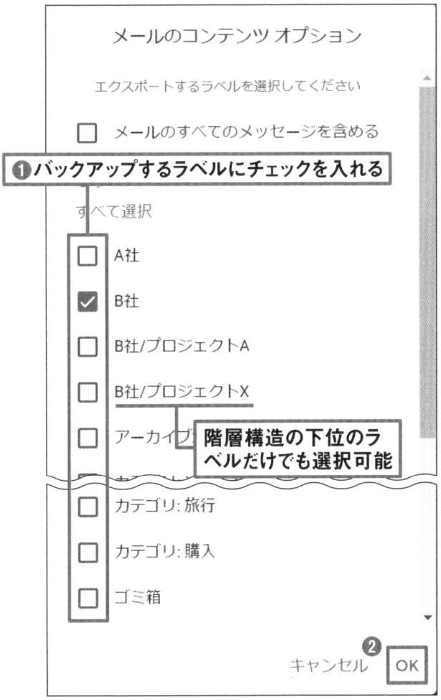

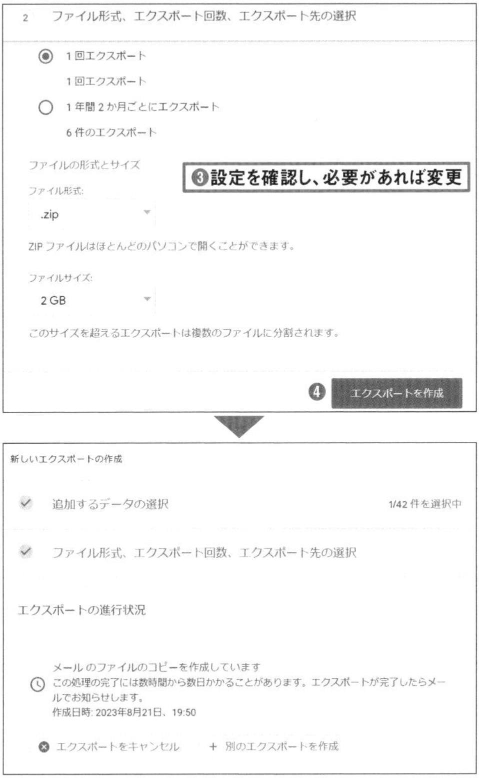

図3 ラベルの一覧が表示されるので、バックアップしたいラベルのみにチェックを入れる(❶)。「OK」を押し、設定を確認して「エクスポートを作成」をクリック(❷～❹)。続いて表示される画面では、エクスポートのキャンセルや追加ができる

準備ができたらダウンロード

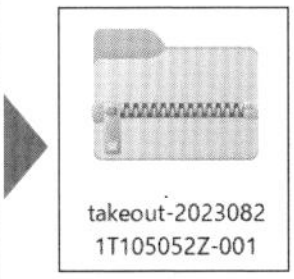

図4 バックアップファイルの準備ができると、グーグルからメールが届く。記載されたリンクをクリックしてデータをダウンロードする

Section 23

ネット接続なしでもGmailは読める

Webブラウザーで使うGmailの弱点は、通信回線がないと使えないこと。それをカバーする機能が、「オフラインGmail」だ。インターネットに接続していなくても、Gmailのメールの閲覧、返信、検索ができる。Gmailの設定で「オフラインGmail」をオンにして、「受信トレイ」をブックマークすれば設定は完了（**図1、図2**）。ただし、この機能はChromeのみで使える機能なので、Chromeで設定しよう。

オフラインでGmailを読むための設定

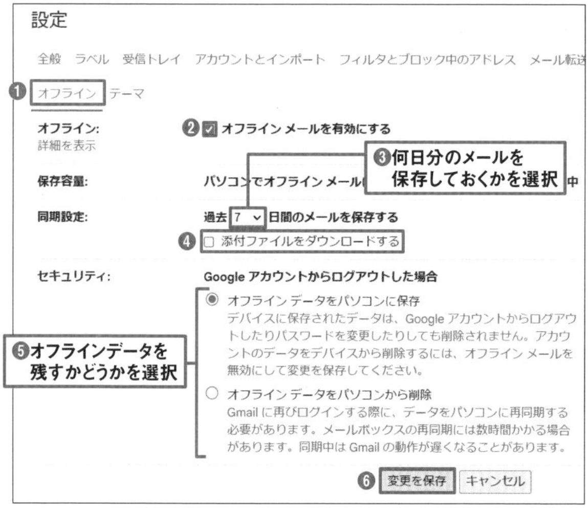

図1　「設定」をクリックしてから「すべての設定を表示」を選び、「オフライン」を選択する（❶）。「オフラインメールを有効にする」にチェックを入れ、何日分のメールをネット接続なしで見られるようにするかを指定する（❷❸）。添付ファイルをダウンロードするか、ログアウト後に同期したデータを削除するかも指定（❹❺）。「変更を保存」をクリックすれば設定は完了だ（❻）

図2　ChromeでGmailの「受信トレイ」を開き、ブックマークに追加する（❶❷）。ブックマークの「名前」と保存先を指定し、「完了」を押す（❸❹）。これで、ブックマークを開くだけで、オフラインでもGmailの操作ができるようになる

第2章

Web検索&閲覧を爆速化 Chrome活用テク

Googleのアプリを使う起点となるのが、グーグルのWebブラウザー「Chrome」だ。アドレスバーで直接Google検索ができるほか、Googleアプリとの親和性が非常に高い。そんなChromeをより使いやすくする設定と、検索のテクニックを紹介しよう。

Section 01 よく使うWebページをすぐ表示する3つの方法

「また見たい」と思ったWebページは「ブックマーク」に登録するのがWebブラウザーの基本だ。しかし、Chromeのブックマークはメニューをたどってページを開くため、最速とはいえない（**図1**）。使用頻度の高いページはもっと簡単に開きたい。

Chromeでブックマークに登録するには、アドレスバー右端の「☆」をクリックし、ブックマークに表示する名前やフォルダーを指定する（**図2**）。その際、Gmailのように「1日に何度も使う」ページは、通常のブックマークではなく、ウインドウ上部に常に表示される「ブックマークバー」に登録しよう。すると、Chromeの使用中、ワンクリックでページを表示できる。ブックマークバーを表示させ、ドラッグ操作で登録するのが簡単だ（**図3**、**図4**）。

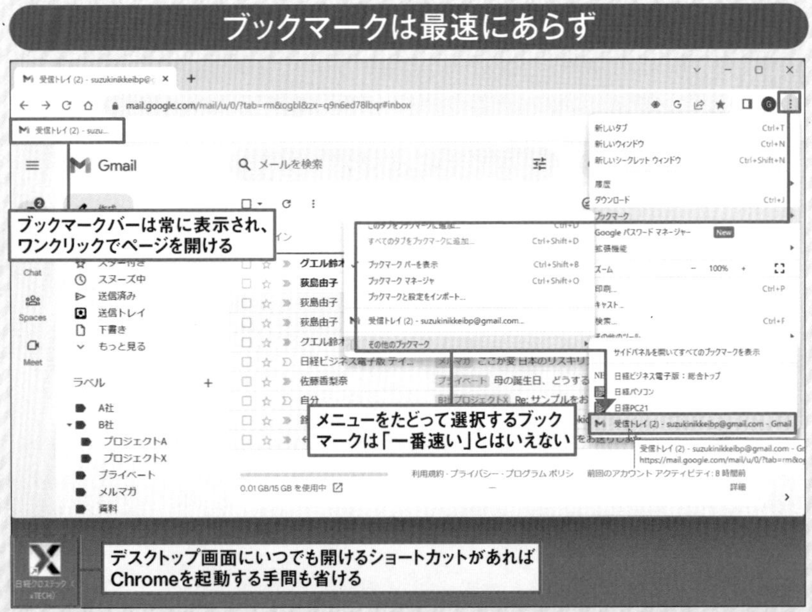
ブックマークは最速にあらず
ブックマークバーは常に表示され、ワンクリックでページを開ける
メニューをたどって選択するブックマークは「一番速い」とはいえない
デスクトップ画面にいつでも開けるショートカットがあればChromeを起動する手間も省ける

図1 よく使うページは「ブックマーク」に登録するのが基本だが、Chromeではもっと簡単にページを開く方法がある。ページの使用頻度に応じて最適な手順を考えよう

ブックマークへの登録はアドレスバーで「★」をクリック

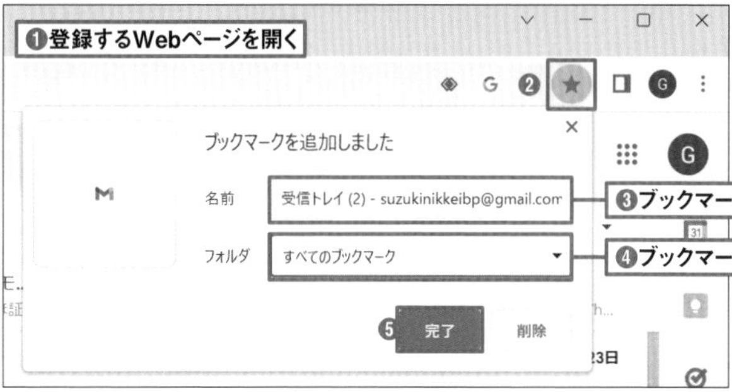

図2 ブックマークに登録するWebページを開き、アドレスバー右端の「☆」をクリックする（❶❷）。ブックマークの名前と登録するフォルダーを指定し、「完了」を押す（❸～❺）

よく使うブックマークは「ブックマークバー」に登録

図3 ブックマークバーを表示するには、「⋮」ボタンをクリックし、「ブックマーク」から「ブックマークバーを表示」を選ぶ（❶～❸）。するとアドレスバーの下にブックマークバーが表示される（❹）。ブックマークバー右端の「すべてのブックマーク」をクリックすると、ブックマークの一覧が表示されるのも便利だ

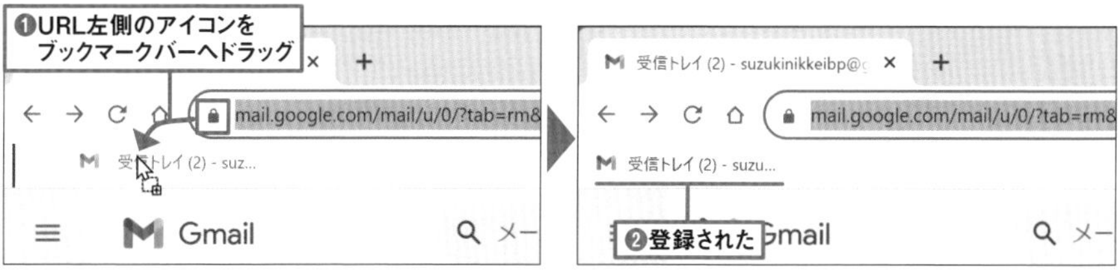

図4 表示中のWebページをブックマークバーにを登録するには、URL左側のアイコンをブックマークバーにドラッグするのが手っ取り早い（❶❷）。図2で登録する際に「フォルダ」で「ブックマークバー」を選んでもよい

Chromeを使用中、最も頻繁に呼び出すWebページは「ホーム」ボタンに登録すると便利だ。設定画面で「デザイン」から「ホームボタンを表示する」をオンにし、URLを指定する（**図5**）。Chromeの画面左上に「ホーム」ボタンが表示され、いつでもクリックするだけで指定したページを開けるようになる。

新しいタブには検索バーの下に、よく使うWebページのアイコンを最大10個並べることができる（**図6**）。ワンクリックでページを開ける便利なアイコンなので、新しいタブでよく使用するWebページトップ10を登録しておこう。

使用頻度No.1は「ホーム」ボタンに登録

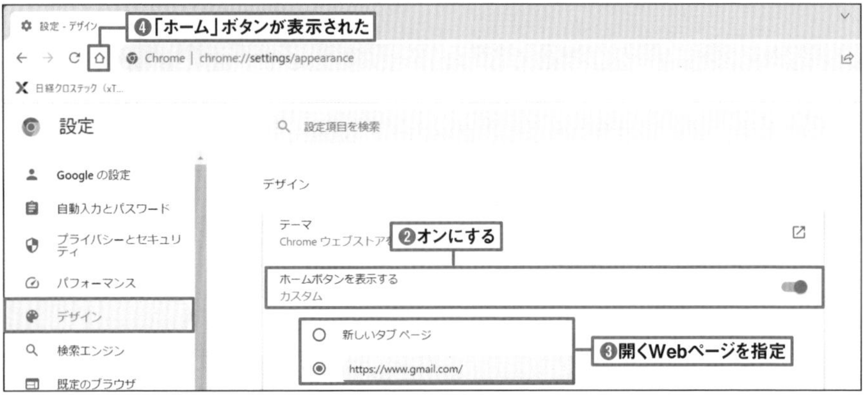

図5 「︙」をクリックし、「設定」を選択して設定画面を開く。「デザイン」を選択し、「ホームボタンを表示する」をオンにして、ホームとして表示させたいURLを指定する（❶〜❸）。するとホームボタンが表示される（❹）

使用頻度ベスト10は新規タブに登録

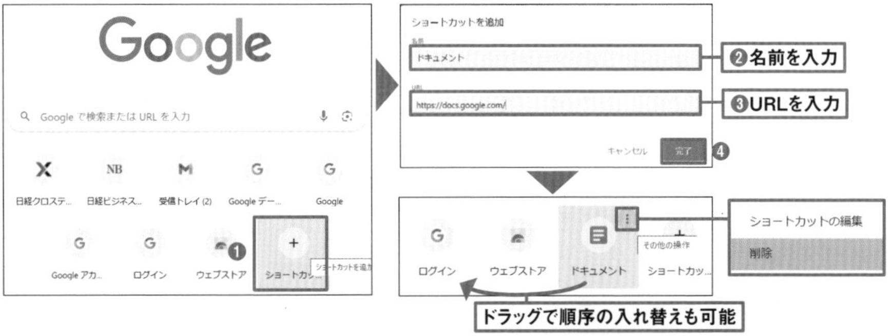

図6 新規タブを開き、「ショートカットを追加」を選択（❶）。Webページの名前とURLを登録する（❷〜❹）。作成したショートカットは、「︙」をクリックして変更や削除をしたり、ドラッグで表示順を入れ替えたりできる

「朝イチはメールチェックから」など、ルーティンが決まっているなら、Chrome起動時に「いつものページ」が開くように設定すれば手間を省ける（**図7**）。

ほかのアプリでの作業中によく利用する資料ページなどは、Chromeを起動後に開くのも面倒だ。デスクトップ画面から直接開ける「ショートカット」を作ろう。Webページを開き、設定メニューから「ショートカットを作成」を選択（**図8**）。確認画面で「ウィンドウとして開く」を選ぶのがポイントだ（**図9**）。デスクトップ画面上にできたショートカットを開くとChromeとは別のウインドウとして開く（**図10**）。アドレスバーなどはないが、リンクは動作する。

Chrome起動時に開くWebページを指定

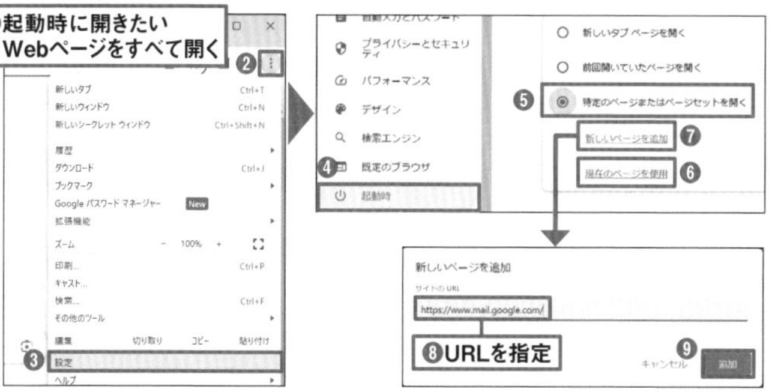

図7 起動時に開きたいWebページをすべて開いてから、設定メニューを開く（❶〜❸）。「起動時」を選択し（❹）、「特定のページ…を開く」を選択（❺）。「現在のページを使用」を選択すると（❻）、開いているWebページが起動ページとして設定される。別のWebページを登録する場合は「新しいページを追加」を選んでURLを入力する（❼〜❾）

デスクトップ画面にショートカットを作成。Chromeなしでページを開く

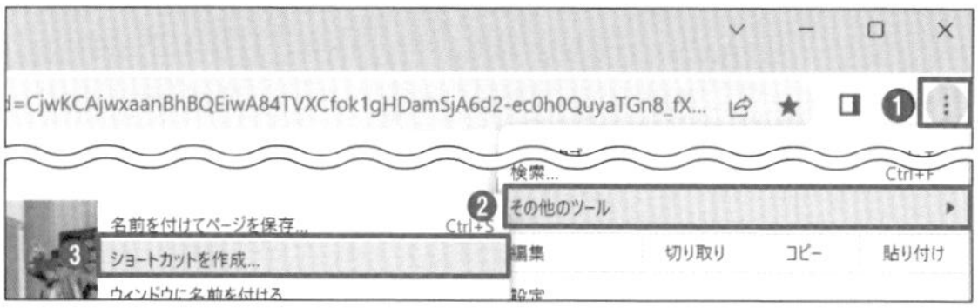

図8 Webページを開き、「⋮」をクリック（❶）。「その他のツール」から「ショートカットを作成」を選ぶ（❷❸）

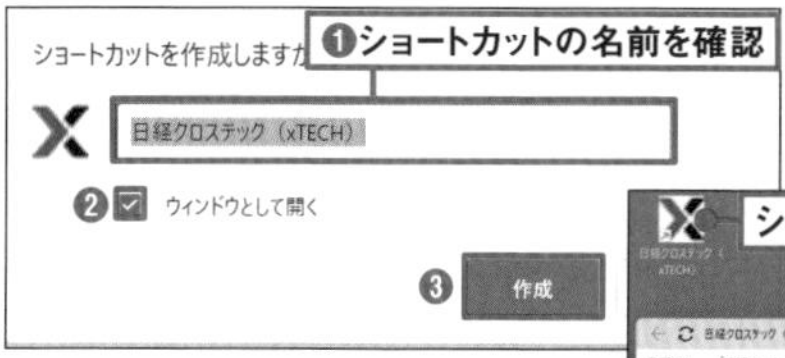

図9 ショートカットに表示する名前を確認し、「ウィンドウとして開く」にチェックを入れて「作成」を押す（❶〜❸）

図10 デスクトップ画面上にショートカットができる。ショートカットを開くと、Chromeとは別のウインドウが開く

Section 02

タブの使いこなしで作業効率が大幅アップ

Chromeでの作業中、新しいタブを開きすぎて見たいページがどこかわからなくなったり、タブを閉じるだけで面倒になったりすることがある。どのタブかわからないなら、アドレスバーで検索できる（**図1**）。タブリストから選択することもできる（**図2**）。開きすぎたタブをすべて閉じたいなら、タブの右クリックメニューを使えば簡単だ（**図3**）。

頻繁に見るページは時期によって変わる。よく使っている間は、タブを固定すれば

開きすぎたタブでも素早く開く、閉じる

図1　タブを探すなら、アドレスバーにタブの名前を入力（❶）。見つかったら、「このタブに切り替え」をクリック（❷）

図2　画面右上の「∨」をクリックし、リストから開くタブを選択（❶❷）

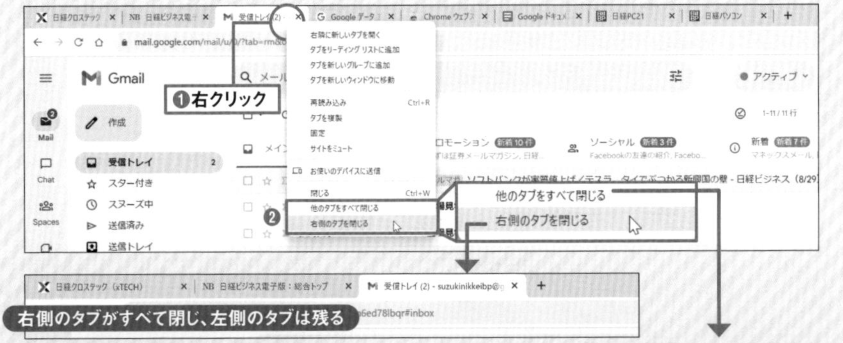

図3　残したいタブを右クリック（❶）。「他のタブをすべて閉じる」か「右側のタブを閉じる」を選ぶと、タブをまとめて閉じられる（❷）

Chromeの起動中にいつでもワンクリックで開くことができる(**図4**)。Chromeを終了しても残るので、ひと仕事終わって使わなくなったら、固定を外せば通常のタブに戻る。

特定の作業に使うページは、「タブグループ」にまとめておくと、瞬時に関連するタブをすべて表示したり、まとめて閉じたりできて便利だ(**図5～図7**)。

よく使うタブは常に表示

図4 タブを右クリックして「固定」を選ぶ(❶❷)。タブが小さくなって左端に固定され、Chromeを再起動しても閉じることはない(❸)。解除する場合は、固定したタブを右クリックして「固定を解除」を選ぶ

関連するWebページはグループで一括管理

図5 新しいタブグループを作成するには、グループに入れたいタブの1つを右クリックし、「タブを新しいグループに追加」を選択(❶❷)。グループ名を付けて、タブの色を選ぶ(❸❹)

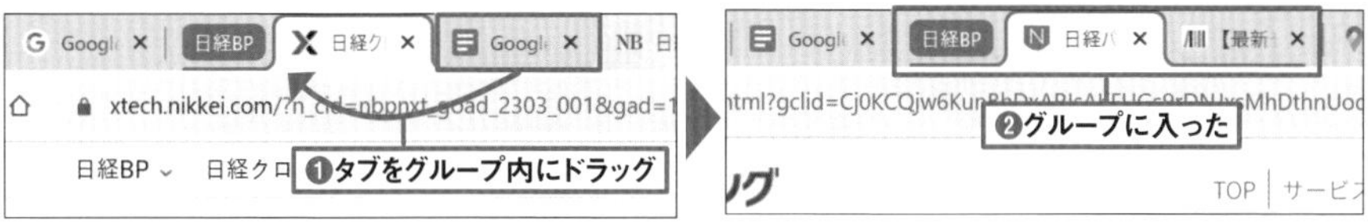

図6 グループに入れたいタブをドラッグし、配置したい位置でマウスのボタンを離す(❶❷)。グループ内のタブ配置はドラッグで変更できる

図7 グループタブは、クリックするたびにグループ内のタブの表示/非表示が切り替わる(❶～❸)

Section 03 天気もわかる、計算も可能 Google検索の便利機能

天気を調べるとき、天気予報のWebサイトを開く必要はない。Googleで場所と「天気」の文字を入れて検索するだけだ（**図1**）。温度も湿度も、1週間先の天気もわかる。電車の乗り換えも同じ。「（出発地）から（到着地）」という検索の仕方で経路から時刻まで表示できる（**図2**）。

ほかにも、通貨や単位の換算、新幹線や飛行機の出発時刻、イベントの日程など、調べ物はそのまま検索キーワードにするのが一番早い（**図3〜図5**）。

天気予報も乗り換えも検索でわかる

図1　天気を調べるなら、検索キーワードに「（場所）　天気」という形で入力。天気予報のWebサイトを開かなくても、降水確率までわかる

図2　電車などの経路を調べるなら、「（出発地）から（到着地）」で検索。駅名なら電車の乗り換え、スポットなら車での経路など、目的地に応じた情報が表示される

通貨、長さ、温度などの単位を換算

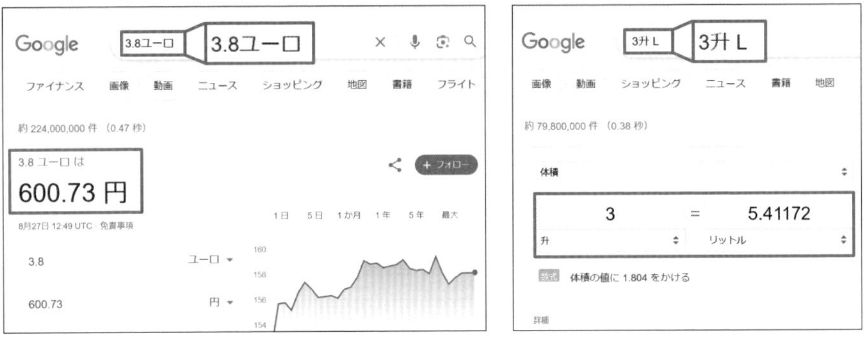

図3 ユーロやドルを円に換算する場合、数値と単位を入れるだけで円換算ができる（左）。通貨以外の単位換算も可能。換算後の単位を後ろに入力すれば、より正確に換算できる（右）

飛行機の便名で出発ゲートまで丸わかり

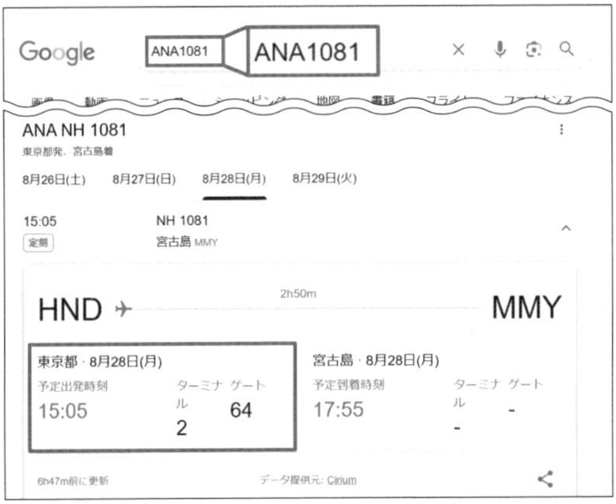

図4 「出発時刻は何時だっけ?」という場合、飛行機の便名さえ入力すれば、出発時刻、ターミナル、ゲート、到着時刻などがすぐに検索できる

イベントの日程を検索

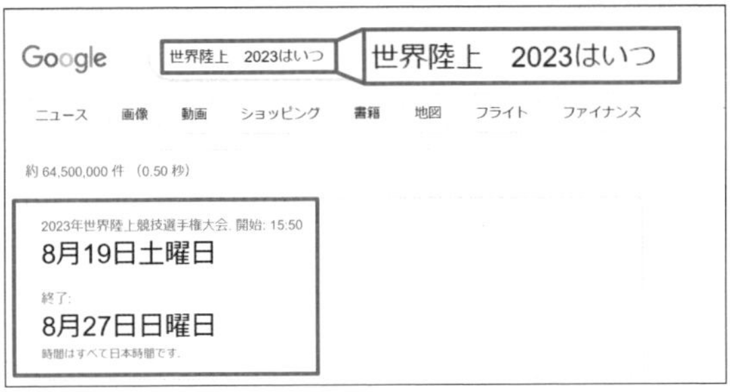

図5 「あのイベントはいつからだろう」と思ったら、イベント名と「いつ」で検索。開始日時などは日本時間で表示される

Section 04 検索結果に戻るのが面倒…ならサイドパネルに一覧表示

便利なGoogle検索だが、検索結果からWebページを開いてみたら、「思った内容じゃなかった」ということもある（**図1**）。何度も検索結果に戻り、別のページを選び直しているなら、「サイドパネル」を使おう。検索結果から開いたページのアドレスバーには、Googleのボタンが表示される（**図2**）。このボタンをクリックすると、検索結果をサイドパネルに表示させ、そこから別のページを選び直すことができる。

サイドパネルに表示できるのは検索結果だけではない。ブックマークやリーディングリストを表示させれば、登録したページを次々に開くことができる（**図3**）。

検索結果に何度も戻りたくない

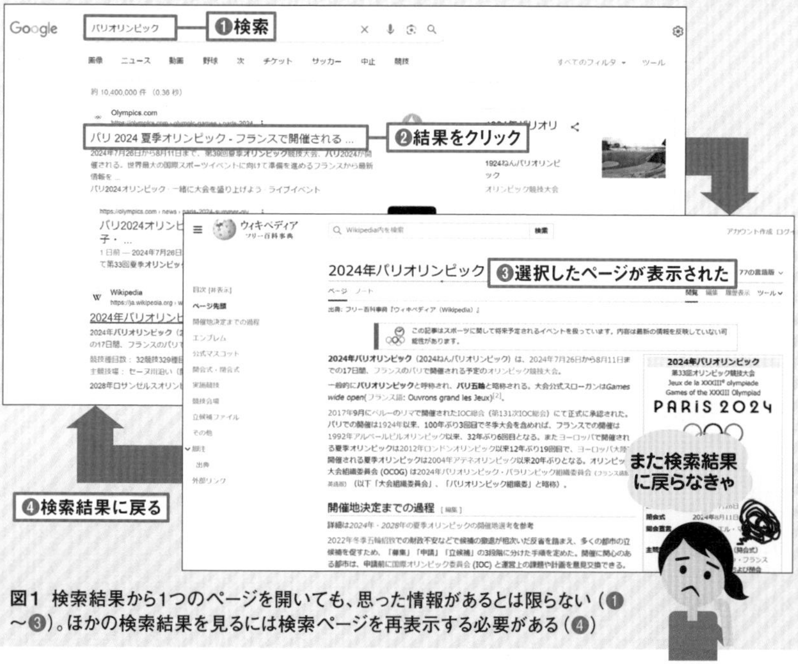

図1　検索結果から1つのページを開いても、思った情報があるとは限らない（❶～❸）。ほかの検索結果を見るには検索ページを再表示する必要がある（❹）

検索結果をサイドパネルに表示

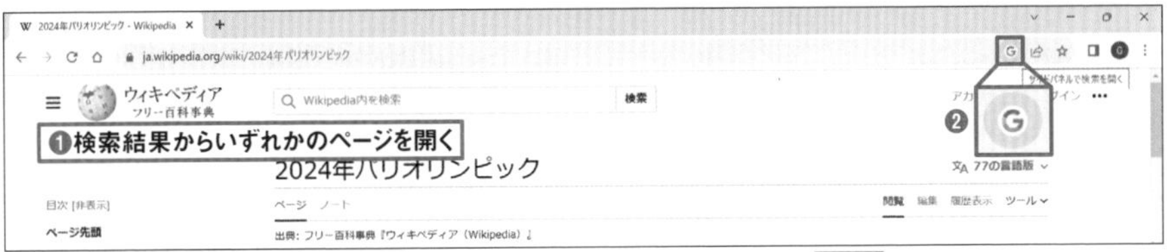

図2 検索結果から選択したページを開いてみて、必要な情報が見つからない場合、アドレスバー右側にあるGoogleのボタンをクリックする（❶❷）。画面右側にサイドパネルが開き、直前の検索結果が表示される（❸）。ほかのリンクをクリックすると、画面左側にそのページが表示されるが、サイドパネルはそのまま残るので、続けてほかのページを開くことができる

ブックマークをサイドパネルに表示

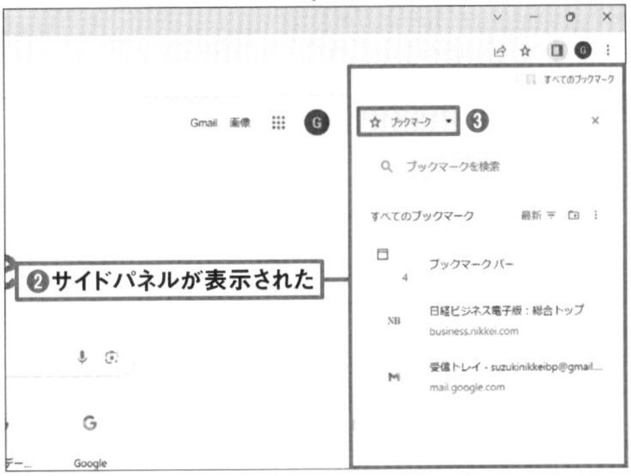

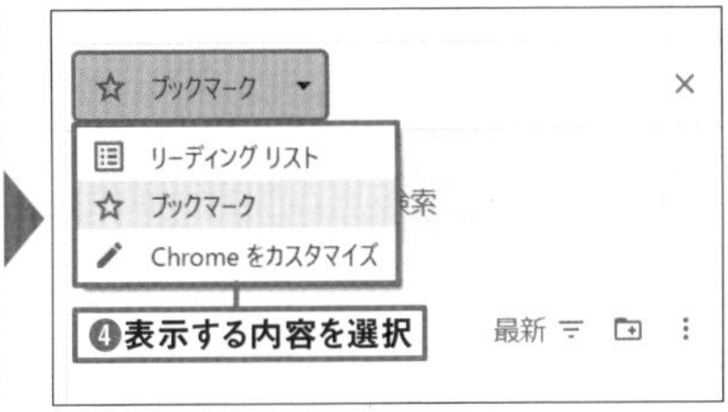

図3 サイドパネルには、ブックマークやリーディングリストを表示させることもできる。アドレスバー右の「サイドパネルを表示」ボタンを押すと、サイドパネルが開く（❶❷）。サイドパネル上部のメニューから、表示させたい内容を選択する（❸❹）

Section 05

複数キーワードと条件指定で検索結果を絞り込み

検索サイトで取り扱う情報量は膨大であり、単純なキーワード検索では検索結果が何百万件も表示されることが珍しくない。目指す情報を得るために必要なのは、検索結果を絞り込む技術だ。

最初に試したいのがキーワードの追加。複数のキーワードをスペースで区切って入力すれば、すべてのキーワードを含むウェブページに絞り込める（**図1**）。

複数キーワードは空白で区切って入力

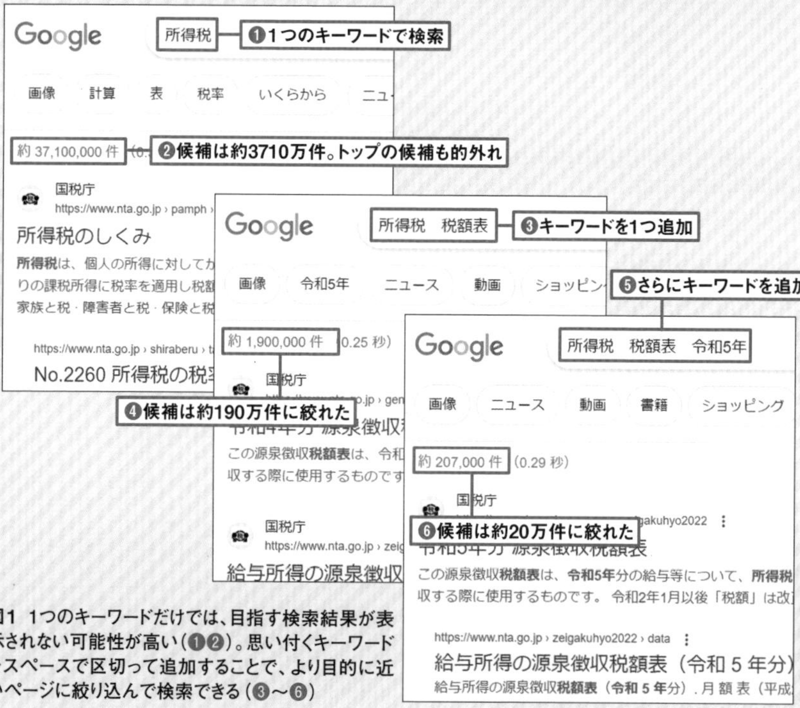

図1 1つのキーワードだけでは、目指す検索結果が表示されない可能性が高い（❶❷）。思い付くキーワードをスペースで区切って追加することで、より目的に近いページに絞り込んで検索できる（❸〜❻）

キーワードは複数指定できるだけでなく、「このキーワードを含めない」「2020～2023までの数値を含む」「特定のWebサイトに絞る」など、多くの条件を指定できる。ただし、こうした条件指定には検索コマンド（82ページ）と呼ばれる特殊な文字列を使うため、必要なときに「あのコマンド、何だっけ?」といったことにもなりかねない。そこでまず覚えておきたいのが、さまざま条件を一括指定できる「検索オプション」の使い方だ。

歯車アイコンの「クイック設定」メニューから「検索オプション」を選ぶと、キーワードの指定画面が表示される（**図2、図3**）。「検索オプション」画面なら、特殊なコマンドを知らなくても、簡単に複数条件の指定が可能だ。

複雑な条件指定が簡単にできる「検索オプション」

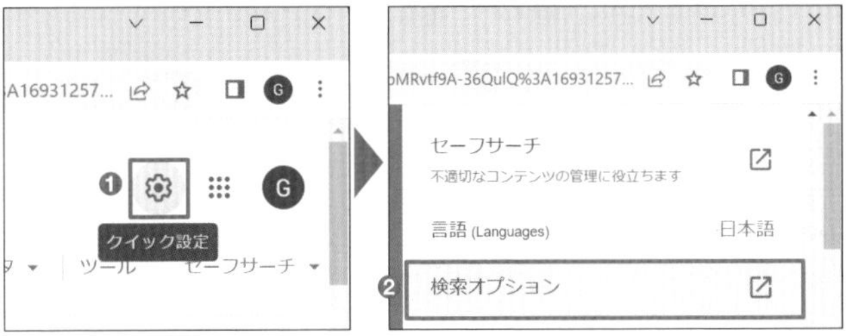

図2 検索コマンドがわからなくてもさまざまな条件指定ができる「検索オプション」。画面を開くには、「クイック設定」（歯車のアイコン）から「検索オプション」を選ぶ（❶❷）

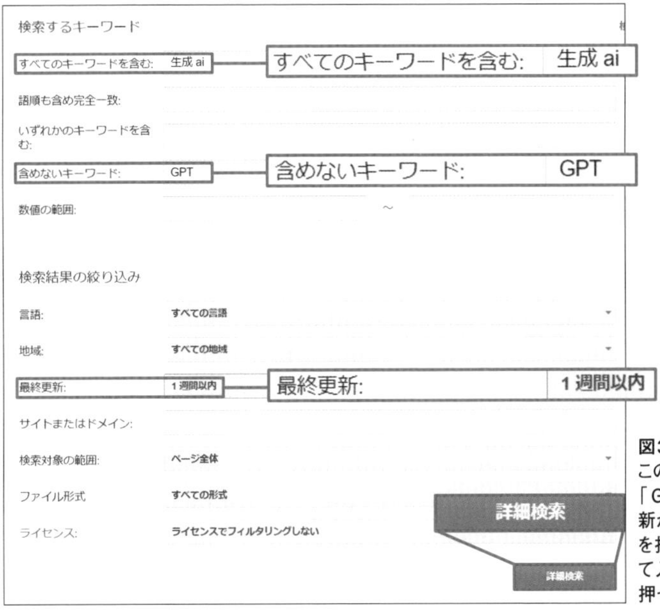

図3 検索オプションの画面。この例では、「生成ai」を含む、「GPT」を含まない、最終更新が「1週間以内」という条件を指定している。条件をすべて入力したら、「詳細検索」を押せば検索できる

Section 06 「検索チップ」と「ツール」で検索結果をパパッと絞り込み

検索してみたら、結果が多すぎてどれを選べばよいのか迷うことが多い。ほかのキーワードを追加するのもいいが、もっと簡単に絞り込むための機能を2つ紹介しよう。

1つめは、「画像」「動画」「地図」など、検索したキーワードに関連する分類を自動的に提示する「検索チップ」での絞り込み（**図1**）。もう1つは、言語や更新期間などをメニューから選ぶだけで絞り込める「ツール」（**図2**）。「最近更新されたページ」や「日本語のページ」に簡単に絞り込める。

検索対象は「検索チップ」、条件は「ツール」

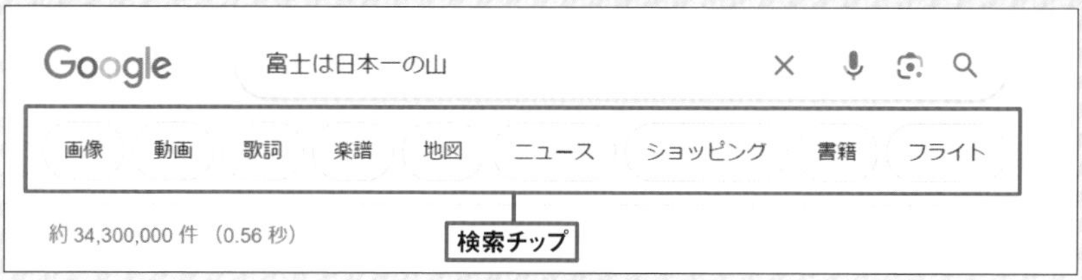

図1 検索後、検索バーのすぐ下に表示されるボタンが「検索チップ」だ。どのボタンが表示されるかは検索キーワード次第。ボタンのクリックで検索結果を絞り込める

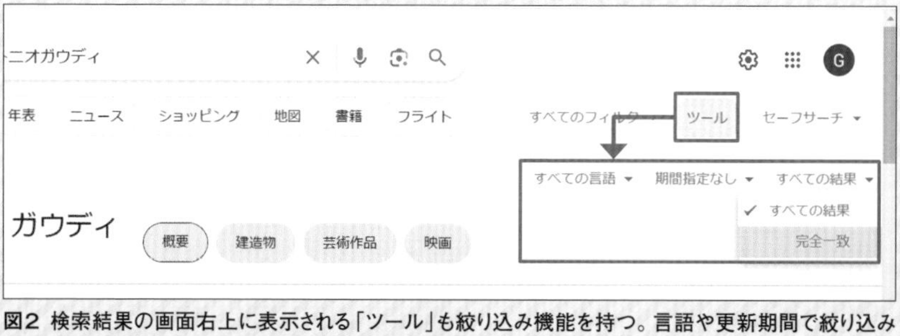

図2 検索結果の画面右上に表示される「ツール」も絞り込み機能を持つ。言語や更新期間で絞り込みたいときに使おう

実際の使い方を見ていこう。Googleでの検索後、検索バーのすぐ下に表示される「検索チップ」はクリックするだけでその分類に該当する検索結果に絞り込むことができる（**図3**）。「検索チップ」に表示される分類は、検索キーワードによって自動的に変わるため、絞り込みの条件指定にズバリと当てはまることも多い（**図4**）。

「検索チップ」を使って検索結果を絞り込み

図3 検索後、検索バーの下に表示される「検索チップ」から、「画像」を選ぶ（❶❷）。すると、画像に絞り込んだ検索結果が表示される（❸）

検索内容に応じて表示される「検索チップ」で絞り込み

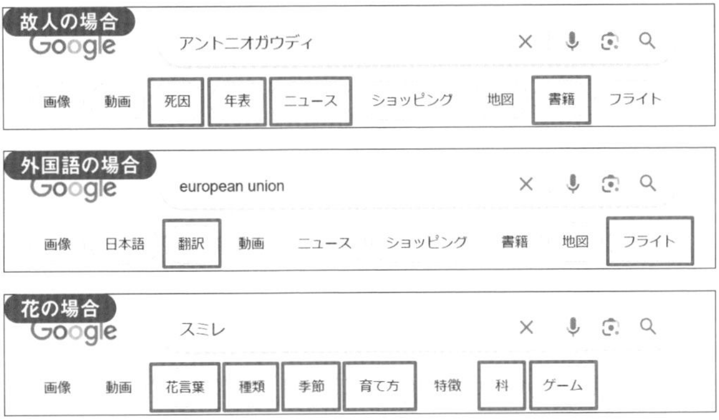

図4 「検索チップ」は、検索キーワードに応じて自動的に内容が変わる。故人であれば「死因」「年表」「書籍」、外国語なら「翻訳」、花なら「花言葉」「育て方」「科」など、適したチップが表示される

検索結果が「古いな」と感じたら、「ツール」を使って更新期間を指定する（**図5**）。「1か月以内」や「24時間以内」を選べば、最近更新された情報に絞れる。

「ツール」に表示される項目も、「検索チップ」と同様に検索キーワードによって変化する。基本は「すべての言語」「期間指定なし」「すべての結果」の3種類だ（**図6**）。「すべての言語」ではなく日本語のページのみに絞り込んだり、「すべての結果」からキー

最近更新したページに絞って検索

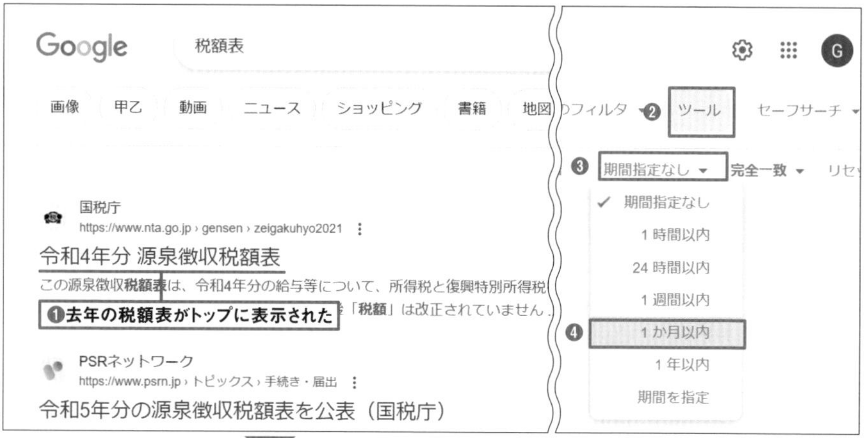

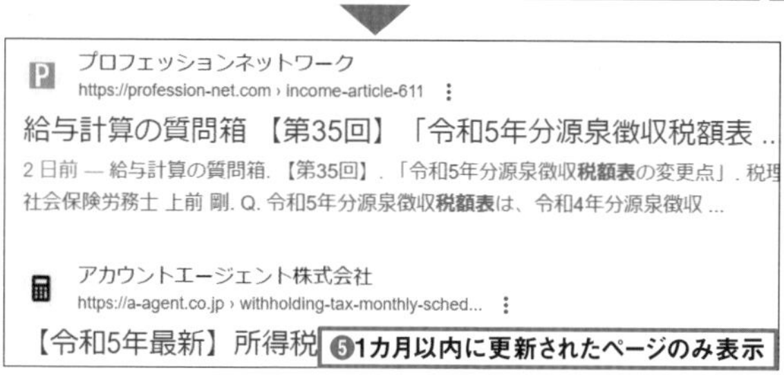

図5 検索結果に去年のページが表示された（❶）。「ツール」をクリックして検索ツールを表示させ、「期間指定なし」をクリック（❷❸）。ページが更新された時期を指定する（❹）。1カ月以内に更新されたページに絞り込めた（❺）

「ツール」で「日本語のページ」や「完全一致」に絞り込み

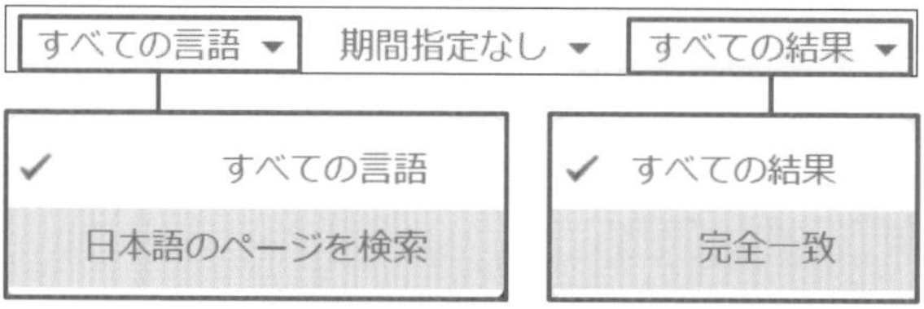

図6 「すべての言語」をクリックして「日本語の…」を選ぶと、日本語のページのみに絞り込める。キーワードと完全に一致するページに絞り込むには「すべての結果」を「完全一致」に変更する

ワードと語順などが完全に一致する結果に絞り込んだりできる。「すべての結果」が選ばれていると、「ブラウザ」と「ブラウザー」、「ウェブ」と「ウエブ」のように表記が異なる場合を含めて検索結果が表示される。完全に一致する文字列を含むページだけを探したいときは、「完全一致」に切り替えれば問題は解決する。

「検索チップ」と「ツール」は組み合わせて利用できる。検索後、画像だけに絞り込み、さらに画像の色を指定するのも簡単だ（**図7、図8**）。

「検索チップ」と「ツール」の合わせ技でピンポイントに絞り込み

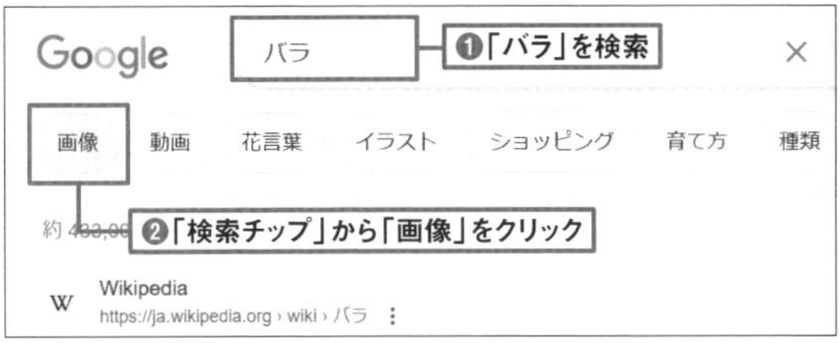

図7 「バラ」の検索結果の画面で、「検索チップ」から「画像」をクリック（❶❷）。検索結果にバラの画像が並ぶ（❸）

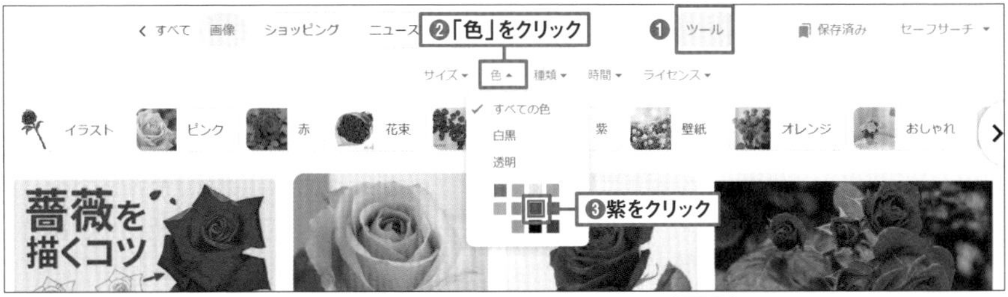

図8 図7に続いて、「ツール」をクリックして検索ツールを表示する（❶）。花の画像の場合、「ツール」に「色」「種類」「ライセンス」などが追加される。「色」を選択して花の色を選ぶと（❷❸）、指定した色のバラの画像を検索できる（❹）

Section 07

検索精度を一気に上げる検索コマンドの裏ワザ

検索では特殊な文字や記号（検索コマンド）を利用して、検索条件に特別な意味を持たせることができる。時短に役立ちそうなコマンドを紹介していこう（**図1**）。

キーワードによっては、目的とは異なるページばかりが検索されることがある。例えば、「Primeってどんな意味?」という場合、「Prime」だけで検索すると、結果は「Amazon Prime」が上位にくる。こんなときは、除外したいキーワードに「-」（半角マイナス）を付けて「-Amazon」のように追加指定するとよい（**図2**）。

「site:」は、サイトのURLを指定して、そのサイト内にある情報だけを対象に検索するコマンド。特定のメーカーのサイト内で情報を探すといった場合に便利だ（**図3**）。

時短に効果的な検索コマンド

<table>
<tr><th>指定する検索内容</th><th>演算子</th><th>用例</th></tr>
<tr><td>検索結果から除外</td><td>-(半角マイナス)</td><td>ワールドカップ　-日本</td></tr>
<tr><td>または</td><td>|(半角縦棒)</td><td>夏目漱石|坊ちゃん</td></tr>
<tr><td>数値範囲</td><td>..(ピリオド2つ)</td><td>国際見本市　1950..1960</td></tr>
<tr><td>文字列の一部を穴埋め</td><td>検索語*検索語</td><td>犬も歩けば*に当たる</td></tr>
<tr><td>完全一致</td><td>"検索語"</td><td>"明日の次は明後日"</td></tr>
<tr><td>サイトを指定</td><td>site:URL</td><td>site:nikkeibp.co.jp</td></tr>
<tr><td>ソーシャルメディア</td><td>@SNSサービス名</td><td>@X</td></tr>
<tr><td>SNS内のハッシュタグ</td><td>#検索語</td><td>#PC21</td></tr>
<tr><td>URL内の文字列</td><td>allinurl:検索語</td><td>allinurl:nikkei</td></tr>
<tr><td>類似・関連するサイト</td><td>related:URL</td><td>related:nikkeibp.co.jp</td></tr>
<tr><td>ファイルの種類</td><td>filetype:拡張子</td><td>filetype:pdf</td></tr>
<tr><td>Webページタイトル検索</td><td>intitle:検索語</td><td>intitle:日経パソコン</td></tr>
<tr><td>Webページコンテンツ内検索</td><td>intext:検索語</td><td>intext:PC21</td></tr>
<tr><td>特定のスポットの周辺で探す</td><td>near:スポット</td><td>near:東京タワー</td></tr>
<tr><td>特定の地域で探す</td><td>location:地域</td><td>location:三軒茶屋</td></tr>
<tr><td>計算</td><td>計算式</td><td>(285^3-25)*17、5890 of 15%</td></tr>
</table>

図1 Google検索で使える検索コマンドの例

特定のSNSでの発信を検索するなら、SNSのサービス名の前に「@」を付けてキーワードに追加する(**図4**)。

-　特定のキーワードを除外

図2 検索結果に含めたくないキーワードの先頭に「-」(半角マイナス)を付けて、キーワードに追加することで、目的のページに絞ることができる

site:　特定のWebサイト内で検索

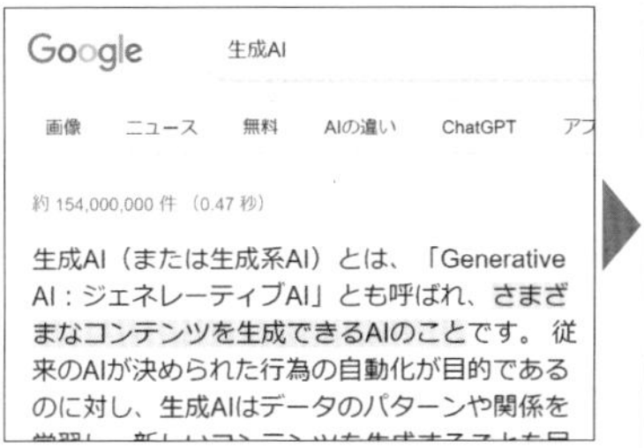

図3 キーワードの後「site:」に続けてURLを追加して検索すると、URLで示したサイト内にあるページ限定で検索される

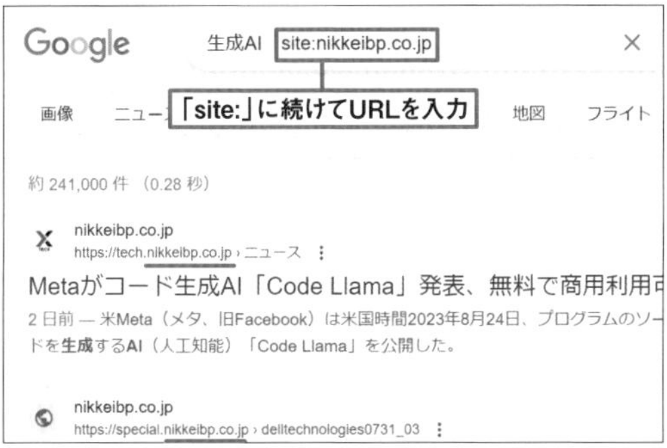

@　特定のSNS

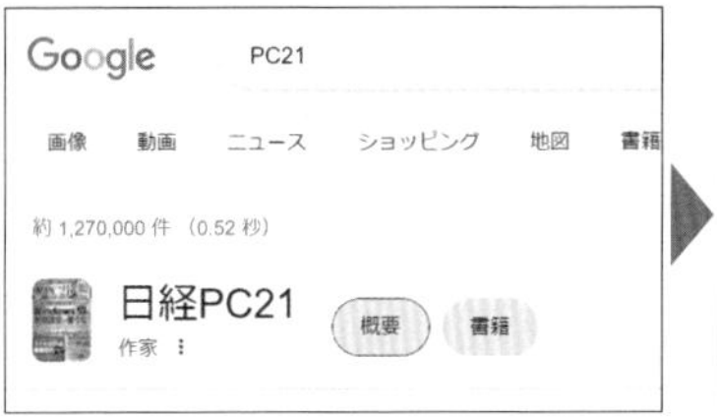

図4 SNSを指定して検索する場合は、「@」に続けてSNS名を指定する

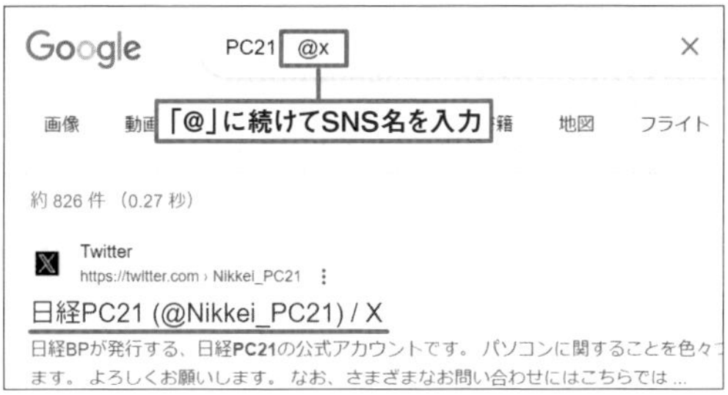

メーカーのWebページを探したいが、「.com」か「.co.jp」かわからないといった場合は、URLに含まれる文字列を検索できる「allinurl:」を使おう（**図5**）。

あるサイトを見ているときに、同じような情報を探したいと思ったら、「related:」コマンドで類似ページを検索するとよい（**図6**）。

資料を探すときに便利なのがファイルの種類を限定する「filetype:」コマンド（**図7**）。公式な文書はPDFとして掲載されていることが多いので、PDFのみを探すといったときに使える。

allinurl:　指定した文字列がURLに含まれるページ

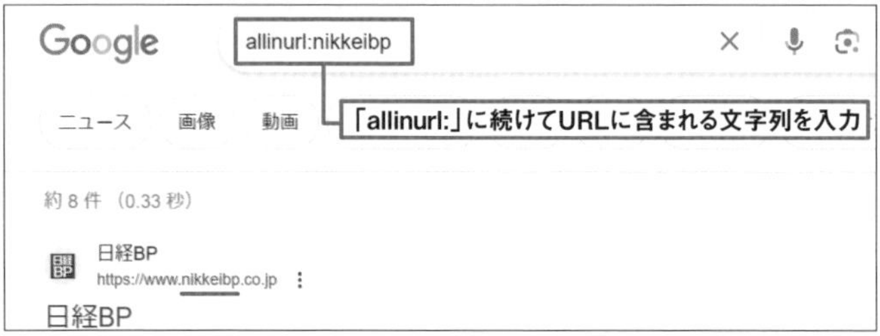

図5 URLがはっきりわからなくても、「allinurl:」というコマンドを使って検索すれば、指定したキーワードをURLに含むページを表示できる

related:　指定したWebページと類似するページ

図6 特定のサイトと同じような情報を掲載したページを探すには、「related:」に続けてURLを入力して検索する

filetype:　指定した拡張子のファイル

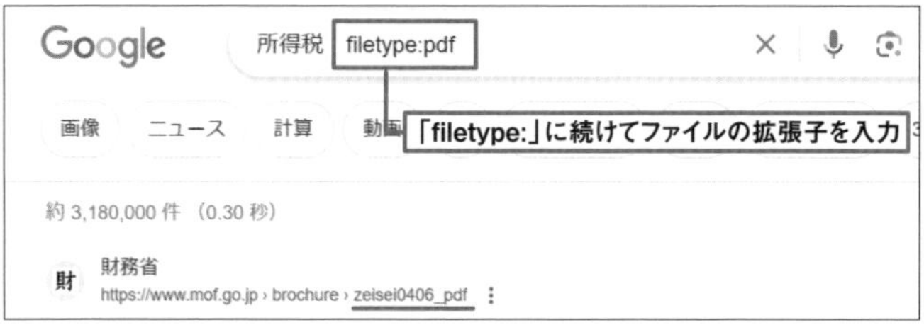

図7 「filetype:」のコマンドを追加して検索すると、そのファイルに限定して検索できる。PDFファイルなら「filetype:pdf」、ZIP形式の圧縮ファイルを探すなら「filetype:zip」と入力する

「intitle:」は、Webページのタイトルだけを対象に検索するコマンド（**図8**）。タイトルとして取り上げているページなので、情報を探すにはもってこいだ。

「出先で○○を探したい」という場合は、観光地など特定のスポットで探す「near:」か、特定の地域で探す「location:」を使うと探しやすい（**図9、図10**）。

intitle: 指定した文字列をページタイトルに含むページ

図8 「intitle:」の後ろに文字列を指定して検索すると、ページタイトルにその文字列を含むページのみを表示できる

near: スポット周辺で探す

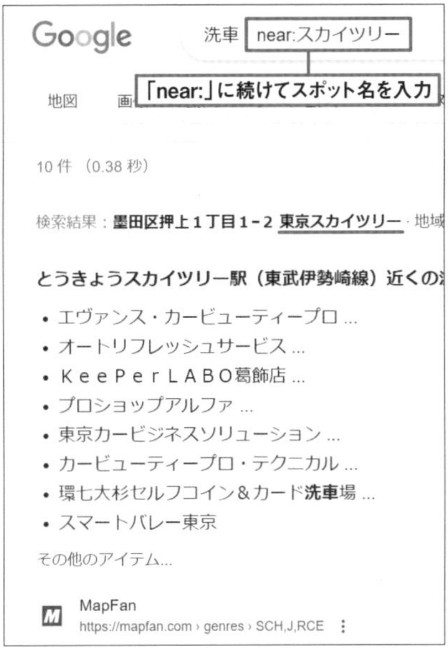

図9 観光スポットなどの周辺にある施設を探すなら、キーワードとは別に「near:」に続けてスポット名を入れると、周辺の施設がリストアップされる

location: 地域限定で探す

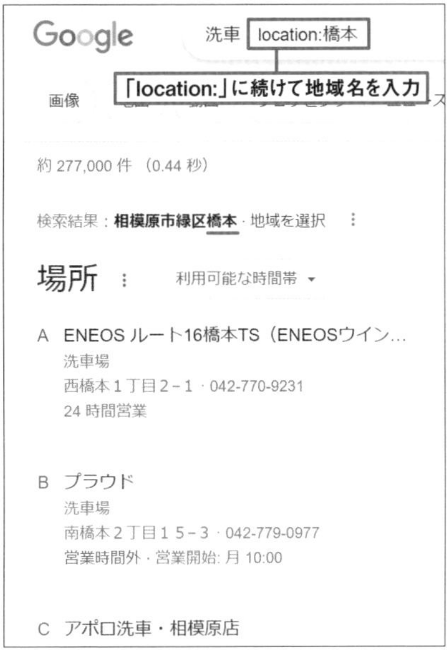

図10 地域を指定して探すなら、キーワードに加えて「location:」と地域名を入力。すると周辺の施設がリストアップされる

Section 08

写真の場所から曲名まで 画像や音声でも検索できる

Google検索では、キーワードに該当する画像を探すだけでなく、画像を基にさまざまな情報を検索することもできる。

Webページで写真を見て、「ここはどこだろう」と思ったら写真を右クリック（**図1**）。表示されたメニューから「Googleで画像を検索」を選ぶ。サイドパネルに表示されたサムネイルで調べたい部分を選択すると、名前や関連するページを検索できる（**図2**）。

Webページの画像は右クリックで検索

図1 Webページ上の画像を右クリックし、「Googleで画像を検索」を選択（❶❷）。すると、画像に関連する情報を検索できる

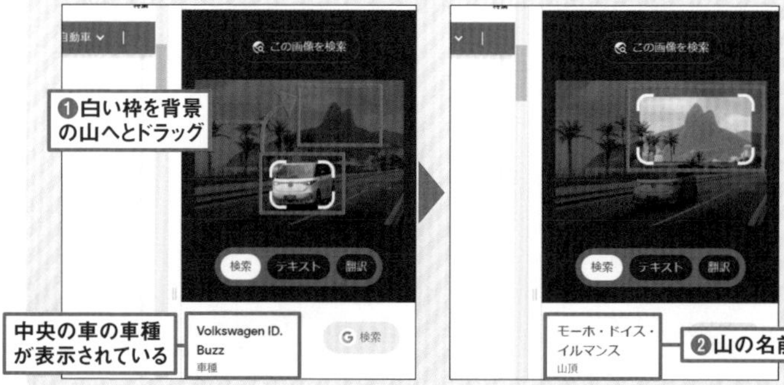

図2 図1で検索した画像の情報が表示される。この例では、いくつかの要素があり、中央の車に関する情報が表示されている。知りたいのは後方の山の名前なので、白い枠を移動すると山の名前がわかる（❶❷）

図1の手順でWeb上の画像を検索した場合、初期設定では画像に関する情報が表示されるが、画像中に文字列があれば抽出も可能だ。サイドパネルで「テキスト」を選択し、「テキストをすべて選択」をクリックする（**図3**）。「コピー」をクリックし、「メモ帳」などにペーストすれば、テキストデータとして利用できる。

図3左で「翻訳」をクリックすれば、画像内の文字列を別の言語に翻訳することもできる。翻訳する言語を選択すると、サイドパネル下部に翻訳した文章が表示される（**図4**）。

検索した画像から文字情報を抽出

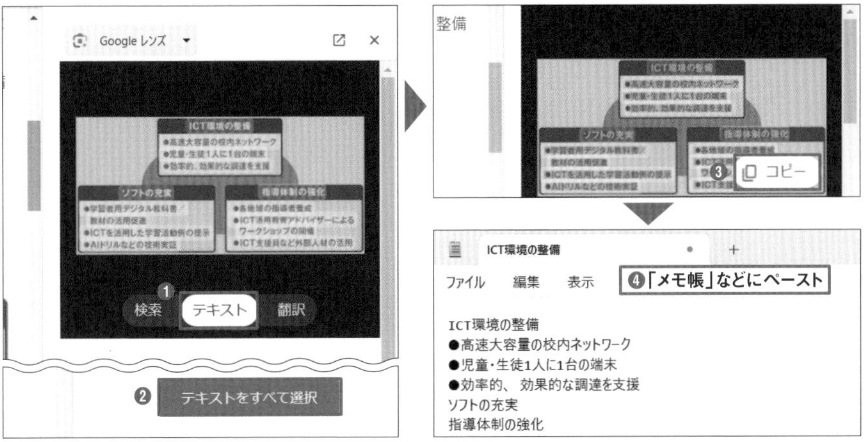

図3 図1の手順で画像検索を行う。サイドパネルで「テキスト」を選択し、「テキストをすべて選択」をクリックする（❶❷）。文字認識ができると表示される「コピー」をクリックし、「メモ帳」などに貼り付ける（❸❹）

検索した画像の文字を翻訳

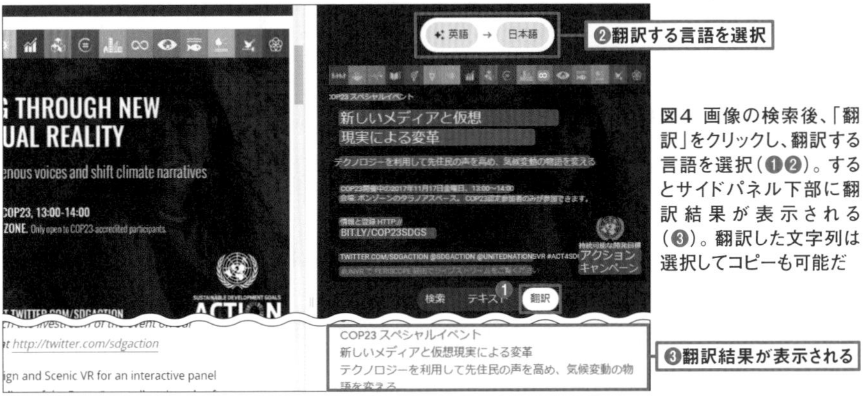

図4 画像の検索後、「翻訳」をクリックし、翻訳する言語を選択（❶❷）。するとサイドパネル下部に翻訳結果が表示される（❸）。翻訳した文字列は選択してコピーも可能だ

手元にある写真の被写体が何かわからない場合は、Googleの「画像検索」にアップロードして調べよう。Google検索の画面で検索バー右端の「画像で検索」(カメラのアイコン)をクリックすると、画像検索モードに切り替わる(**図5**)。手持ちの画像ファイルを画像検索のWebページにドラッグするとアップロードできる(**図6**)。自動的に検索が行われ、検索結果の情報や類似画像などが表示される。

手持ちの写真の撮影場所などを探す

図5 Google検索のページで検索バー右端の「画像で検索」をクリックすると、画像検索モードに切り替わる

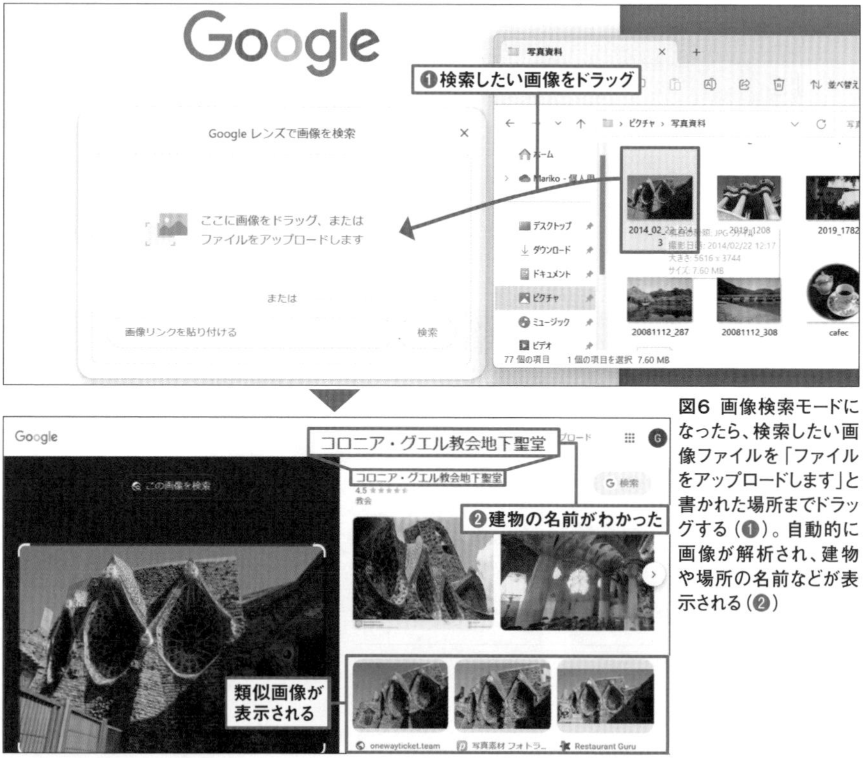

図6 画像検索モードになったら、検索したい画像ファイルを「ファイルをアップロードします」と書かれた場所までドラッグする(❶)。自動的に画像が解析され、建物や場所の名前などが表示される(❷)

マイク付きのパソコンなら音声検索も可能。Google検索の画面で「音声検索」（マイクのアイコン）をクリックして音声検索モードに切り替える（**図7**）。検索したいキーワードを音声入力してもいいし、歌の曲名がわからないなら歌ってみてもいい（**図8**）。

鼻歌で曲名を検索

図7 Google検索のページで検索バー右端の「音声検索」をクリックすると、音声検索モードに切り替わる

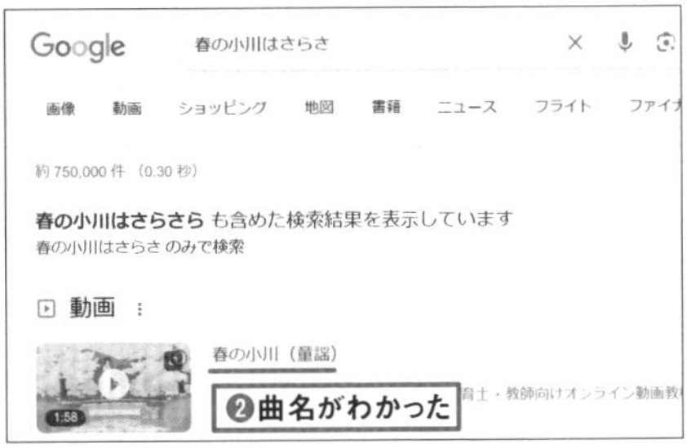

図8 パソコンのマイクに向かって歌を歌ってみよう（❶）。音声から歌詞を認識して、該当する楽曲名などが表示される（❷）

Column スマホの「Googleレンズ」で被写体をAI分析

花や建物を見て、「これ何だろう」と思ったら、スマホの「Googleレンズ」アプリで撮影してみよう（図A）。すぐに被写体がAIで画像分析されて、該当する名称などが表示される（図B）。

図A スマホの「Googleレンズ」アプリを起動したら、調べたいものにカメラを向けてシャッターを押す（❶❷）

図B すぐにAI分析が行われ、候補が表示される。タップして詳細を確認しよう

Section 09 パソコンで見たWebページをスマホに転送して見る

パソコンでブックマークなどを整えて、必要な情報にすぐアクセスできる環境ができても、外出先ではスマホでイチから検索し直すというのでは時間の無駄だ。Chromeに同じGoogleアカウントでログインし、同期の設定をすれば、パソコンの設定をそのままスマホで利用できる（**図1～図3**）。

Googleアカウントで同期して設定を共有

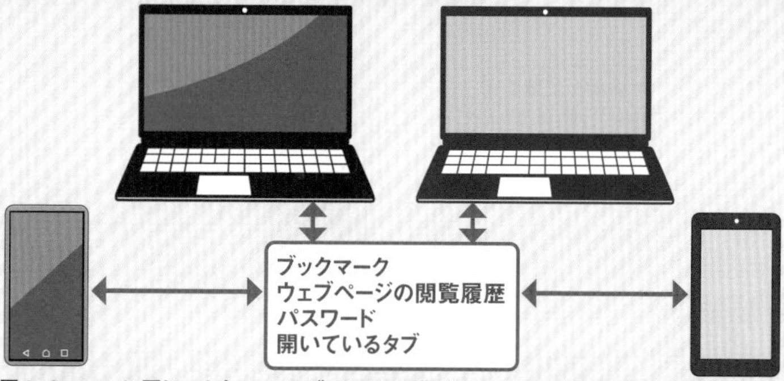

図1 Chromeに同じアカウントでログインして同期させることで、機器が違ってもブックマークなどの環境をそろえられる

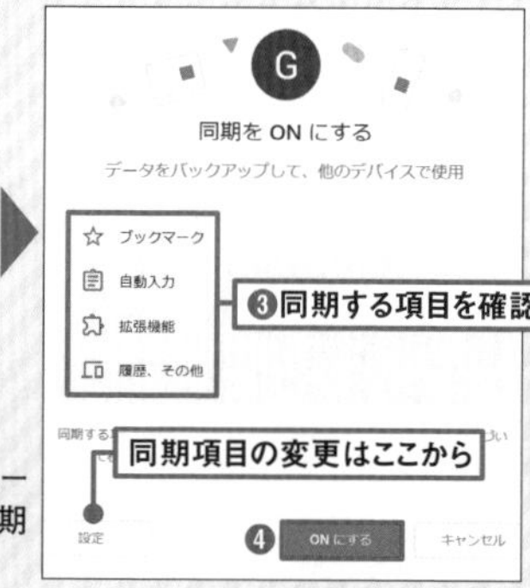

図2 パソコンのChromeでユーザーアイコンをクリックし、同期を設定する（❶～❹）

図3 スマホのChromeで「⋮」をタップし、同期の設定を行う（❶❷）

同期した機器でChromeの「履歴」を開くと、ほかの機器で見ていたWebページの履歴も表示できる（**図4**）。ブックマークなども各機器で同じものを利用できて便利だ。

出かける前にパソコンで見ていたページを通勤途中にスマホで見るのも、同期しておけば簡単だ。「履歴」などから開くこともできるが、パソコン側でページのURLをスマホに送信しておけば、通知から簡単に開ける（**図5**）。

スマホの閲覧履歴をパソコンで表示

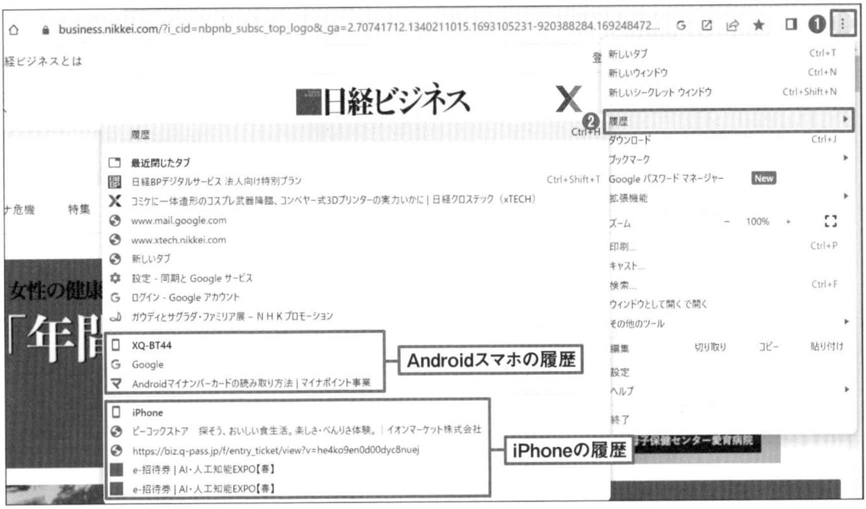

図4 パソコンのChromeで「履歴」を表示させると、パソコンの履歴だけでなく、同期しているスマホの履歴も表示される（❶❷）。ブックマークも同様だ

パソコンで読みかけのページをスマホで見る

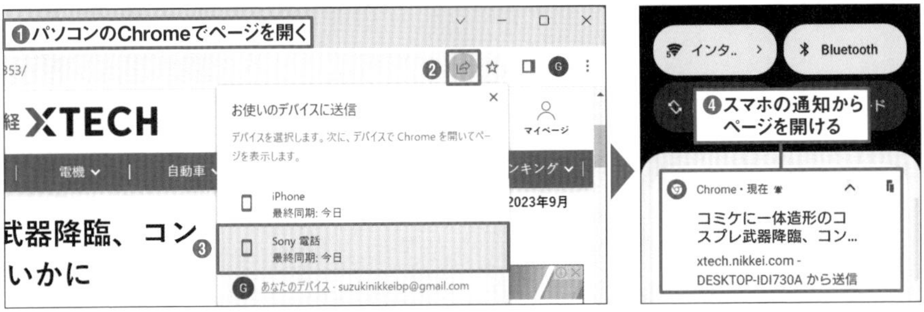

図5 パソコンのChromeでページを開き、アドレスバー右側の「このページを共有」をクリック（❶❷）。開くメニューで「お使いのデバイスに送信」を選び、送信するスマホの名称を選択する（❸）。スマホに通知が届き、タップでページを開ける（❹）。なお、スマホ側でChromeの通知設定をオンにしておく必要がある

Section 10 後でゆっくり読むなら「リーディングリスト」に保存

この記事を読みたいけれど今は時間がない――。そんなとき、ブックマークに登録する手もあるが、「一度は目を通したいが、ずっと保存する必要はない」という場合は「リーディングリスト」の出番だ。リーディングリストはいつでも呼び出せる登録場所。未読／既読が一目瞭然で、読み終えたら削除も簡単だ（**図1**）。何度も使うページはブックマーク、後で目を通したいページはリーディングリストに保存しよう。

リーディングリストに入れたいページがあれば、タブを右クリックして登録する（**図2**）。登録したページは、サイドパネルで「リーディングリスト」を選べば一覧でき、クリックでページを開ける（**図3**、**図4**）。

ページの一時預かり所「リーディングリスト」

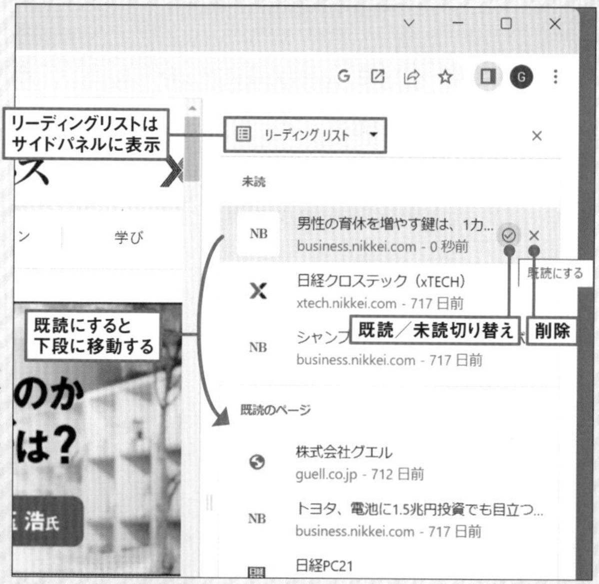

図1　サイドパネルでいつでも開ける「リーディングリスト」。登録したページは「既読」と「未読」に分かれて表示される。「後で読みたい」と思ったページを登録し、読み終えたら既読に入れるか削除すればスッキリ片付く

Webページをリーディングリストに登録

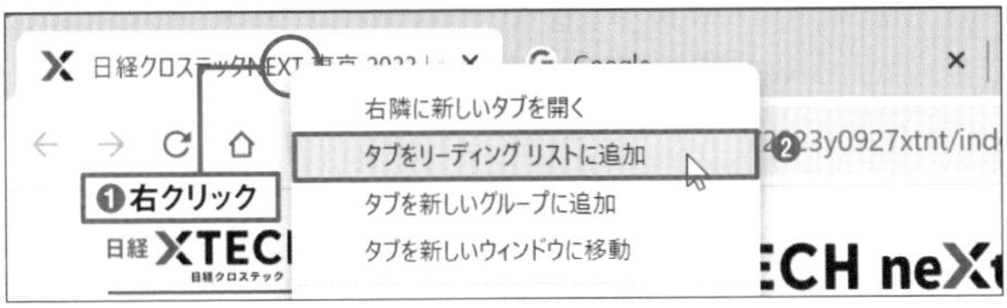

図2 登録するページを開いたタブを右クリックする（❶）。「タブをリーディングリストに追加」を選ぶと登録できる（❷）

リーディングリストを開いて登録したページを見る

図3 リーディングリストを開くには、「サイドパネルを表示」をクリック（❶）。ブックマークなどが表示されている場合は、上部のメニューから「リーディングリスト」を選ぶ（❷❸）

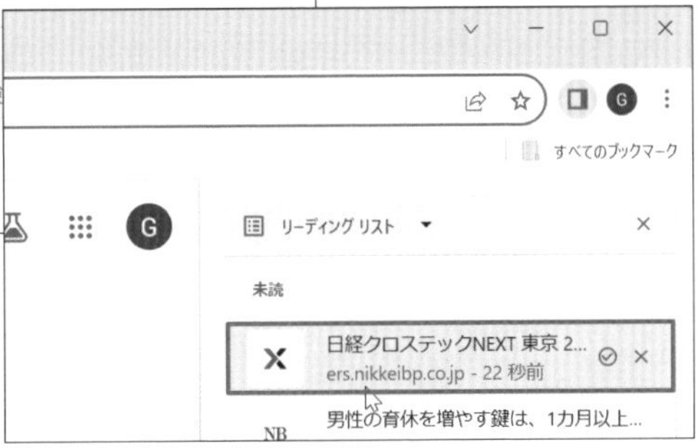

図4 リーディングリストに登録したページは、ワンクリックで簡単に開ける

Column オフラインで読むならページをダウンロード

便利なリーディングリストだが、残念ながら通信回線がないと開けない。オフラインで読みたいページは、Chromeの「⋮」→「その他のツール」→「名前を付けてページを保存」と選択し、ファイルとしてダウンロードしておこう。標準では画像などのファイルは別フォルダーに保存されるので、表示には両方が必要だ（図A）［注］。

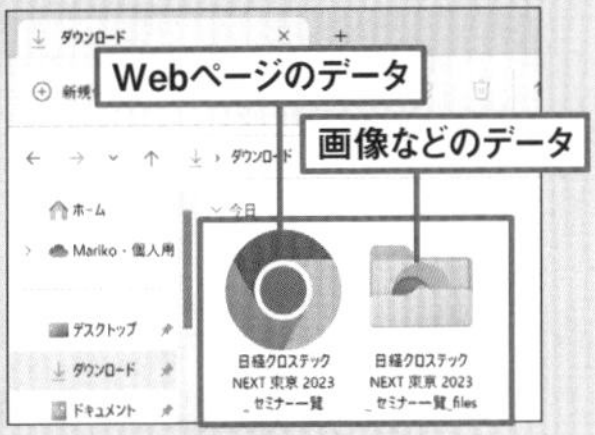

図A この2つでワンセット

［注］保存時に「ファイルの種類」を「ウェブページ、1つのファイル」に変更すると、1つのファイルとして保存できるが、標準ではEdgeに関連付けられ、Edgeで開くファイルとなる

Section 11

海外サイトも問題ナシ！ ワンクリックで日本語に翻訳

グーグルの翻訳機能は優秀だ。AIを利用した無料の翻訳サービス「Google翻訳」は133の言語に対応。その翻訳機能がChromeでも利用できる。日本語以外のWebページを開くと、自動的に翻訳ツールが起動し、画面右上に翻訳するかどうかの選択画面が表示される（**図1**）。「日本語」を選べば、瞬時にページ全体が日本語で表示される。

普段、外国語で表示していて「ここだけ翻訳したい」という場合は、その文字列を選択し、右クリックして部分翻訳も可能だ（**図2**）。

ページ全体を日本語化

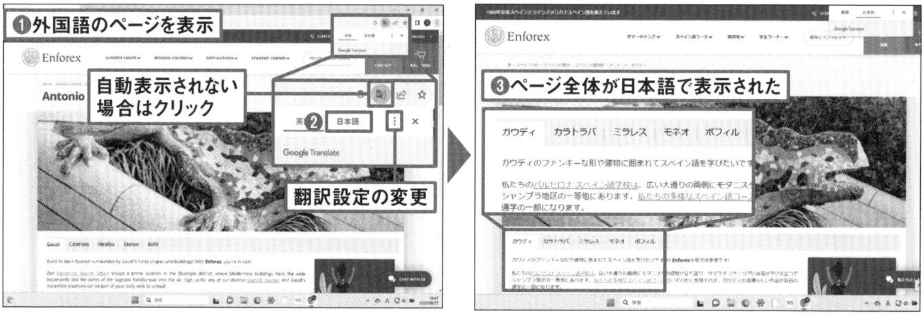

図1 外国語のページを開くと自動的に日本語化するかどうかの選択画面が表示される（❶）。「日本語」を選ぶだけでページ全体が日本語表示になる（❷❸）

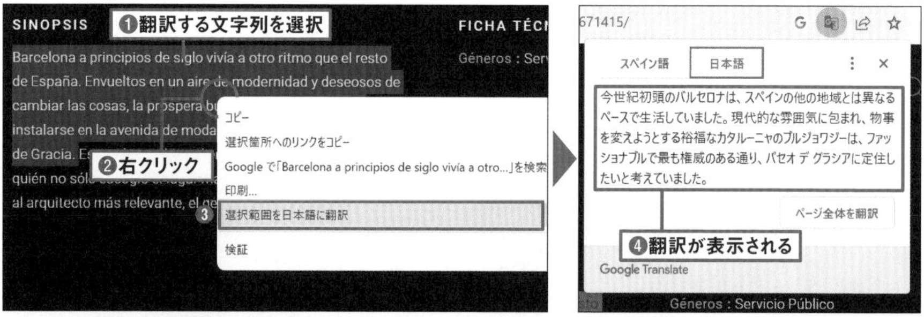

図2 ページの一部を翻訳する場合は、その文字列をドラッグなどで選択する（❶）。選択した文字列を右クリックし、「選択範囲を日本語に翻訳」を選択すると、画面右上に翻訳が表示される（❷〜❹）

第3章

ファイル管理の起点 Googleドライブ

「Googleドライブ」は、インターネット上のサーバーに各種のファイルを保存するクラウドストレージ。一般的なファイル保存に利用できるのはもちろん、GoogleドキュメントなどのGoogleアプリでは既定の保存場所になっている。便利な機能も多いので賢く活用したい。

Section 01

アプリのファイル管理基地 Googleドライブ

「Googleドライブ」は、ファイルの保管や共有を行うクラウドストレージ。Googleアカウントがあれば、15GBまでのファイルを無料でアップロードできる。ただし、15GBにはGmailなどのデータも含まれるため、容量オーバーになるようなら有料プランも考えよう。

Googleドライブの特徴の1つが、Googleドキュメントなど、Googleアプリとの親和性の良さだ。Googleドライブの「新規」ボタンからは、ファイルのアップロードなど通常のクラウ

Googleドライブの画面を再確認

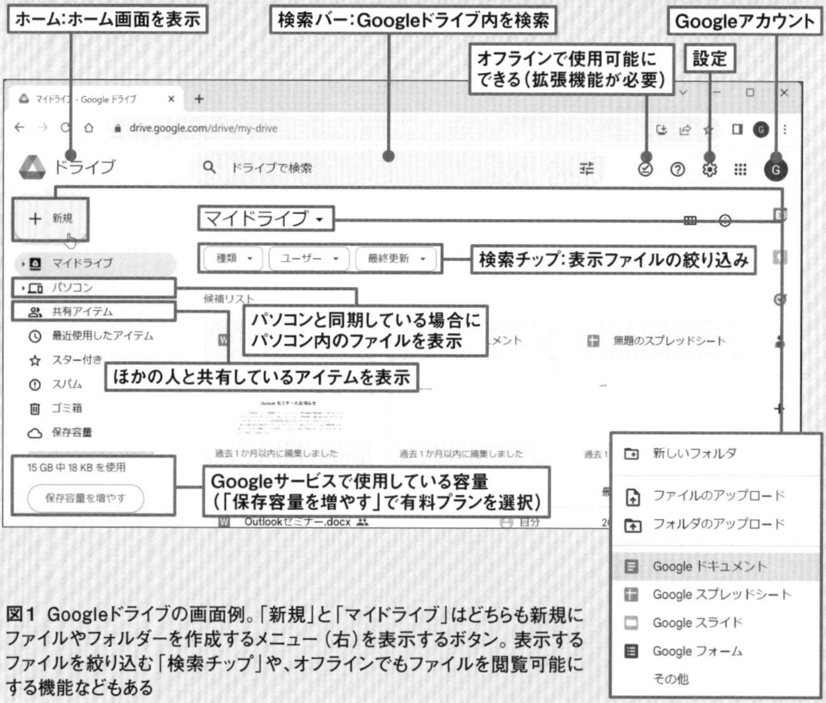

図1 Googleドライブの画面例。「新規」と「マイドライブ」はどちらも新規にファイルやフォルダーを作成するメニュー（右）を表示するボタン。表示するファイルを絞り込む「検索チップ」や、オフラインでもファイルを閲覧可能にする機能などもある

ドストレージの機能だけでなく、Googleドキュメントなどを利用した新規文書作成も選べる（**図1**）。逆にGoogleドキュメントなどで文書を作成すれば、Googleドライブに自動保存される仕組みだ。

Googleドライブを起動すると、最初は空っぽのストレージが表示される（**図2**）。外出先やほかの機器で使いたいファイルなどをアップロードしておこう（**図3**）。図1の「新規」ボタンからもアップロードできるが、エクスプローラーで選んだファイルを画面上にドラッグ・アンド・ドロップする方法が簡単だ。

起動はアプリ一覧から選択

図2 Googleドライブは、GoogleのWebサイトでGoogleアプリの一覧から選んで起動できる（❶～❸）

ドラッグで簡単アップロード

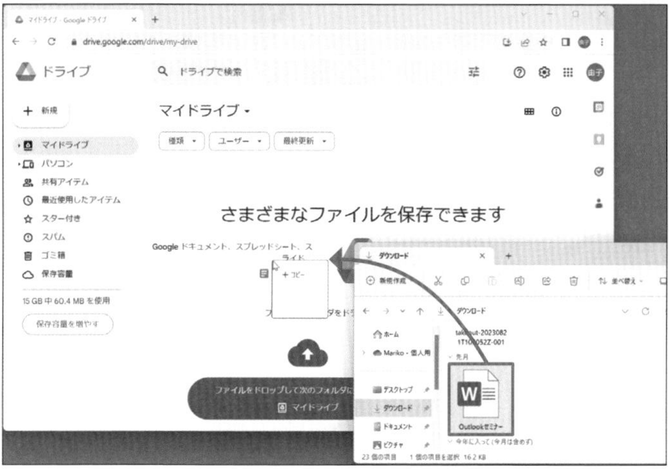

図3 パソコン内のファイルをGoogleドライブにアップロードする方法はいくつかある。エクスプローラーで選択したファイルをGoogleドライブの画面にドラッグする方法が一番直感的でわかりやすい

Section 02 パソコンと自動で同期！エクスプローラーでファイル操作

Googleドライブを頻繁に使うなら、パソコンとGoogleドライブを同期させるとファイル管理が楽になる。同期するとGoogleドライブのファイルをエクスプローラーでやり取りでき、ファイルをアップロード／ダウンロードする手間を省ける（**図1**）。Googleドライブのファイルは、間違って上書きしても過去に保存したファイルに戻せるのも利点。大事なファイルは同期しておくと、いざというときに復元できる。

同期でパソコンと連携

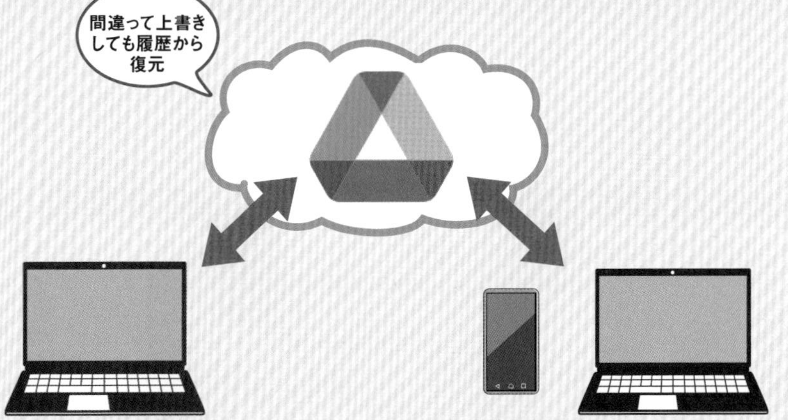
間違って上書きしても履歴から復元

同期設定で追加される機能

- パソコン内に作成される「マイドライブ」フォルダーと、Googleドライブを同期
- パソコン内の指定フォルダーをミラーリング
- エクスプローラーでGoogleドライブのファイルを操作

同期しなくても使える機能

- ファイルのアップロード／ダウンロード
- Googleドライブ内のファイルを閲覧／編集

図1　同期用の「パソコン版ドライブ」をインストールすると、Googleドライブとの自動同期ができ、パソコン内のファイルと同様にエクスプローラーでの操作が可能になる

Chromeなどの同期は同じGoogleアカウントでログインするだけでよいが、Googleドライブの同期は「パソコン版ドライブ」アプリをインストールして行う（**図2**）。インストールの最後に表示される設定画面で、同期するフォルダーと同期の方法を選択する（**図3**）。同期の方法には、「ストリーミング」と「ミラーリング」があり、初期設定ではストリーミングが選択されている。ストリーミングはファイルをクラウド上にのみ保存するため、オフライン時はファイルを利用できない（**図4**）。ミラーリングは常時ファイルを利用できるが、パソコンのストレージも使うので、容量などを考えて設定しよう。

「パソコン版ドライブ」で同期を設定

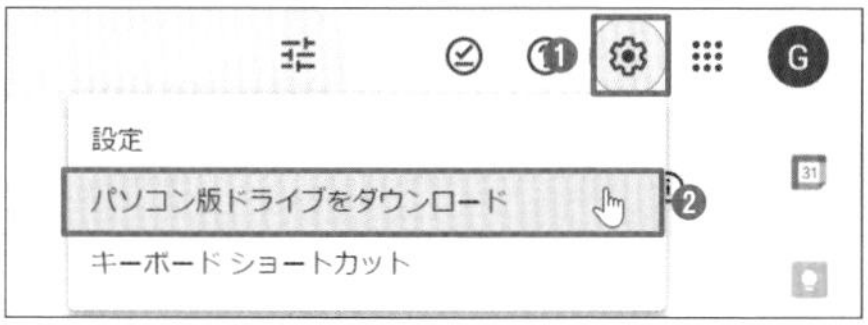

図2 Googleドライブの画面右上にある歯車アイコンの「設定」ボタンを押し（❶）、「パソコン版ドライブのダウンロード」を選ぶ（❷）。開くページからアプリをダウンロードしてインストールする

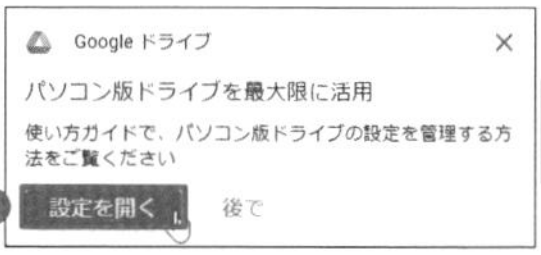

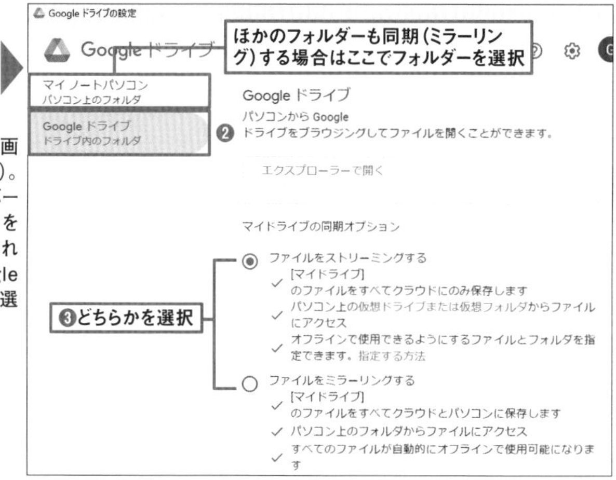

図3 インストール後に表示される画面で「設定を開く」をクリックする（❶）。「後で」を選択した場合は、タスクバーのタスクトレイで「Googleドライブ」を右クリックして「設定」をクリックすれば設定画面を表示できる。「Googleドライブ」をクリックし、同期方法を選択する（❷❸）

	ストリーミング	ミラーリング
保存場所	クラウド上のみ	クラウド上とパソコン内の両方に保存し、同期
オフライン時	利用不可。ただし、オフラインでの使用を設定したファイルのみ可能	利用可能。オンライン時にクラウド上のファイルと同期

図4 同期の設定をするとパソコン内に作成される「マイドライブ」フォルダーは、ストリーミングかミラーリングかを選択できる。それ以外のフォルダーはミラーリングでのみ利用可能

Section 03
Googleドライブ内のファイルを効率良く探す

Googleドライブ内のファイル探しでまず紹介したいのが、ホーム画面に表示される「検索チップ」だ（**図1**）。ファイルの「種類」、作成者など関連する「ユーザー」、「最終更新」の3つの「検索チップ」を使えば、ファイル一覧に表示されるファイル数をかなり絞り込むことができる。検索キーワードを入力せずにファイルが見つかれば、かなり手間が省ける。

図1 「種類」「ユーザー」「最終更新」の3つの「検索チップ」が表示される。クリックで選択肢が表示され、ファイルの絞り込みができる（❶〜❸）

表示方法を変えるだけでも見つけやすくなる。「グリッド」と「リスト」の2種類の表示方法が選べる。画像ファイルを探すならグリッド表示にするなど、探すファイルによって切り替えよう（**図2**）。

ファイル名などで検索する場合は「検索バー」にキーワードを入力すればよい。「検索バー」は、クリックするだけで直前の検索キーワードやファイルの種類アイコンが表示されるので、そこから検索や絞り込みをしてもよい（**図3**）。

複数の条件を指定する場合は、「検索オプション」画面を表示させると楽だ。「検索オプション」画面は「検索バー」などから表示でき、ファイルの種類、オーナー、ファイル名、保存場所、更新日などの指定が可能だ。

グリッドレイアウトでサムネイル表示

図2 初期設定ではファイル名がリスト形式で表示される。「グリッドレイアウト」をクリックすると、サムネイルの入ったグリッド形式で表示できる（❶❷）。リストの場合は「名前」「オーナー」「最終更新」で並べ替えもできる

複数条件は「検索オプション」で指定

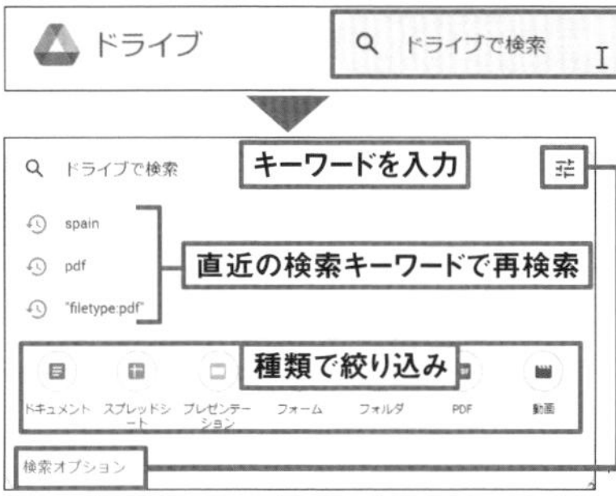

図3 「検索バー」にキーワードを入力するのが検索の基本。ただし、「検索バー」をクリックすると直近の検索キーワードなどが表示されるので、クリックで絞り込みも可能。複数条件の指定は「検索オプション」を使うと指定しやすい

Section 04 Microsoft Officeの文書をGoogleアプリで閲覧・編集

文書作成にはMicrosoft Officeを利用する人が多いだろう。Officeアプリで作成したファイルをGoogleドライブにアップロードしてファイルを開くと、閲覧や編集はGoogleアプリで行うことになる（**図1**）。Googleアプリで編集したファイルは、元のファイル形式のまま、Googleドライブに自動保存される仕組みだ。

Googleアプリでは、使用できるフォントなどが変わるため表示は微妙に異なる（**図2**）。しかし、ダウンロードしてOfficeアプリで開くと、元の書式情報が残っているため、ほぼ元の状態に戻る。ただし、複雑なレイアウトの場合は編集によってレイアウトが崩れることがあるので、ダウンロード後によく確認しよう。

元のOfficeアプリで編集することがないファイルは、Googleアプリのファイル形式に

Officeのファイルを開くとGoogleアプリが起動

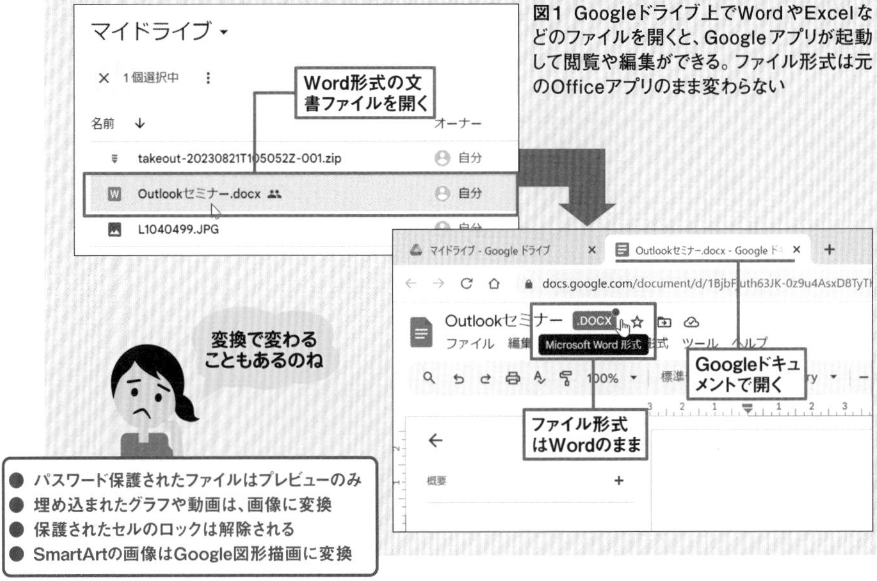

図1 Googleドライブ上でWordやExcelなどのファイルを開くと、Googleアプリが起動して閲覧や編集ができる。ファイル形式は元のOfficeアプリのまま変わらない

変換することで、Googleアプリ特有の拡張機能や翻訳機能などが使えるようになる（**図3**）。また、Googleアプリをメインで使用するなら、Officeファイルをアップロードした時点でGoogleアプリのファイル形式に自動変換する設定も可能だ（**図4**）。

微妙に異なるOfficeアプリとGoogleアプリの表示

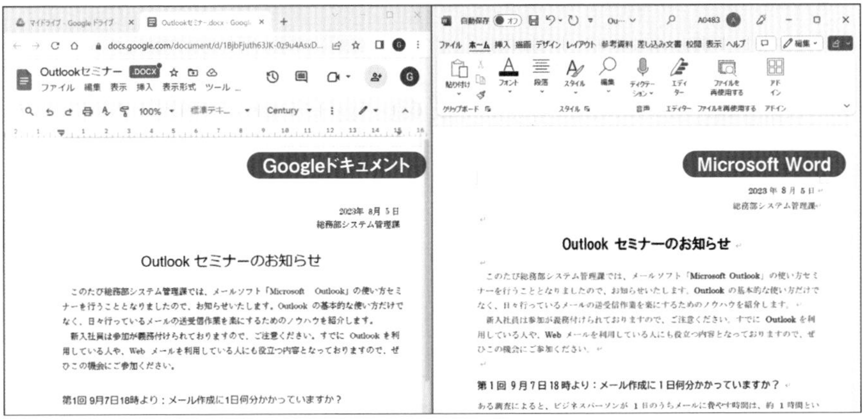

図2 同じWordファイルをGoogleドキュメント（左）とMicrosoft Word（右）で開いた。フォントや行間などのデザインが少し異なることがわかる。凝ったデザインの文書はレイアウトが崩れることもある

OfficeファイルをGoogleファイルへ変換

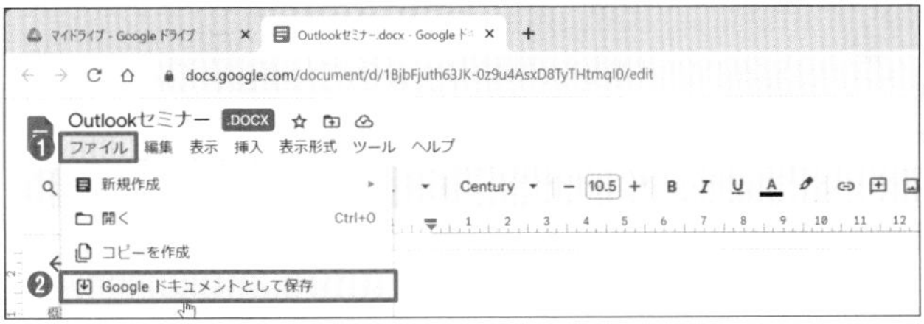

図3 Wordの文書ファイルをGoogleドキュメント形式に変換する場合は、「ファイル」メニューから「Googleドキュメントとして保存」を選択（❶❷）

アップロード時にGoogleファイルへ自動変換

図4 設定を変更するには、Googleドライブの「設定」をクリックして「設定」を選択。「全般」で「アップロードしたファイルをGoogleドキュメントエディタ形式に変換する」にチェックを入れる（❶❷）

Section 05

「共有」機能でファイルの受け渡しも共同編集も

複数の人が関わるプロジェクトでは、作成した書類を関係者全員に送ったり、作成側全員でチェックしたりする必要が出てくる。送信するだけならメールでもよいが、各人のコメントを取りまとめるのに手間がかかる。ファイルを「共有」して、オンライン上で意見をもらったり、一緒に校正を進めたりするほうが効率が良い（**図1**）。フォルダーを共有すれば、関連するファイルをほかのユーザーに追加してもらうこともできる。

文書の配布や共同編集は共有機能で

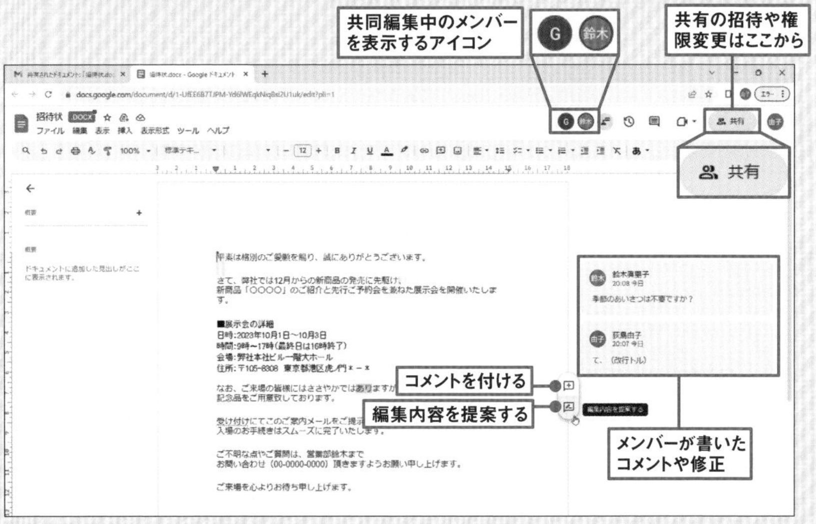

図1　共有機能を使うと、ファイルやフォルダーを複数人で閲覧したり、各人の意見を書き込んだりできるようになる。リアルタイムでほかの人の書き込みを見て返信することも可能だ

共有するメンバーに招待メールを送って依頼しよう。共有するファイルやフォルダーを選んで「共有」をクリックする（**図2**）。次の画面では、送信先を選ぶ前に、「一般的なアクセス」を指定する（**図3**）。特定の人に見せるなら「制限付き」、不特定多数の人にリンクを知らせたりする場合は「リンクを知っている全員」を選択する。この画面で「リンクをコピー」を選んで、コピーしたリンクをメールで配布することも可能だ。

特定の人に送る場合は、図3の画面で送信先のメールアドレスなどを指定する。編集権限の指定では、送信相手に内容の変更を許可する「編集者」、閲覧のみの「閲覧者」、閲覧してコメントを付けられる「閲覧者（コメント可）」の3種類から選ぶ（**図4**）。

共有するメンバーを招待する

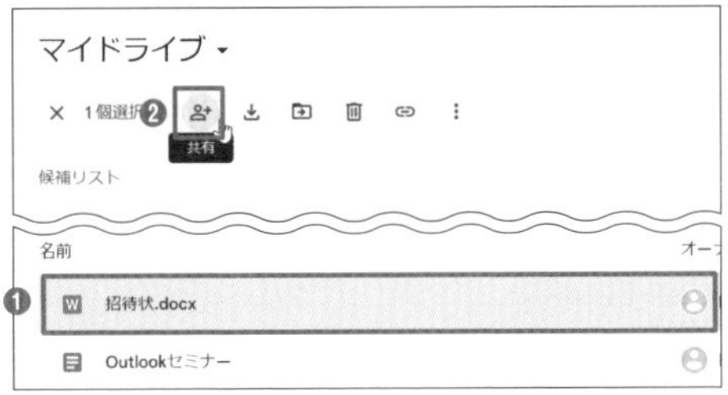

図2 共有するファイルやフォルダーを選択して「共有」をクリックする（❶❷）。ファイルを右クリックして、メニューから「共有」を選んでもよい

図3 アクセス権を指定する。特定の相手に送るなら「制限付き」を選択して宛先を指定する（❶❷）。不特定多数に送る場合は「リンクを知っている人全員」を選んでリンクをコピーし、メールなどで送信する

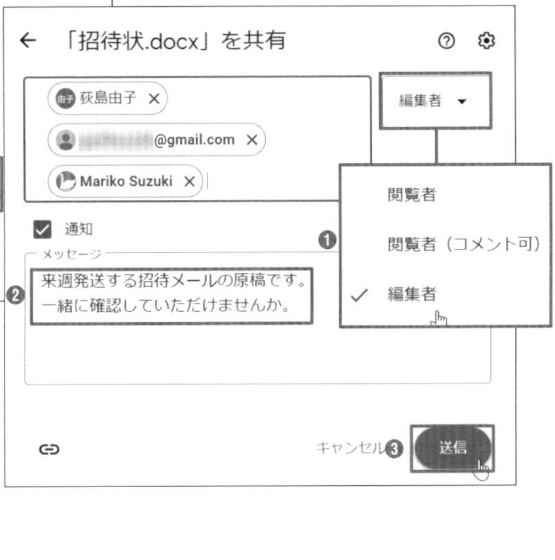

図4 編集権限を選択する（❶）。内容の編集を許可する場合は「編集者」を選ぶ。メールの本文を入力し、「送信」をクリック（❷❸）

共有の招待メールを受信したら、内容を確認して「開く」をクリックすると、Webブラウザーのgoogleアプリでファイルが開く（**図5**）。受信するメールアプリはGmail以外でも問題ない。ただし、メールアドレスがGmailでない場合、Googleアカウントがひも付いているメールアドレスでないとうまく動作しないことがある。

コメントを付ける権限がある場合、気になるところがあればコメントを入力する（**図6**、**図7**）。編集権限がある場合は、図6で「コメントを追加」のすぐ下にある「編集内容を提案する」をクリックして、共有文書を直接変更すればよい。

共有の招待を受け取ったら

図5　共有の招待メールが届いたら、差出人などをしっかり確認してから「開く」を押す（❶❷）。Gmail以外で受け取ると、「開く」ではなくリンクとして表示されることがあるが、動作は同じだ

閲覧してコメントを付ける

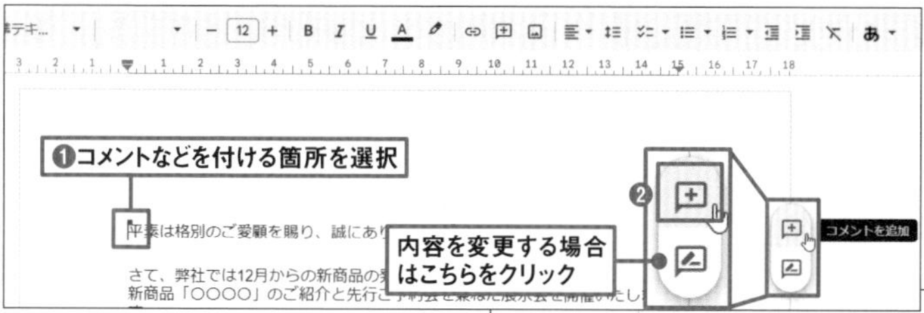

図6　コメントを付ける文章などを選択する（❶）。ポインターを右側の余白に動かすと表示される「コメントを追加」をクリック（❷）

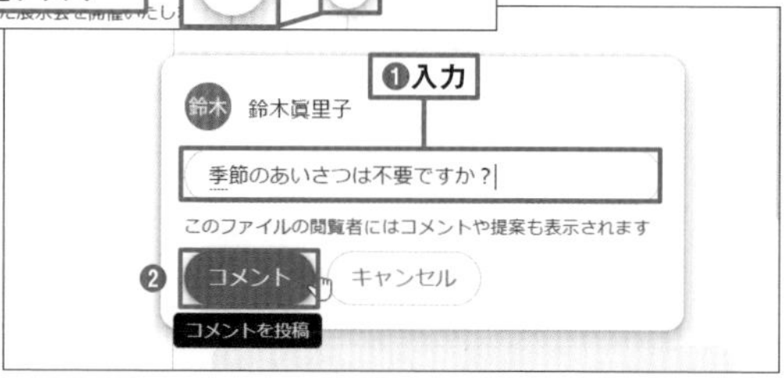

図7　画面右側の余白にコメント入力欄が表示される。コメントを入力し、「コメント」を押す（❶❷）

共有を依頼したファイルを開き、コメントや修正が入っていれば、対応が必要だ。意見や相談のコメントには返信をする（**図8**）。修正の提案がある場合は、「提案を承認」をクリックすると修正が確定する（**図9**）。

コメントや修正の確認が終わったら、共有したまま放置するのはよくないので、共有を解除しておこう。共有したファイルを開き、「共有」をクリックして状況を確認する（**図10**）。共有を解除するユーザーを選択して、「アクセス権を削除」をクリックする。同様にほかのユーザーも解除すれば、共有作業は終了だ。

コメントや編集内容を確認する

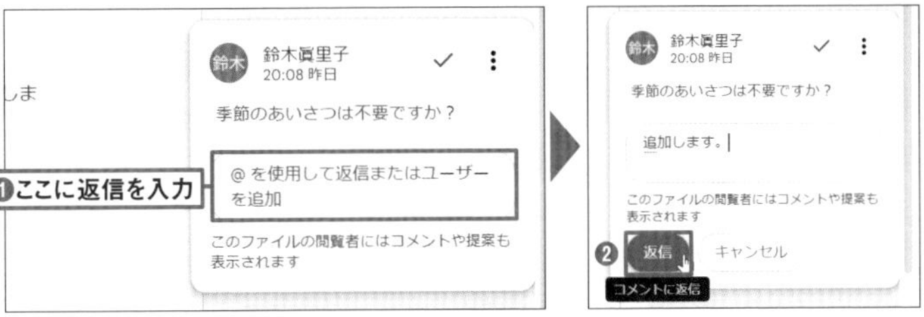

図8 コメントをクリックし、返信が必要な場合は書き込んで、「返信」をクリックする（❶❷）

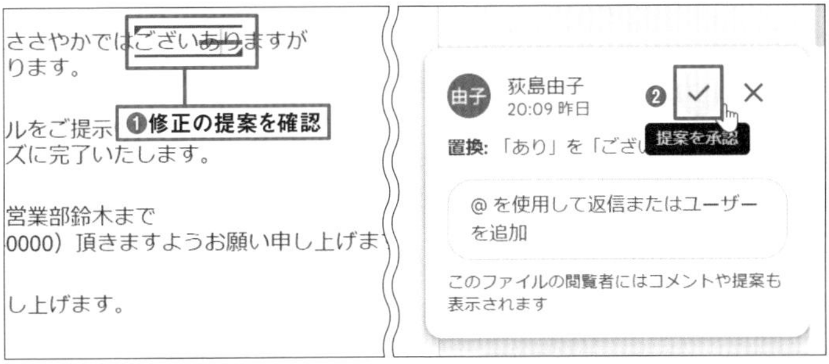

図9 修正の提案は内容を確認し、「提案を承認」をクリックすると、修正が確定する（❶❷）

共有を解除する

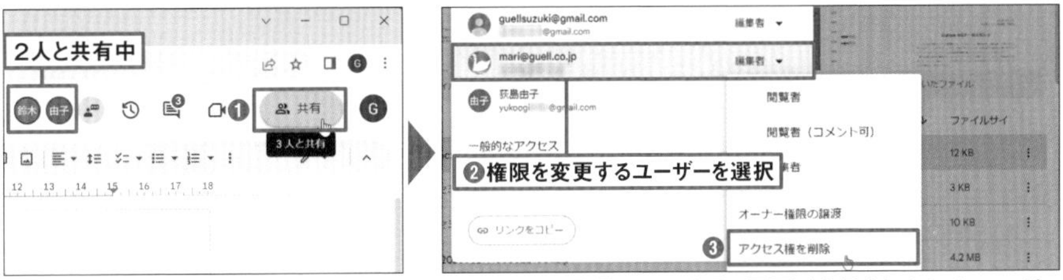

図10 ファイルを開き、「共有」をクリック（❶）。招待メールを送信したときと同じ画面が表示されるので、ユーザーを選択し、アクセス権を削除する（❷❸）

Section 06 Googleドライブのファイルをオフラインで使用

Googleドライブはwebサービスなので、基本的には通信回線がないと利用できない。ただし、ChromeまたはMicrosoft Edgeを使っている場合に限り、ネットに接続していない「オフライン」の状態でもファイルを開く方法がある（**図1**）。移動中や外出時などに確認したいファイルがあれば、オフラインの設定をしておくと安心だ。

オフラインで使用するには、Webブラウザーに拡張機能をインストールしておく。Chromeの場合、「Googleオフラインドキュメント」という拡張機能がインストールされているかどうかを確認し、なければChromeウェブストアからインストールする（**図2**）。Googleドライブの設定画面で「オフライン」にチェックを入れる（**図3**）。オフラインで使用するファイルを選択し、「オフラインで使用可能にする」を選択する（**図4**）。

これでオフライン時でも、WebブラウザーでGoogleドライブを開き、オフラインに設定したファイルを開けるようになる。

オフライン時でもGoogleドライブでファイルが開ける

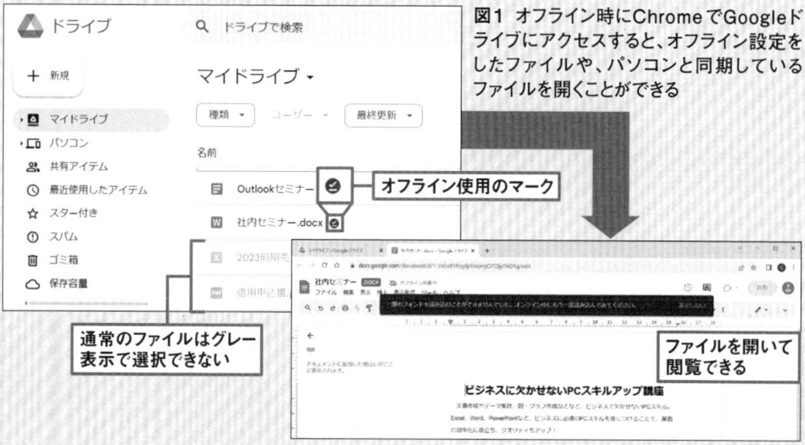

図1　オフライン時にChromeでGoogleドライブにアクセスすると、オフライン設定をしたファイルや、パソコンと同期しているファイルを開くことができる

「Googleオフラインドキュメント」拡張機能をインストール

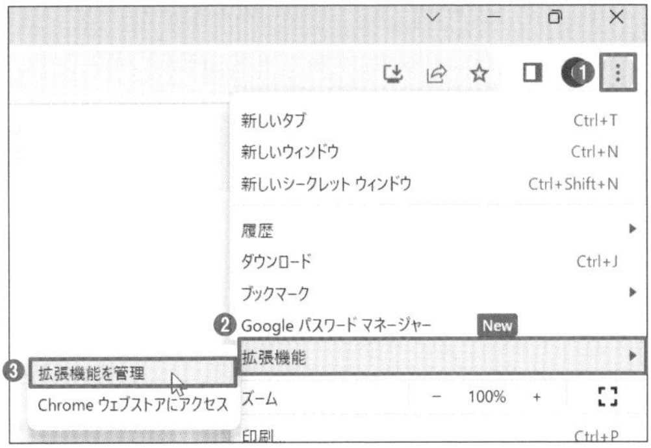

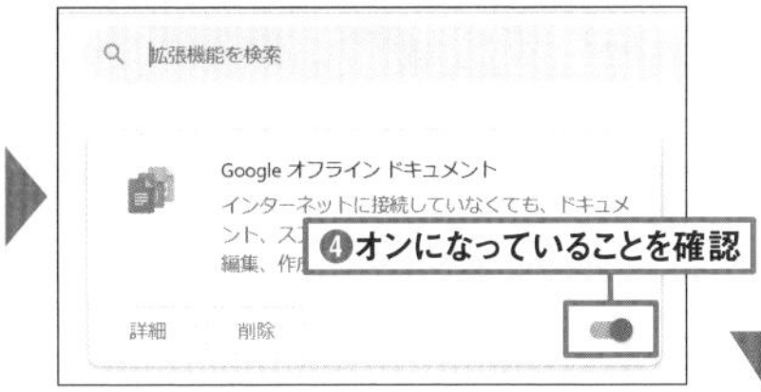

図2 Chromeの「︙」をクリックして、「拡張機能」から「拡張機能を管理」を選択する（❶～❸）。「Googleオフラインドキュメント」がインストールされ、オンになっていることを確認する（❹）。ない場合はインストールが必要

「オフライン」を使用可能にする

図3 Googleドライブにアクセスし、Googleドライブの設定画面を開く（❶❷）。「全般」を選択し、「オフラインでも…編集が可能です」にチェックを入れる（❸❹）

オフラインで使用するファイルを指定

図4 オフラインで使用したいファイルを選択する（❶）。「︙」をクリックして、「オフラインで使用可能にする」を選択する（❷❸）。ファイル名にオフラインのチェックマークが付けば設定完了（❹）

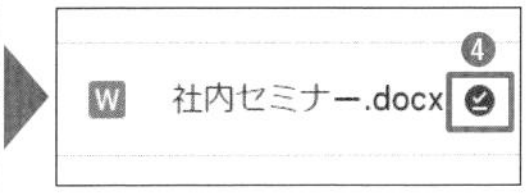

Section 07 ファイルの変更履歴を確認する

Googleドライブに保存したファイルは、変更を加えるごとに履歴が残る。例えば、共有したファイルに誰がいつ、どのような変更を加えたのかを知りたければ、履歴を確認すれば一目瞭然だ（**図1、図2**）。図2の画面で「詳細」タブをクリックすれば、ファイルのオーナー名や作成日、更新日などの情報もわかる。

ファイルの履歴を表示

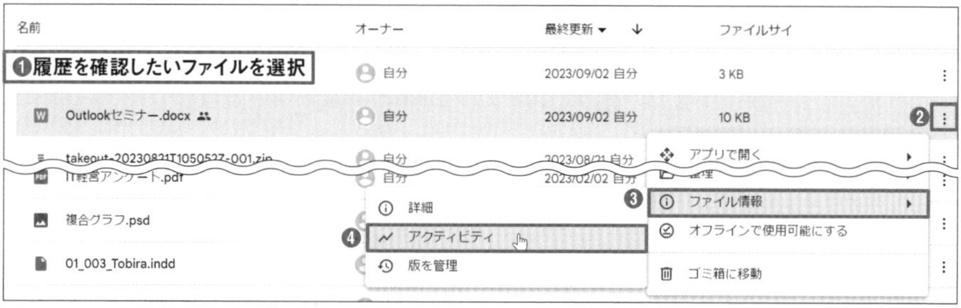

図1 ファイルを選択し、右端の「︙」をクリックして「ファイル情報」から「アクティビティ」を選択する（❶〜❹）

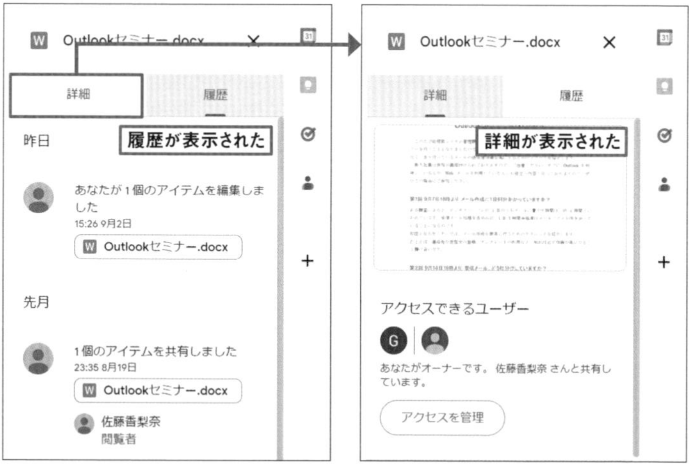

図2 画面右側にサイドパネルが開き、ファイルの履歴が表示される。編集や共有などの履歴が確認できる（左）。また、「詳細」タブをクリックすると、作成日などの詳細情報を確認できる（右）。この画面では、共有者のアクセス権の変更なども可能だ

Section 08

誤って上書きして消した内容をファイルの履歴から復元

Googleドライブでは、ドキュメントなどでファイルを変更するたびに自動保存されるため、誤って編集したデータでファイルが上書きされてしまうことがある。間違ったファイルをアップロードして、ファイルごと意図せぬ内容で上書きしてしまうこともあるだろう。

そんなミスを犯したときも、心配は無用だ。Googleドライブでは、過去に保存したデータを呼び出して復元できる。復元したいファイルを開き、変更履歴を表示（**図1**）。そこから復元する日時を選択して「この版を復元」を選択すればよい（**図2**）。

「変更履歴」を表示してファイルを復元

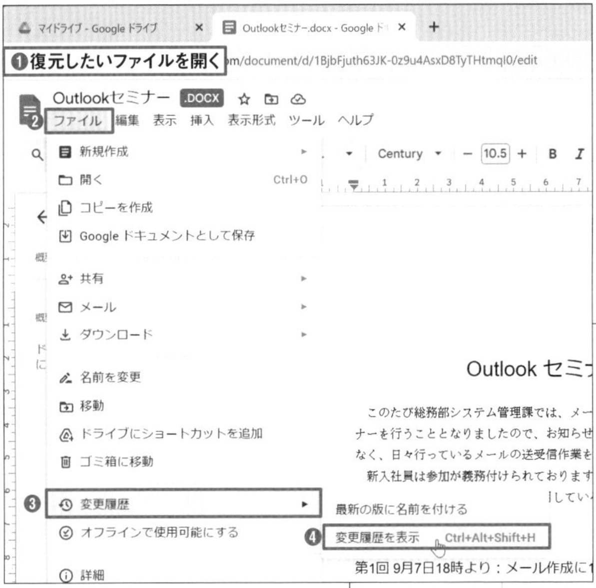

図1 復元したいファイルを開き、「ファイル」メニューから「変更履歴」→「変更履歴を表示」を選択する（❶～❹）

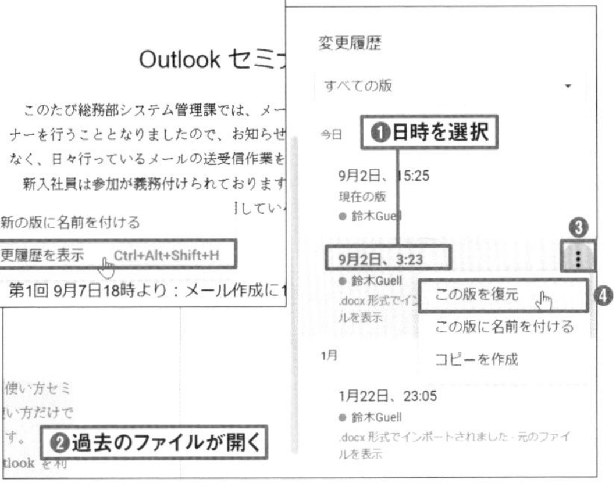

図2 画面右側に表示される変更履歴から復元したい日時をクリックすると、過去に保存したファイルが開く（❶❷）。確認して、「⋮」から「この版を復元」を選択する（❸❹）

Section 09 Windowsで閲覧不能ならGoogleドライブで表示

Windowsで開けるのは、インストール済みアプリで対応しているファイル形式だけだ。例えば、Adobe Photoshopの「.psd」ファイルや、Adobe Illustratorの「.ai」「.eps」ファイルなどは、デザイン関係の仕事でよく使われるが、対応するアプリがない状態ではエクスプローラーで白紙のアイコンになり、開くことができない（**図1**）。

ほかの人から受け取ったファイルを閲覧したいのに開けないときには、Googleドライブにアップロードして開いてみよう。PhotoshopやIllustratorのファイルは、Googleドライブの簡易ビューワー機能で閲覧が可能だ（**図2**）。

エクスプローラーでは開けないファイルも閲覧できる可能性アリ

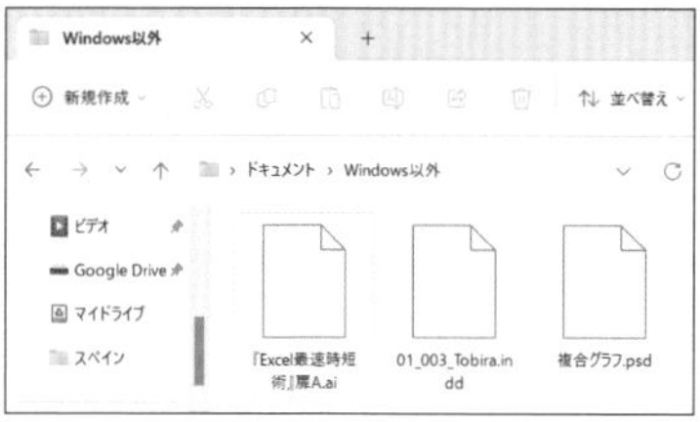

図1 エクスプローラーでは、対応するアプリがないファイルは、白紙のアイコンで表示される。これらのファイルは、ダブルクリックしても開くことができない

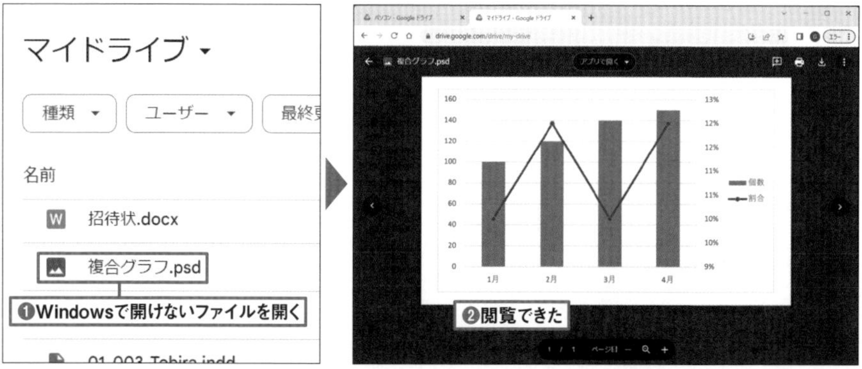

図2 ここではAdobe Photoshopの「.psd」ファイルを開いてみた（❶）。内容を編集することはできないが、閲覧や印刷はできる（❷）

第4章

Googleドキュメントで快速文書作成

「Googleドキュメント」はグーグルの文書作成アプリ。Googleドライブで開いたWordファイルは、Googleドキュメントで閲覧や編集を行える。入力などの基本的な操作はWordと変わらない。Wordがない環境でもパパッと文書作成や編集ができるよう、独自の便利機能を覚えておこう。

Section 01 Wordファイルを編集するのはWordかGoogleドキュメントか

文書作成といえばマイクロソフトのWordが主流。Wordで作ったファイルをGoogleドライブにアップロードすると、ブラウザー上で動作するWebアプリ「Googleドキュメント」を使って閲覧・編集ができる。一方、パソコンとGoogleドライブを同期させている場合、パソコンの「マイドライブ」フォルダーにあるWordファイルは、パソコンにインストールされたWordで開ける。いずれのアプリで編集しても結果は同期されるので、場面に応じて

Wordファイルは開き方でアプリが変わる

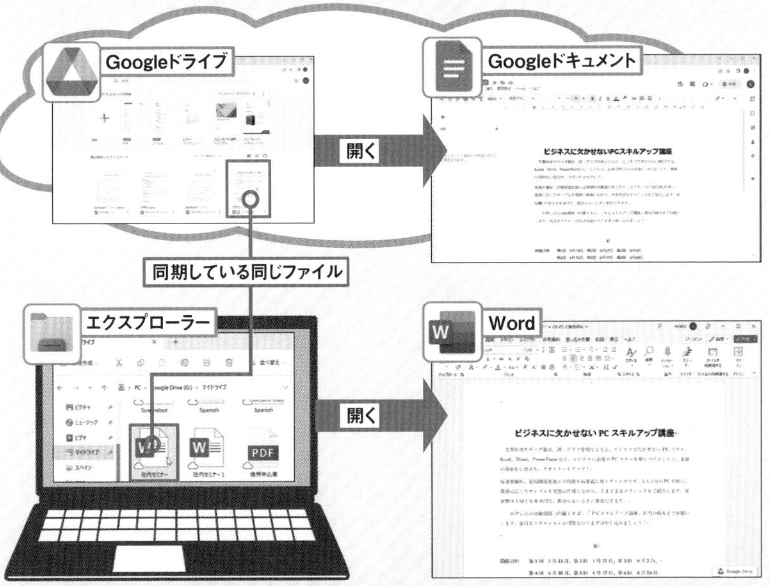

図1 Googleドライブと同期したパソコンのエクスプローラーには、同期用の「マイドライブ」フォルダーが表示される。この中に保存したWordファイルは、パソコンにインストールされたWordで開けると同時に、Googleドライブにもアップロード（同期）されているので、Webブラウザー上の「Googleドキュメント」でも閲覧・編集ができる

使い分けるとよい（**図1**）。

Googleドキュメントで新規作成した文書ファイルは、Googleドキュメントの形式になる。この場合は、Googleドライブで開いても、パソコン側から開いても、WebブラウザーのGoogleドキュメントで表示される（**図2**）。

Googleドキュメント形式のファイルをパソコンにダウンロードした場合は、自動的にWord形式に変換される（**図3**）。テキスト形式やPDF形式にしたい場合は、Googleドキュメントでファイル形式を選んでダウンロードするとよい（**図4**）。

Googleドキュメント形式はどこから開いてもGoogleドキュメントで編集

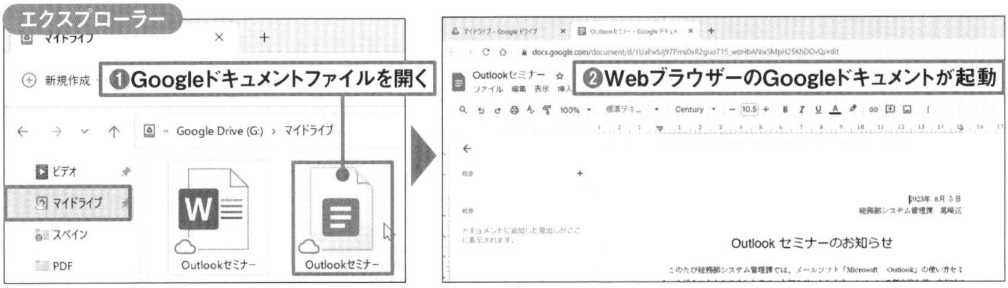

図2 Googleドライブと同期している「マイドライブ」フォルダー内の、Googleドキュメント形式のファイルを開く（❶）。Webブラウザーが起動して、Googleドキュメントでファイルが表示される（❷）

使い道に応じてダウンロードするファイル形式を選択

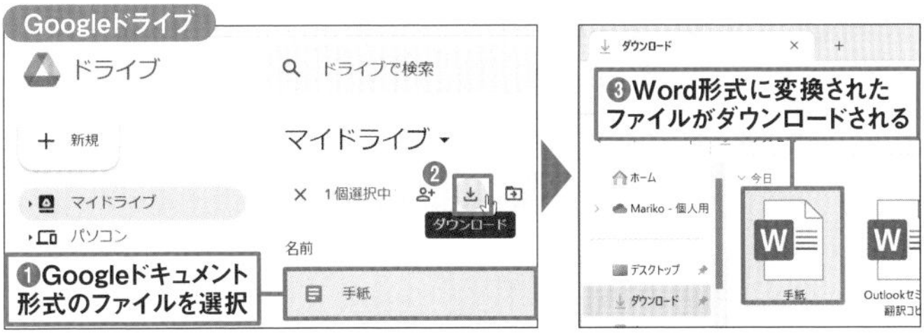

図3 Googleドキュメント形式のファイルをGoogleドライブからダウンロードする（❶❷）。自動的にWordファイルに変換される（❸）

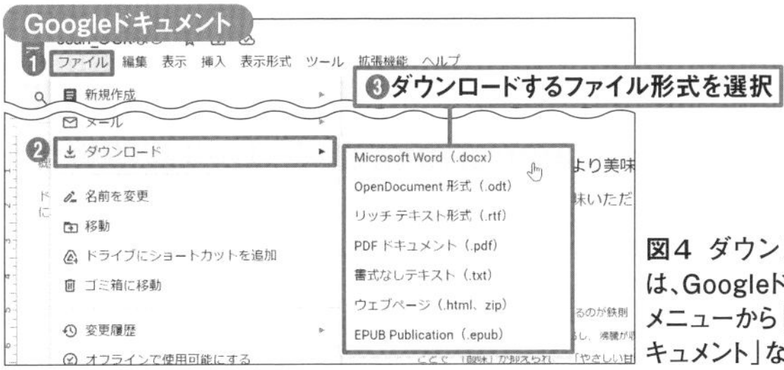

図4 ダウンロード時にファイル形式を変換するには、Googleドキュメントでファイルを開き、「ファイル」メニューから「ダウンロード」を選択（❶❷）。「PDFドキュメント」などのファイル形式を選択する（❸）

Section 02 文字入力も文字起こしも格段に楽になる音声入力

Googleドキュメントでは、音声を認識して文字として入力することができる。パソコンのマイクに向かって大きめの声で話しかけるのが確実だが、ボイスレコーダーで再生した音声や、音声ファイルや動画ファイルを再生したときの音声でも、雑音が少なく明確に発声していれば文字起こしが可能だ（**図1**）。

マイクに向かって話した声を入力する場合は、Googleドキュメントを起動して「音声入力」機能を起動する（**図2**、**図3**）。改行や句読点は自動入力されないので、「まる」「とうてん」などを入れながら話すと後から修正する手間を省ける（**図4**）。

音声ファイルや動画ファイルから文字起こしするには事前の設定が必要だ。パソコンで再生された音声を入力する場合、音声入力を「ステレオミキサー」に変更する（**図5**～**図7**）。その後、音声を再生できるアプリで再生を開始してから、Googleドキュメントで音声入力を始める。

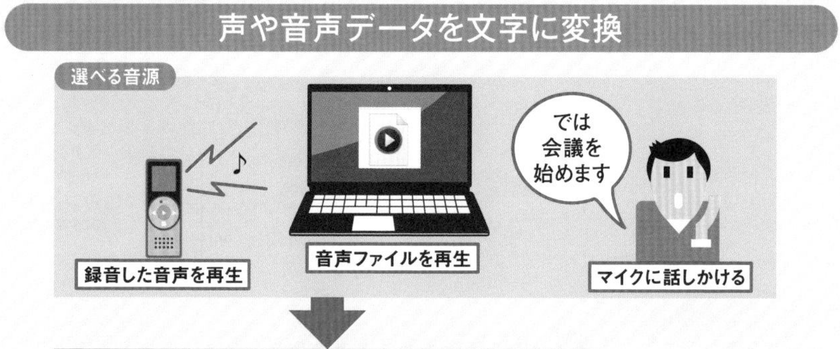

図1 Googleドキュメントの「音声入力」機能を使うと、話し声や録音データなどから文字起こしができる

音声で文字を入力

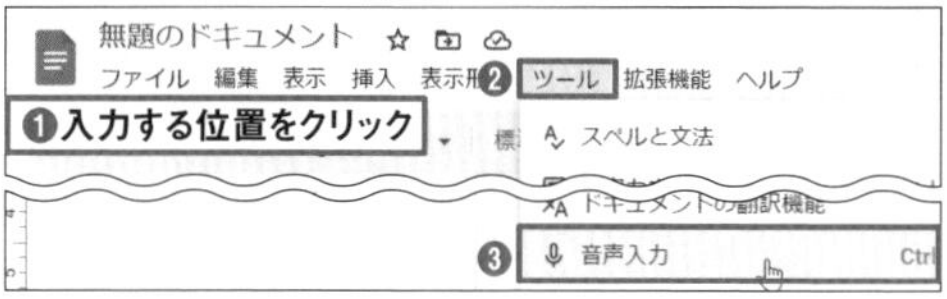

図2 Googleドキュメントで音声入力を開始する位置をクリックする（❶）。「ツール」メニューから「音声入力」を選択する（❷❸）

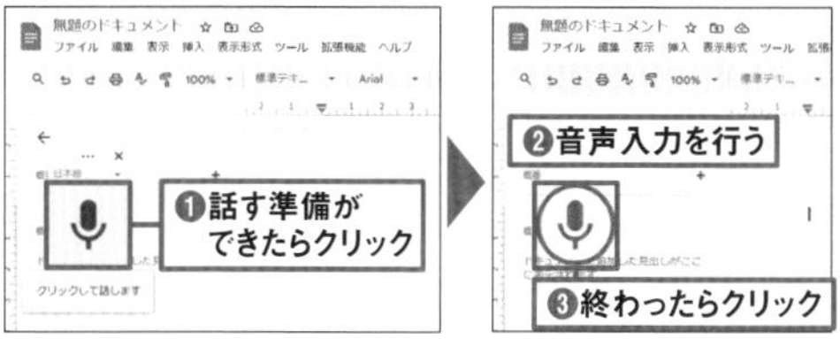

図3 マイクのアイコンをクリックすると音声認識が始まる（❶）。入力する内容を話し、終わったらマイクのアイコンをクリックする（❷❸）

入力する記号	入力するための言葉
改行	あたらしいぎょう
段落替え	あたらしいだんらく
。（句点）	まる
、（読点）	とうてん

図4 音声入力では、句読点や改行は自動入力されない。上のような言葉で音声入力しておくと、後からの修正が楽になる

音声／動画ファイルから文字起こし

図5 Windowsの設定画面で「システム」→「サウンド」を選択（❶❷）。11では「サウンドの詳細設定」（❸）、10では「サウンドコントロールパネル」をクリックする

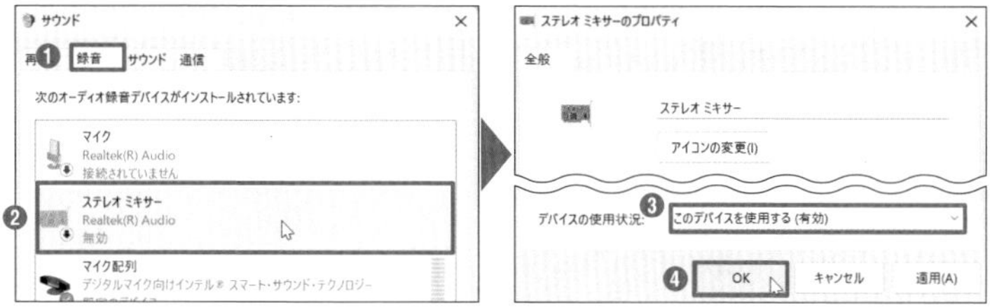

図6 「録音」タブを開き、「ステレオミキサー」をダブルクリック（❶❷）［注］。「このデバイスを使用する（有効）」を選択して「OK」を押す（❸❹）

図7 図5の画面に戻ったら、「入力」を「ステレオミキサー」に変更する

［注］「ステレオミキサー」がない場合は、枠内を右クリックして「無効なデバイスの表示」を選ぶと表示される

Section 03 「スマートチップ」でGoogleアプリのデータを連携

例えば、会議の議事録には参加者の氏名が書かれている。「会議に参加したあの人に連絡を取りたい」と思ったとき、議事録を開いて氏名を選択すると、メールアドレスや正式な役職名などが表示されるようになれば調べ直す手間が省ける。関連する文書ファイルも議事録から開ければ便利だ。「文書に関連する情報を添付したい」と思うなら、「スマートチップ」を利用しよう。スマートチップは、Googleアプリのデータを文書に連携できる機能。行頭で「@」を入力すると「スマートチップ」が起動し、Googleカレンダーや連絡先と連携させたり、ほかのファイルを添付したりできる（**図1**）。

行頭で「@」を入力して「スマートチップ」を表示

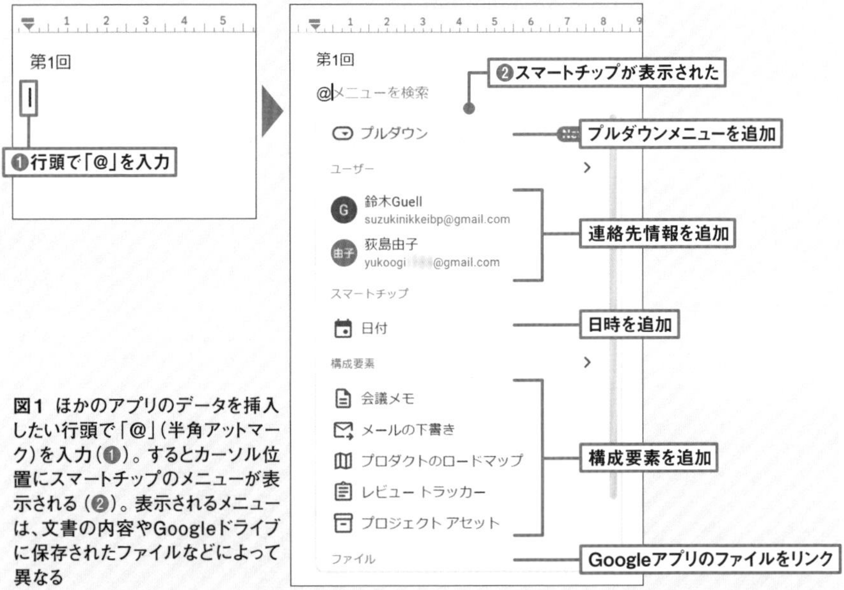

図1 ほかのアプリのデータを挿入したい行頭で「@」（半角アットマーク）を入力（❶）。するとカーソル位置にスマートチップのメニューが表示される（❷）。表示されるメニューは、文書の内容やGoogleドライブに保存されたファイルなどによって異なる

スマートチップから「日付」を選ぶと、カレンダーから正確な日付を入力でき、Googleカレンダーと連携して会議の予約も可能（**図2**）。参考文献としてほかのファイルを付けるなら、スマートチップから「ファイル」を選択する（**図3**）。

連絡先に登録された人を「ユーザー」から選ぶと氏名が入力され、その氏名にポインターを合わせるとメールアドレスなどを表示できるなど、さまざまな機能がある。

日付を簡単入力、カレンダーに予定を追加

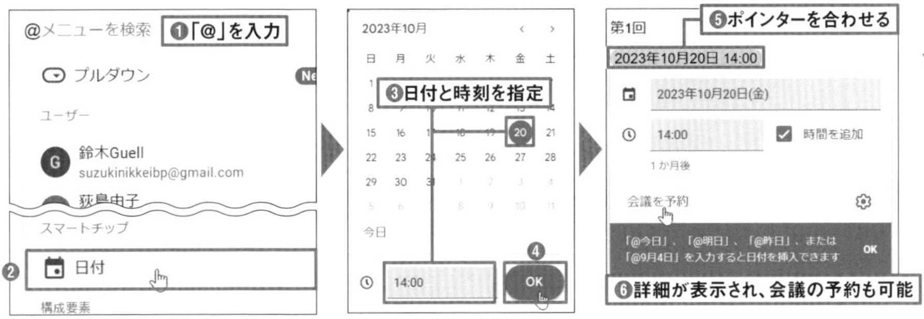

図2 日時を入力する位置にカーソルを移動し、「@」を入力（❶）。スマートチップから「日付」を選択する（❷）。日時を指定すると、カーソル位置に日時が表示される（❸❹）。入力された日時にポインターを合わせると、予定の詳細が表示され、「会議を予約」でGoogleカレンダーに予約もできる（❺❻）

参考文献のファイルを文書にリンク

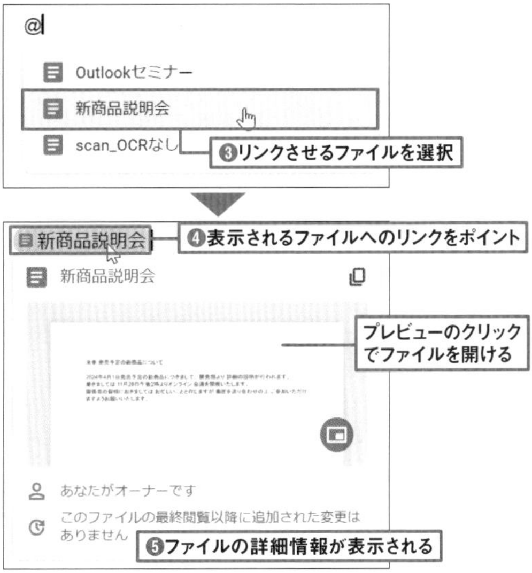

図3 スマートチップを表示させ、「ファイル」の「>」をクリック（❶❷）。Googleドライブに保存されたGoogleドキュメントのファイルリストが表示されるので、リンクさせたいファイルを選択する（❸）。挿入されたリンクをポイントすると、ファイルのプレビューや詳細情報が表示される（❹❺）

Section 04 テキストデータのないPDFをテキスト付きPDFに変換

紙の文書をスキャナーなどでPDFにした場合、スキャンアプリによってはテキストデータのない画像のようなPDFになる。テキストデータのないPDFは、文字をコピーできないだけでなく、検索できないなど不便な点が多い。画像データも同じで、画像に含まれる文字はテキストとして利用できない。ところが、Googleドキュメントを使うと「OCR」(光学文字認識)と呼ばれる機能により、テキストのないPDFや画像の文字情報を読み取って、テキスト付きPDFに変換できる(**図1**)。

手順としては、ファイルをGoogleドライブにアップロードして、Googleドキュメントで開く(**図2**、**図3**)。この方法で変換できるファイル形式は、JPEG、PNG、GIF、PDF。ファイルサイズは2MBまでという制限がある。高さが10ピクセル以下の小さな文字は認識できないことがある。画像の向きが正しくない場合は、回転させてからアップロードしよう。

テキストなしPDFファイルは、Wordで開いてもテキスト付きに変換できる。テキストの読み取り精度は文書によっても変わるので、精度が悪い場合はほかの方法を試すとよいだろう(**図4**)。

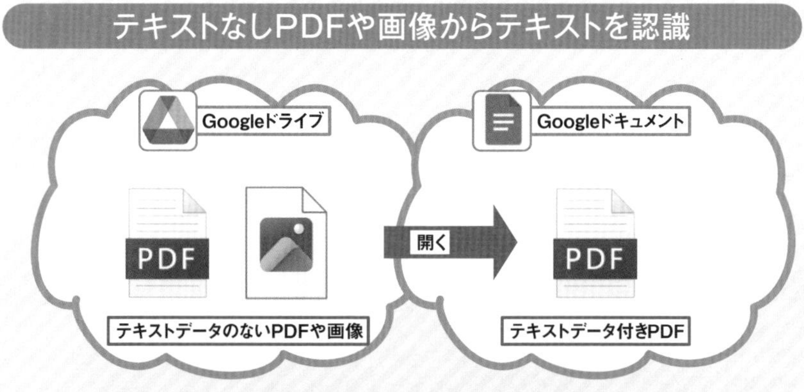

図1　テキストデータのないPDF、JPEG、PNG、GIFファイルは、GoogleドライブにアップロードしたうえでGoogleドキュメントで開くと、テキストデータ付きPDFとして開くことができる

テキストなしPDFをGoogleドキュメントでOCR処理

図2 Googleドライブにアクセスし、テキストデータなしのPDFや画像をアップロードして開く

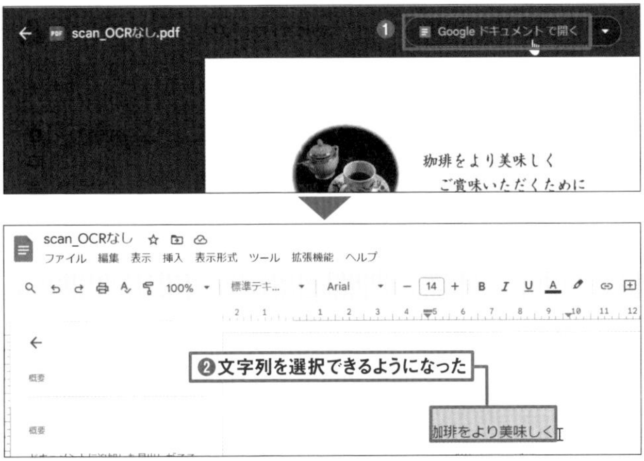

図3 次の画面で「Googleドキュメントで開く」を選択する(❶)。GoogleドキュメントでOCR機能が働くので、文書が表示されるまで待つ。ファイルが開くとテキストが選択可能な状態になる(❷)

Wordでの変換と見比べて選ぼう

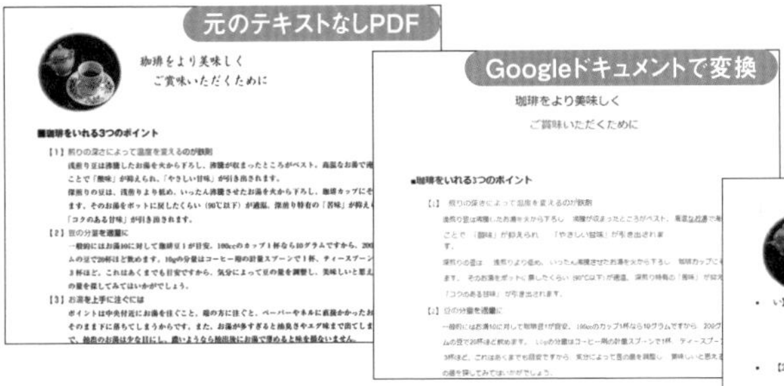

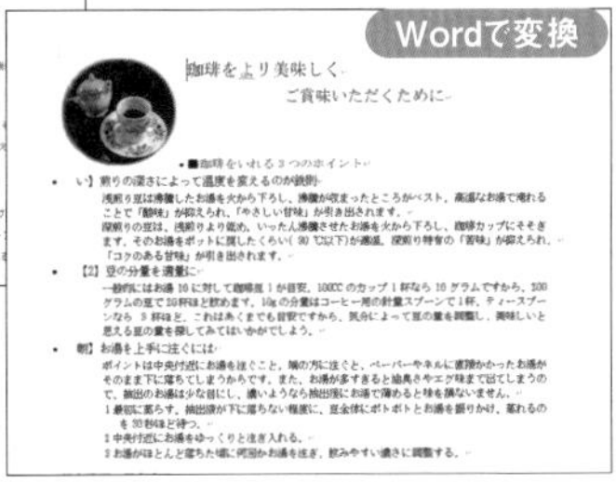

図4 同じテキストなしPDF(左)をGoogleドキュメント(中)とWord(右)でテキスト付きPDFに変換してみた。この文書では、文字の認識率はGoogleドキュメントのほうが高いが、Wordの場合は画像も含めて変換されるなど、違いがある

Section 05 長文のレイアウトはスタイル機能で時短

長文の文書は、タイトルや本文、項目のレベルによって、階層構造がわかりやすい書式にしたい。とはいえ、レベルが変わるたびに書式を変更するのは手間だ。同じ書式が繰り返し出てくる場合は、「スタイル」を使ってレベルに応じたスタイルを適用するのが手早く終えるコツ(**図1**)。書式を変更する際もスタイル設定を変えるだけで済む。

Googleドキュメントでスタイル機能を使う利点はほかにもある。タイトルや見出しのス

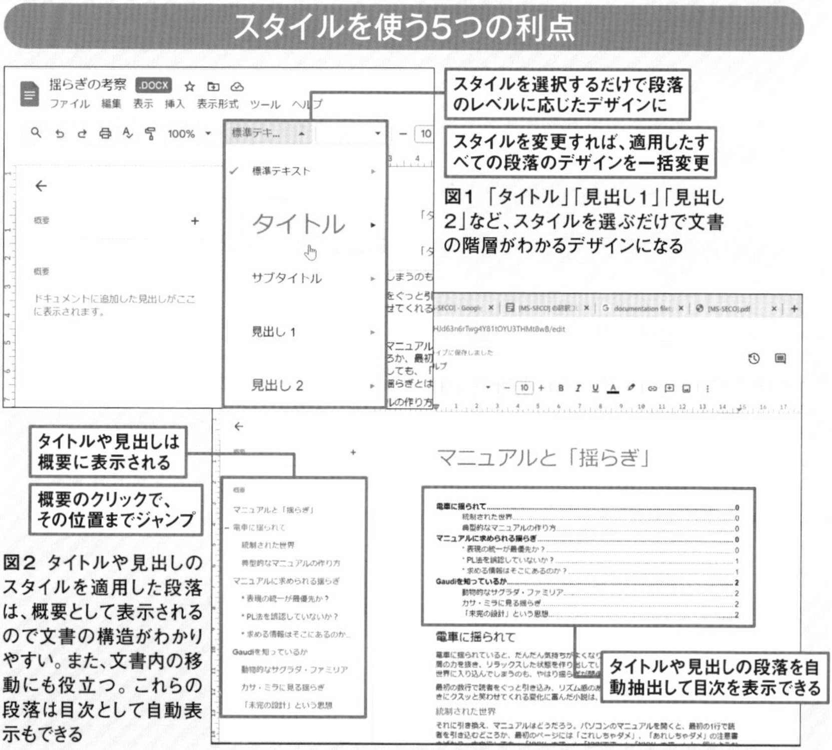

図1　「タイトル」「見出し1」「見出し2」など、スタイルを選ぶだけで文書の階層がわかるデザインになる

図2　タイトルや見出しのスタイルを適用した段落は、概要として表示されるので文書の構造がわかりやすい。また、文書内の移動にも役立つ。これらの段落は目次として自動表示もできる

タイルを適用した段落は「概要」として自動的に抽出され、項目をクリックすると該当するページにジャンプできる（**図2**）。概要をそのまま文書の目次にするのも簡単だ。

Googleドキュメントのスタイルは、タイトルや見出しなど最低限必要なものに絞られている分、迷わず設定できる（**図3**）。スタイル設定を進めると、画面左側に「概要」が自動作成される（**図4**）。

なお、スタイルを選ぶ段階では、「フォントが気に入らない」といったことは無視してよい。後でスタイルごとに好みのフォントや段落書式に変更すれば同じレベルの見出しを

段落にスタイルを適用する

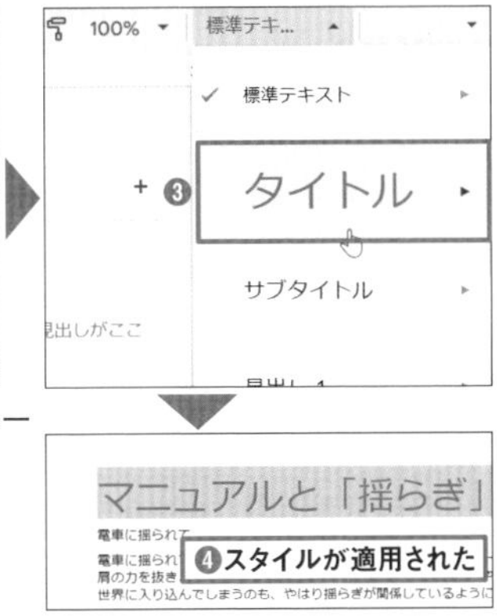

図3 段落を選び、ツールバーから「スタイル」を選択（❶❷）。スタイル一覧から適用するスタイルを選ぶと、選択中の段落に適用される（❸❹）

同様にほかの見出しにもスタイルを適用

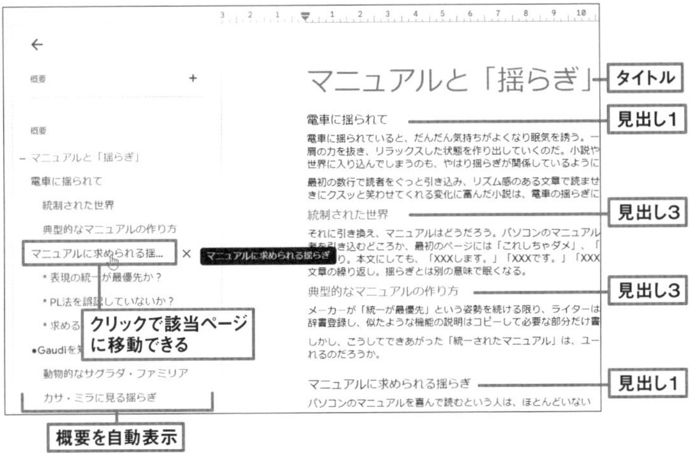

図4 図3の手順で、ほかの見出しにもスタイルを適用する。スタイルを適用した段落は自動的に概要に表示され、概要の項目をクリックすることでその箇所に移動できる

一括して変更できる（**図5**、**図6**）。この方法なら長文の書式統一も簡単だ。

スタイルを適用したタイトルや見出しは、目次として挿入できる。スタイル設定後、「挿入」メニューから「目次」を選ぼう（**図7**）。目次のデザインは3種類から選ぶが、ページ番号を表示するかどうかなど、詳細な設定は目次作成後に行える（**図8**）。文書の内容を変更した場合、目次は自動更新されないので、図8左の画面で「目次を更新」をクリックして更新しよう。

スタイルを好みの書式に変更する

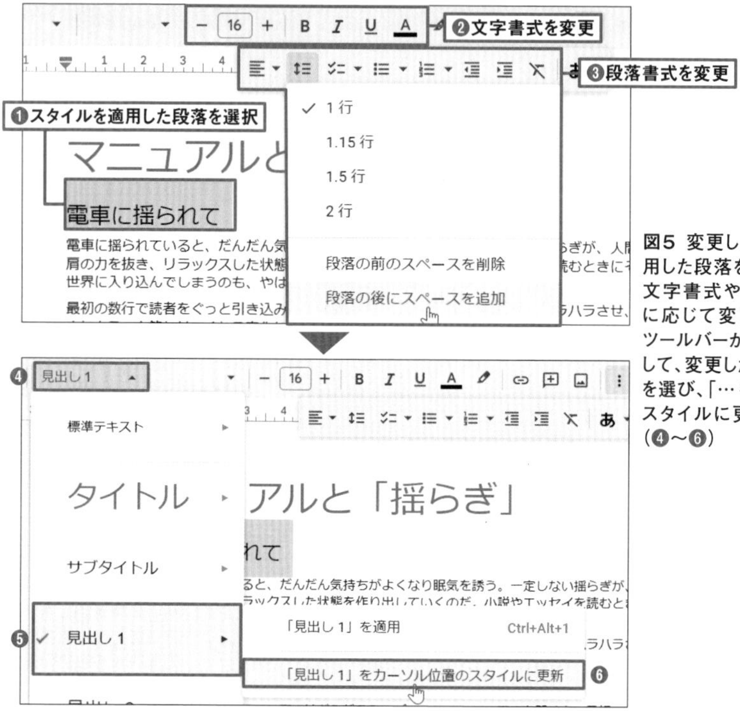

図5　変更したいスタイルを適用した段落を選択する（❶）。文字書式や段落書式を好みに応じて変更する（❷❸）。ツールバーからスタイルを選択して、変更したい見出しレベルを選び、「… をカーソル位置のスタイルに更新」を選択する（❹～❻）

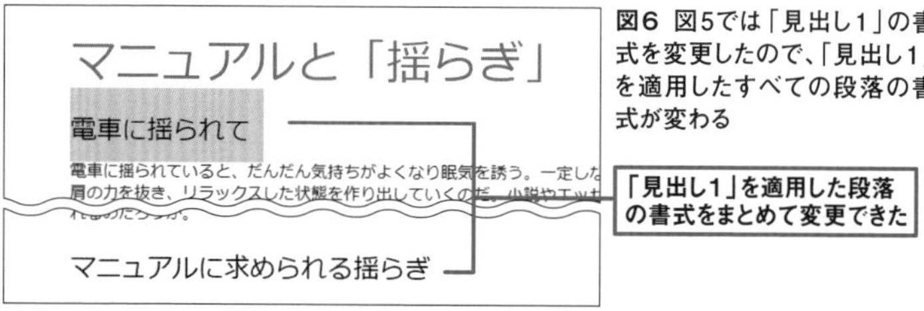

図6　図5では「見出し1」の書式を変更したので、「見出し1」を適用したすべての段落の書式が変わる

スタイルを使って目次を自動作成

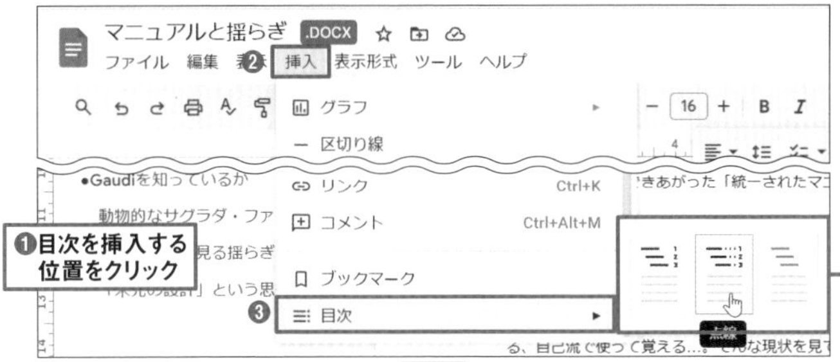

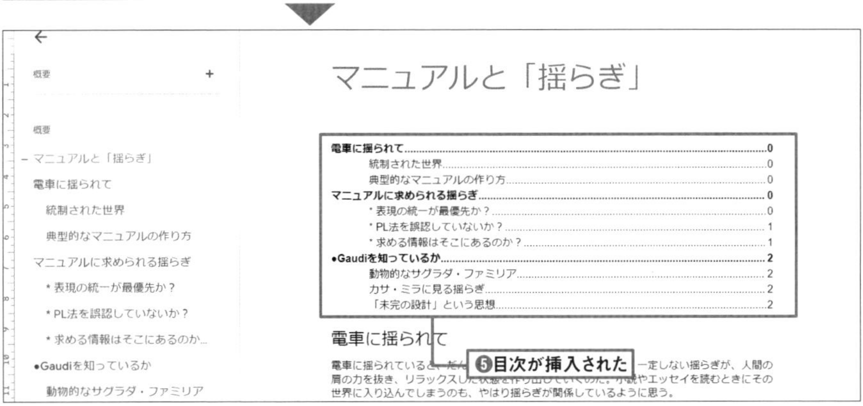

図7 目次を挿入したい位置にカーソルを移動する（❶）。「挿入」メニューから「目次」を選び、目次のデザインを選ぶ（❷～❹）。指定した位置に目次が挿入される（❺）

目次の書式を変更

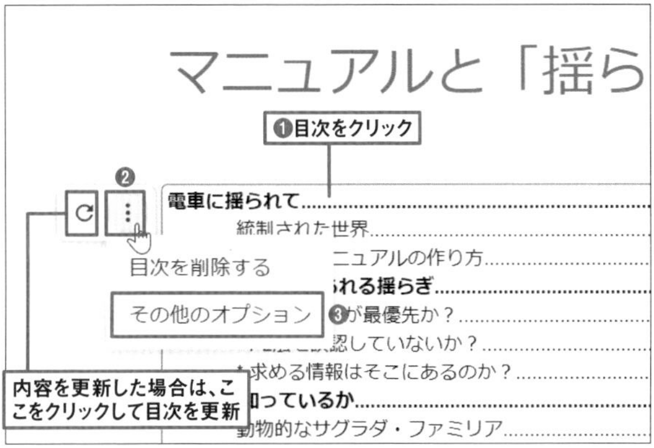

図8 目次の書式は細かく設定できる。目次を選択し、「目次のその他のオプション」から「その他のオプション」を選択する（❶～❸）。画面右側に開くサイドパネルで、ページ番号の有無やリーダー罫の設定などが可能（❹）

Section 06

外国語の書類も怖くない 文書を丸ごと自動翻訳

海外の取引先から資料が送られてきたが、外国語なので読むのが大変……。そんなときは、Googleドキュメントで丸ごと翻訳してもらうとよい。100以上の言語に対応しているので、ほとんどの文書は翻訳できるはずだ。

手順は簡単。「ツール」メニューから「ドキュメントの翻訳機能」を選び、翻訳後のファイル名と言語を指定するだけだ（**図1**、**図2**）。Wordの機能を使っている文書では表示されないメニューなので、Word文書の場合は「ファイル」メニューから「Googleドキュメントとして保存」を選び、Googleドキュメント文書に変換してから翻訳する。

Googleドキュメント文書なら翻訳も可能

❶翻訳するファイルを開く
ファイル 編集 表示 挿入 表示形
❷ツール
拡張機能 ヘルプ
100%
スペルと文法
文字カウント Ctrl+Shift+C
編集の提案を確認 Ctrl+Alt+O Ctrl+Alt+U
❸ドキュメントの翻訳機能
音声入力 Ctrl+Shift+S

図1 翻訳するファイルを開いて、「ツール」メニューから「ドキュメントの翻訳機能」を選択する（❶〜❸）

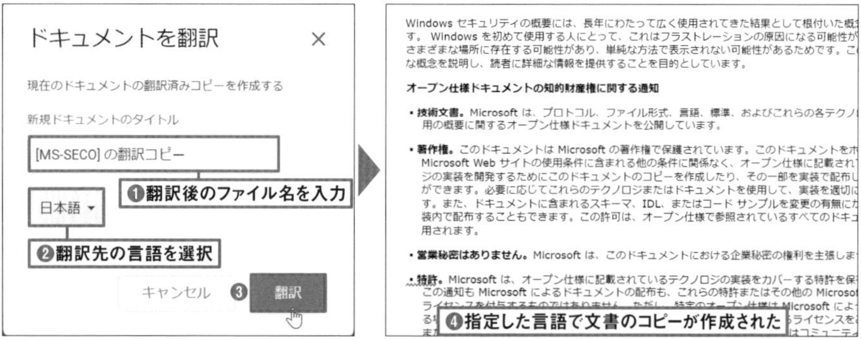
ドキュメントを翻訳
現在のドキュメントの翻訳済みコピーを作成する
新規ドキュメントのタイトル
[MS-SECO] の翻訳コピー
❶翻訳後のファイル名を入力
日本語
❷翻訳先の言語を選択
キャンセル
❸翻訳
Windows セキュリティの概要には、長年にわたって広く使用されてきた結果として根付いた概
す。 Windows を初めて使用する人にとって、これはフラストレーションの原因になる可能性が
さまざまな場所に存在する可能性があり、単純な方法で表示されない可能性があるためです。こ
な概念を説明し、読者に詳細な情報を提供することを目的としています。
オープン仕様ドキュメントの知的財産権に関する通知
・技術文書。Microsoft は、プロトコル、ファイル形式、言語、標準、およびこれらの各テクノ
用の概要に関するオープン仕様ドキュメントを公開しています。
・著作権。このドキュメントは Microsoft の著作権で保護されています。このドキュメントを
Microsoft Web サイトの使用条件に含まれる他の条件に関係なく、オープン仕様に記載され
ジの実装を開発するためにこのドキュメントのコピーを作成したり、その一部を実装で配布
ができます。必要に応じてこれらのテクノロジまたはドキュメントを使用して、実装を適切
す。また、ドキュメントに含まれるスキーマ、IDL、またはコード サンプルを変更の有無に
装内で配布することもできます。この許可は、オープン仕様で参照されているすべてのドキ
用されます。
・営業秘密はありません。Microsoft は、このドキュメントにおける企業秘密の権利を主張しま
・特許。Microsoft は、オープン仕様に記載されているテクノロジの実装をカバーする特許を保
この通知も Microsoft によるドキュメントの配布も、これらの特許またはその他の Microso
❹指定した言語で文書のコピーが作成された

図2 この機能では、翻訳した文書がコピーとして保存されるので、そのファイル名を入力する（❶）。何語に翻訳するかを選択し、「翻訳」を押す（❷❸）。翻訳後の文書が表示されると同時に、Googleドライブに保存される（❹）

第5章

スプレッドシートで作表、計算、グラフ作成

「Googleスプレッドシート」の使い方はExcelとよく似ている。Excelほど高機能ではないが、その分、シンプルな操作性がわかりやすい。Excelファイルを扱うコツや、Excelとの操作方法の違い、Googleスプレッドシート独自の機能などを見ていこう。

Section 01 ExcelファイルをGoogleスプレッドシートで開く

Googleスプレッドシートは、Excelと同じ「表計算ソフト」だ。普段Excelを利用している人なら、Excelでファイルを作成し、Googleドライブにアップロードすることが多いだろう。その際にはいくつか注意点がある。

Googleドライブ内のExcelファイルは、ブラウザー上でGoogleスプレッドシートを起動し、閲覧や編集ができる。ファイル形式はExcelのままで編集が可能だ。ただし、Webアプリなので使用できるフォントがパソコンとは異なるなど、デザインが変わる。特にグラフのデザインはExcelのほうが豊富なので、3Dピラミッドグラフや補助円グラフ付き円グラフのような特殊なグラフは大きく印象が変わる。

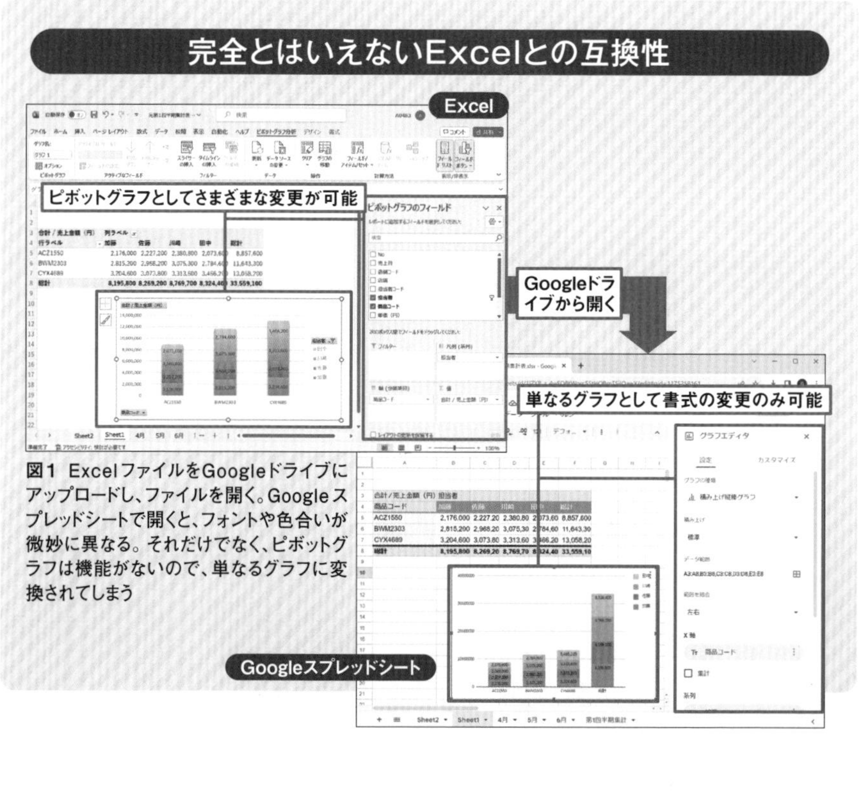

図1 ExcelファイルをGoogleドライブにアップロードし、ファイルを開く。Googleスプレッドシートで開くと、フォントや色合いが微妙に異なる。それだけでなく、ピボットグラフは機能がないので、単なるグラフに変換されてしまう

Excelの独自機能は、Googleスプレッドシートでは動作しない。例えば、ピボットグラフはGoogleスプレッドシートにはないため、Excelで作成したピボットグラフを開くと単なるグラフに変換される（**図1**）。Excelファイルとしてダウンロードしてもピボットグラフには戻せない。パスワードがかかったOfficeファイルは、Googleアプリではプレビューモードで表示されて編集できないなど、相違点をよく理解して使わないとトラブルのもとだ（**図2**）。

98ページで解説した方法でパソコンと同期している場合、パソコン側の「マイドライブ」フォルダーに表示されるExcelファイルは、パソコンにインストールされたExcelで開ける。ブラウザーを使ってGoogleドライブから開くとGoogleスプレッドシートが起動するので、編集したいアプリによって開く方法を選択しよう。

Googleスプレッドシートで新規作成したファイルは、Googleスプレッドシートの独自形式になる。作成したファイルはダウンロードするだけで自動的にExcelファイルに変換される。テキスト形式やPDF形式でダウンロードする場合は、Googleスプレッドシートの「ファイル」メニューから「ダウンロード」を選択し、ファイル形式を指定してダウンロードすればよい。

Googleスプレッドシートは、誰とでも簡単にファイルを共有し、共同編集ができる（104ページ）。ビジネス文書の作成には十分な機能があり、Webアプリならではの機能もある。特性を生かしてExcelと使い分けたい。

Excelファイルを編集するときに注意が必要な機能

Excel	Googleスプレッドシート
ピボットグラフ	なし。通常のグラフに変換される
マクロ	動作しない。同じ名前の機能があり、マクロを追加することはできる
関数	ワークシート関数の種類はExcelより少ないが、Googleスプレッドシート独自の関数もある。互換性のない関数を使ったExcelファイルを開いた場合、動作しないだけでなく、エラーが表示されたり、誤動作することもあるので注意が必要
リンクされたブック	リンクは解除される
保護	パスワード保護されているファイルはプレビューのみ可能
SmartArt	Google図形描画に変換される
グラフ	3Dグラフ、補助円グラフ付き円グラフ、絵グラフなど、デザインによっては別のグラフで表示
非表示のセル	表示される

図2 ExcelとGoogleスプレッドシートでファイルをやり取りする際、これらの機能を使っている場合は、変換後に正しく表示や動作がされるか確認が必要だ

Section 02

データに応じたグラフを一発で自動作成

グラフ入りのExcelファイルは、Googleスプレッドシートで開いてもグラフとして表示されるが、その再現性はいまひとつ。特に3Dグラフや補助円グラフ付き円グラフはGoogleスプレッドシートにはないので、大きくデザインが変わる（**図1**）。Googleスプレッドシートにもグラフの書式を設定する機能はあるので、デザイン重視のグラフであれば読み込み後に修正したほうがよい。

Excelグラフは読み込み後にデザイン修正

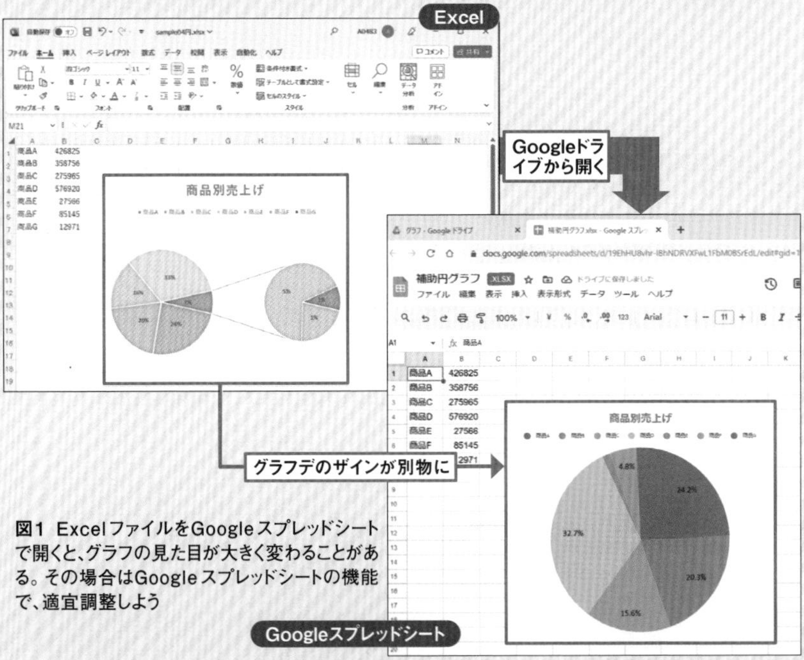

図1　ExcelファイルをGoogleスプレッドシートで開くと、グラフの見た目が大きく変わることがある。その場合はGoogleスプレッドシートの機能で、適宜調整しよう

Googleスプレッドシートで一からグラフを作成する際、グラフの元になるデータをセルに入力するのはExcelと同じだ。Excelの場合、どのようなグラフにするかはユーザーが選択するが、Googleスプレッドシートではボタンをクリックするだけでグラフが表示される（**図2**）。選択したセル範囲の内容を反映して、自動的にグラフの種類が選択されるので、「取りあえずグラフ化したい」「どのグラフがいいかわからない」といったときに便利だ。

書式などを変更する場合は、グラフを選択すると表示される「グラフエディタ」のサイドパネルで行う（**図3**）。

ワンクリックでグラフを自動作成

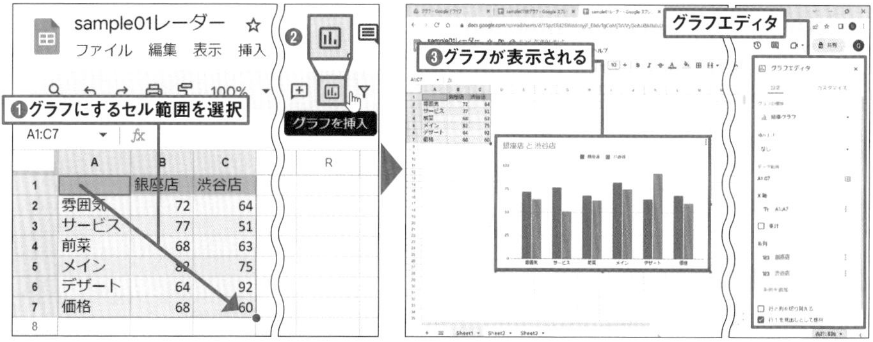

図2 グラフ化するセル範囲を選択し、ツールバーから「グラフを挿入」ボタンをクリック（❶❷）。グラフが表示され、画面右側には「グラフエディタ」が開く（❸）

「グラフエディタ」で書式を変更

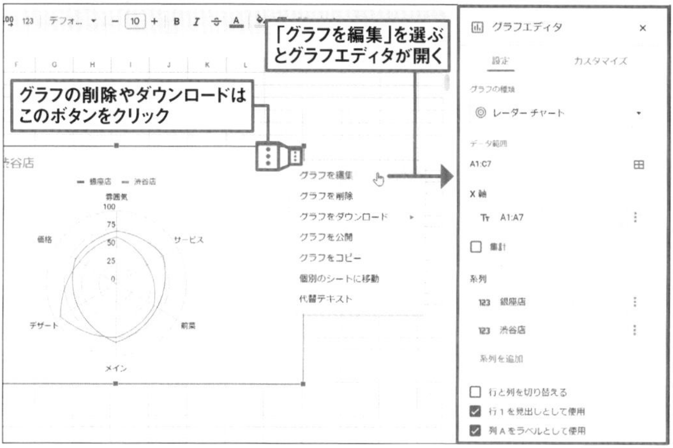

図3 グラフ選択時に表示される「︙」をクリックすると、メニューが表示される。グラフの削除やグラフのみのダウンロードなどの操作ができる。「グラフを編集」をクリックするか、グラフエリアをダブルクリックすると、グラフエディタが開く

Section 03

並べ替えや抽出はフィルタでまとめて設定

データを特定の列を基準に並べ替えたり、一部のデータを抽出したりといった作業は表計算ソフトの代表的な操作だが、Excelとは少々勝手が違う。

まず、基本的な並べ替えから説明していこう。並べ替えは「データ」メニューから行う。ただし、単純に「シートを並べ替え」を行うと、表のタイトルや見出し行まで並べ替えられて驚くことになる（**図1**）。また、一部の列を選んで「範囲を並べ替え」を行うと、選択し

Excelと異なる並べ替えの流儀

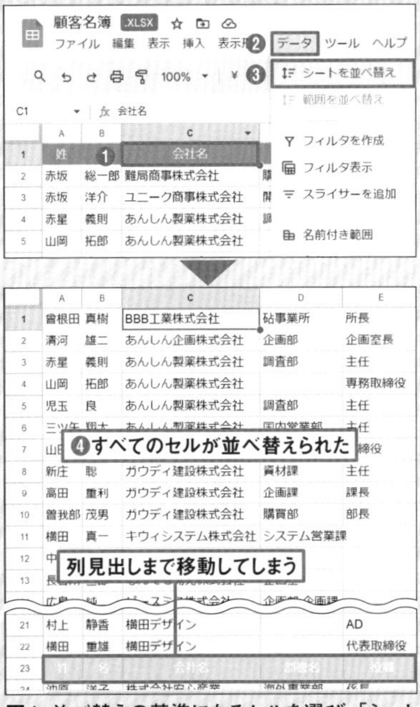

図1　並べ替えの基準になるセルを選び、「シートを並べ替え」を選択（❶〜❸）。すると1行目の列見出しまで並べ替えの対象になる（❹）

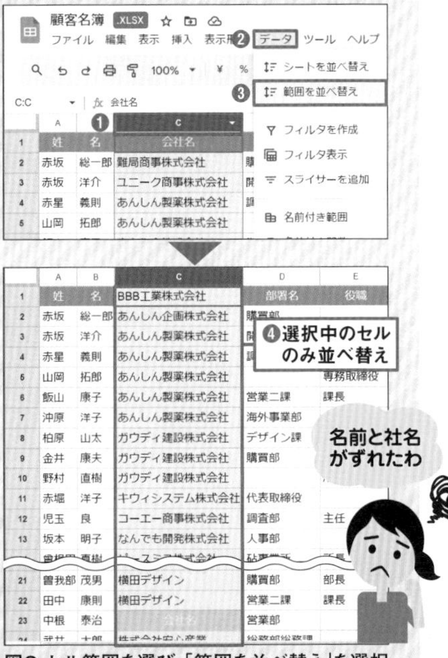

図2　セル範囲を選び、「範囲を並べ替え」を選択（❶〜❸）。この場合、選択中のセルのみが並べ替えの対象になる（❹）

た列だけが並べ替えられてほかの列が動かないため、行単位でデータを並べている場合は対応関係がずれてしまう（**図2**）。

見出し行を除いて並べ替えるなら、見出し行を固定してから並べ替えるとよい（**図3**）。見出し以外のセルを選択して、「範囲を並べ替え」を行うという手もある。どちらも不安なら、表全体を選んでおいて、並べ替えのオプション画面で設定するのが確実だ（**図4、図5**）。この画面では、複数の列を基準にした並べ替えも指定できる。

なお、注意したいのは、漢字がすべて文字コード順に並べ替えられること。Excelのように漢字のふりがなを使うことはできない。「PHONETIC」関数も使えない。日本語を並べ替える場合は、ふりがなを別の列に入力しておくのが現状の解決策だ。

見出し行を固定してから並べ替え

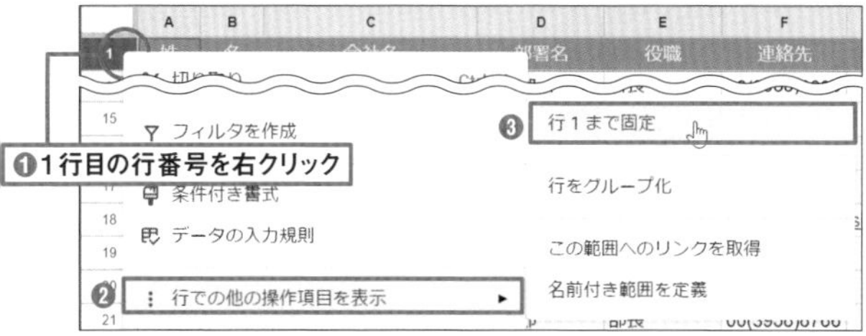

図3 図1の手順で1行目を並べ替えに含めないためには、1行目の行番号を右クリック（❶）。「行での他の操作項目を表示」から「行1まで固定」を選択する（❷❸）。表タイトルなどがあって複数行を固定する場合は、「表示」メニューの「固定」で指定する

見出し行を除いて並べ替えるにはオプションを指定

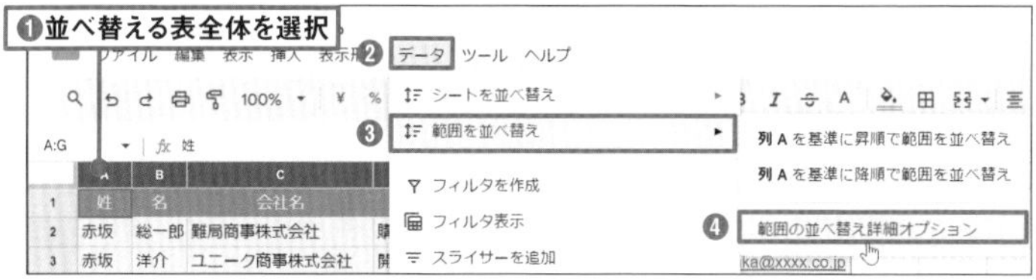

図4 並べ替え対象となる表のすべてのセルを選択する（❶）。「データ」メニューから「範囲を並べ替え」の「範囲の並べ替え詳細オプション」を選択（❷〜❹）

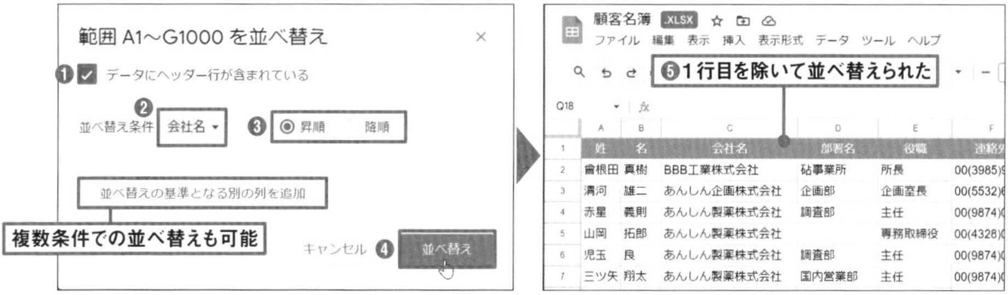

図5 1行目を含めたくない場合は、「データにヘッダー行が含まれている」にチェックを入れる（❶）。「並べ替え条件」で並べ替えの基準にする列を選択（❷）。「昇順」か「降順」かを選択して、「並べ替え」を押す（❸〜❺）

並べ替えのために見出し行を固定したり、オプション画面で設定したりするのが面倒なら、使うべきは「フィルタ」だ。フィルタは列を基準にした並べ替えや抽出を簡単に行う機能。「データ」メニューから「フィルタを作成」を選ぶと、列見出しにフィルタボタンが表示される（**図6**）。そのメニューから、並べ替えや抽出の条件を指定する（**図7、図8**）。

「フィルタ」で並べ替えも抽出も楽になる

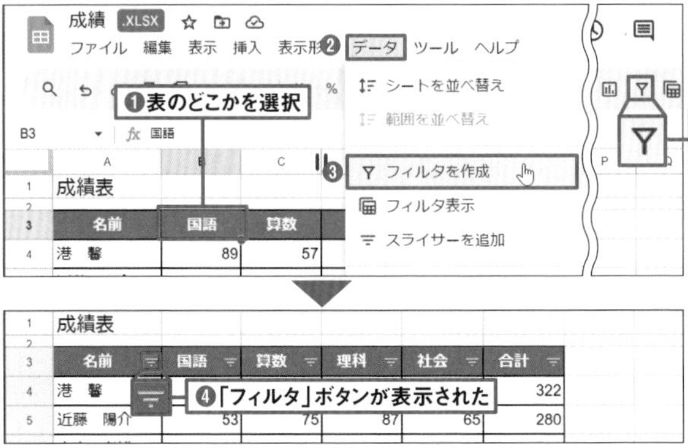

図6　表のどこかを選択し、「データ」メニューから「フィルタを作成」をクリックする（❶～❸）。ツールバーの「フィルタを作成」ボタンをクリックしてもよい。列見出しに「フィルタ」ボタンが表示される（❹）

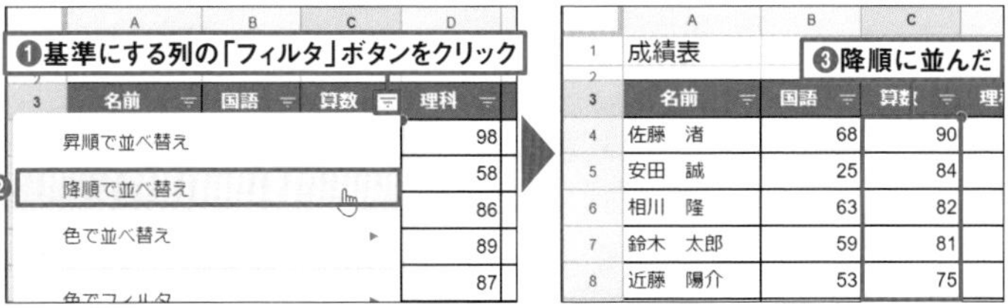

図7　並べ替えの基準にする列の「フィルタ」ボタンをクリックして、「降順で並べ替え」を選択（❶❷）。すると、その列の値が大きい順に表全体が並べ替えられる（❸）

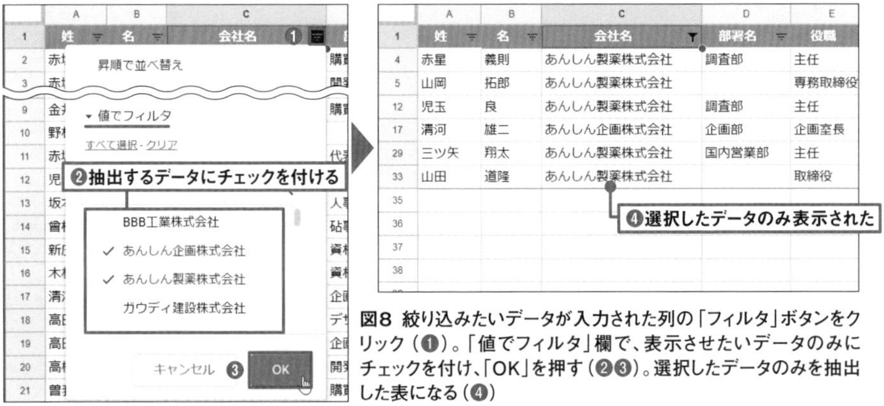

図8　絞り込みたいデータが入力された列の「フィルタ」ボタンをクリック（❶）。「値でフィルタ」欄で、表示させたいデータのみにチェックを付け、「OK」を押す（❷❸）。選択したデータのみを抽出した表になる（❹）

「範囲を並べ替え」はちょっと特殊な機能だが、表によっては役立つことがある。例えば、凝ったデザインの表ではセルを移動して並べ替えると罫線などが崩れてしまう（**図9**）。「範囲を並べ替え」を使えば、指定したセル範囲だけを一発で並べ替えることができる（**図10**）。

「範囲を並べ替え」は一部のセルの並べ替えで有効

B5～G8セルのみ、商品名の順に並べ替えたい
空白行を追加して、商品名が昇順に並ぶようにデータを移動したが、罫線まで移動してしまった

図9 区切りに罫線が設定された表で、一部のセルのみ並べ替えたい。しかし、セルを移動して並べ替えようとすると、手間がかかるうえに罫線がずれてしまう

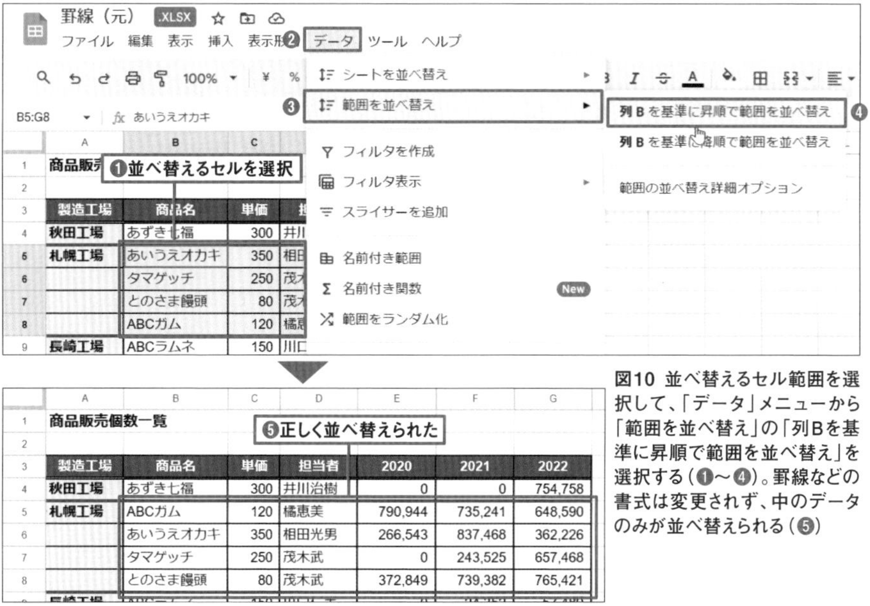
❶並べ替えるセルを選択
❷データ
❸範囲を並べ替え
❹列Bを基準に昇順で範囲を並べ替え
❺正しく並べ替えられた

図10 並べ替えるセル範囲を選択して、「データ」メニューから「範囲を並べ替え」の「列Bを基準に昇順で範囲を並べ替え」を選択する（❶～❹）。罫線などの書式は変更されず、中のデータのみが並べ替えられる（❺）

Section 04 「スマートチップ」でGoogleアプリのデータとリンク

例えば、イベントの場所を知らせる文書では、建物名、住所、最寄り駅から道順など、さまざまな情報を書き込んでいたはずだ。Googleスプレッドシートなら、「スマートチップ」を貼り付けておくだけで、地図を確認して、最適なルート検索ができる（**図1**）。

スマートチップは、セルの先頭に「@」（半角アットマーク）を入力することで、住所録のユーザーデータ、Googleアプリのファイル、Googleカレンダーのスケジュール、Google

スマートチップでGoogleマップにリンク

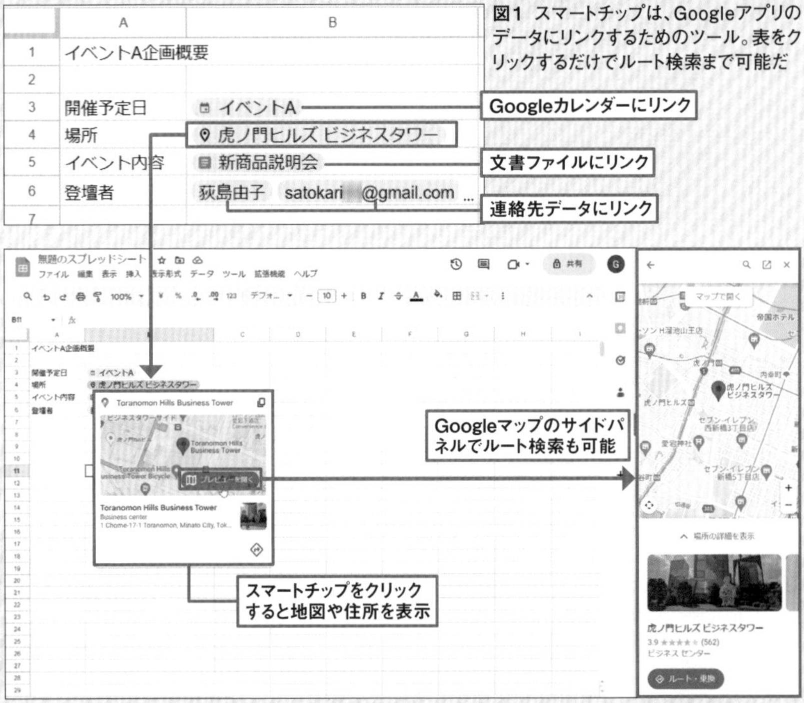

図1　スマートチップは、Googleアプリのデータにリンクするためのツール。表をクリックするだけでルート検索まで可能だ

マップの地図データなどをリンクさせる機能。Googleドキュメントでも説明したスマートチップだが、その本領を発揮するのはGoogleスプレッドシートだ。図1の表では、カレンダー、文書ファイル、連絡先、地図に保管された情報を1枚のワークシートで管理している。連絡先に入っている住所やメールアドレスを再入力する必要はない。そんな便利なスマートチップの使い方を見ていこう。

Googleカレンダーとリンクして、正確な日付を入力する方法は119ページで説明した。ここでは、カレンダーに登録した予定とリンクする「予定チップ」を紹介する。「@」を入力すると、カレンダーに登録した直近の予定が表示されるので、目的の予定を選択する(**図2**)。予定が表示されない場合は、「カレンダーの予定」をクリックして表示させればよい。予定チップを使うことで、予定に添付されたファイルも簡単に開けるようになる。

Googleマップとリンクする「地図チップ」は、「@」に続けて施設名や住所を入力し、表示される候補から選択すればよい(**図3**)。

予定チップ：Googleカレンダーの予定にリンク

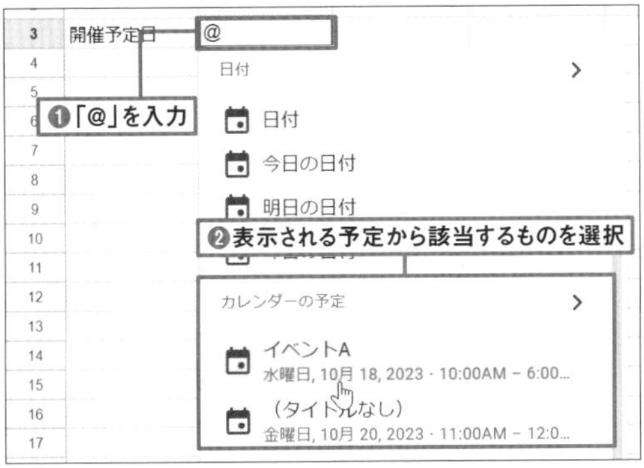

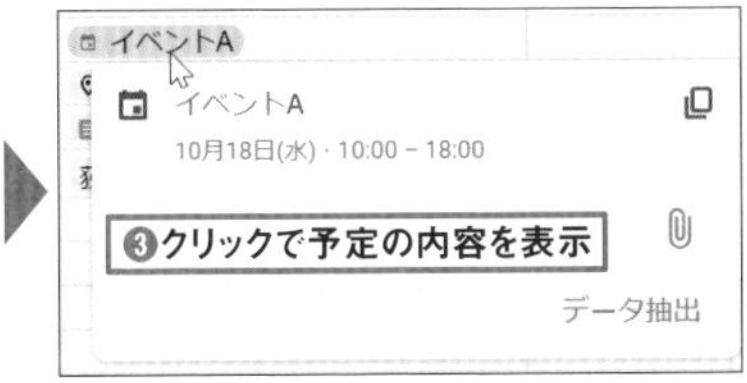

図2 「@」を入力し、「カレンダーの予定」から該当する予定を選択する(❶❷)。挿入された予定チップをクリックすると、予定の名前、日時、添付ファイルなどを表示できる(❸)

地図チップ：Googleマップの場所にリンク

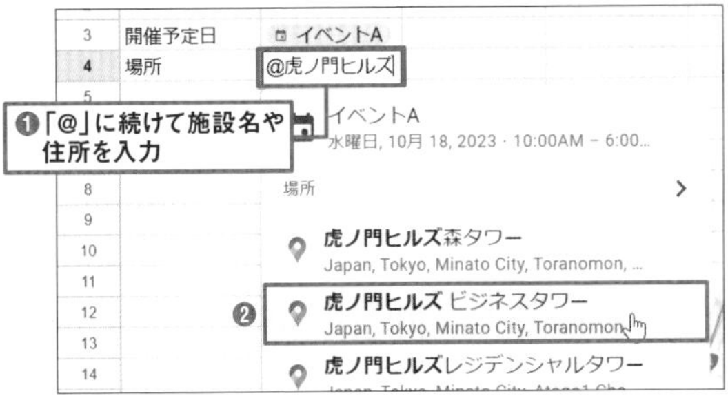

図3 「@」に続けて施設名や住所などを入力し、該当する場所を選択する(❶❷)。挿入された地図チップをクリックすると、施設名や小さな地図が表示される(❸)

Googleアプリで作成したファイルにリンクさせるのが「ファイルチップ」。Googleドライブ内に保存されたGoogleドキュメント、スプレッドシート、スライドのファイルが対象だ。「@」を入力すると、「ファイル」欄に最近使ったファイルが表示される（**図4**）。そこから選ぶか、ファイルリストを表示させ、リンクさせたいファイルを選択する（**図5**）。挿入されたファイルチップは、クリックでファイルのサムネイル、ファイルのオーナー、閲覧履歴などが表示され、リンク先のファイルを開くこともできる。

パソコンの連絡先に登録されたGmailユーザーや、Google Workspace（16ページ）で管理しているメールアドレスを持つユーザーであれば、「ユーザーチップ」でユーザー情報を読み込める。「＠」を入力すると、「ユーザー」欄に最近連絡したユーザーが表

ファイルチップ：Googleアプリのファイルにリンク

図4　「@」を入力し、「ファイル」欄に表示されたファイルを選ぶか、「>」をクリックしてファイルリストを表示させる（❶❷）

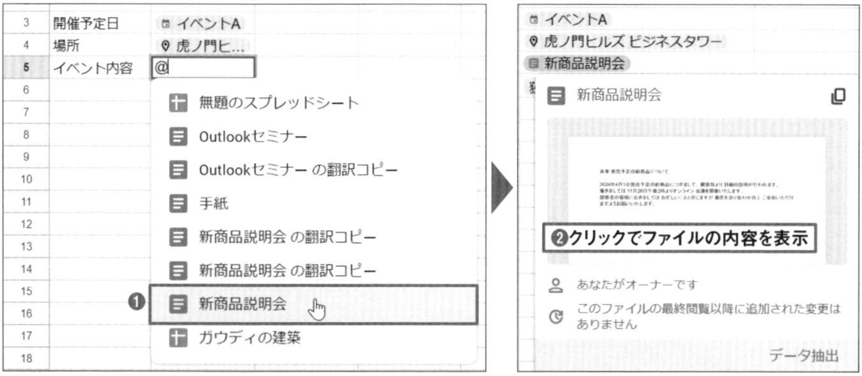

図5　リンクするファイルを選択すると、ファイルチップが挿入される（❶）。チップをクリックすると、リンクしたファイルの内容がサムネイルとして表示され、サムネイルをクリックするとファイルを開ける（❷）

示される（**図6**）。ユーザーリストを表示させてリンクさせたいユーザーを選んでもよい。

ユーザーチップに指定したユーザーには特に通知などは送付されない。ユーザーチップを付けたファイルをリンク先のユーザーと共有する必要がある場合は、次に表示される画面でファイルへのアクセス権を付与することもできる（**図7**）。ユーザーチップをクリックすると、メールアドレスにひも付いた氏名、所属、電話番号、ホームページアドレスなどが表示され、メールやチャットを送ることも可能だ（**図8**）。

ここで紹介したスマートチップのほかにも、株価や通貨などの相場を表示する「金融チップ」や、YouTubeのリンクを貼り付け、クリックすると動画のタイトル、説明、プレビューなどが確認できる「YouTubeチップ」など、新しいチップが続々と登場している。

ユーザーチップ：個人情報にリンク

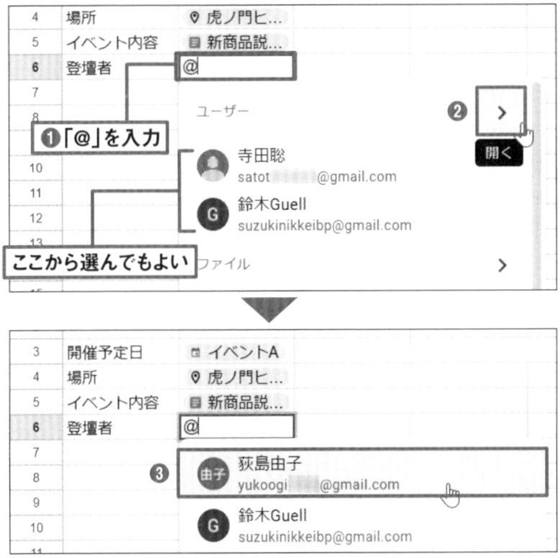

図6 「@」を入力し、「ユーザー」欄に表示されたユーザーを選ぶか、「>」をクリックしてユーザーリストを表示させて、リンクさせるユーザーを選択する（❶～❸）

図7 この画面でユーザーを選ぶと、ファイルへのアクセス権を設定できる

図8 チップをクリックすると、メールアドレス、所属、電話番号、ホームページなどの情報が表示され、メール送信も可能

Section 05 面倒な繰り返し作業をマクロで自動化する

同じ表でも、目的に応じて「営業部だけ抜き出す」「特定の商品の売り上げ順に並べる」「操作が終わったら元に戻す」といった操作を繰り返すことがある。そんなときは「マクロ」として登録しておこう。マクロは一連の操作を記録して、ショートカットキーなどで呼び出せる機能だ（**図1**）。

マクロ機能はExcelにもあるが、Excelで登録したマクロはGoogleスプレッドシートで

一連の作業をショートカットキーで一発実行

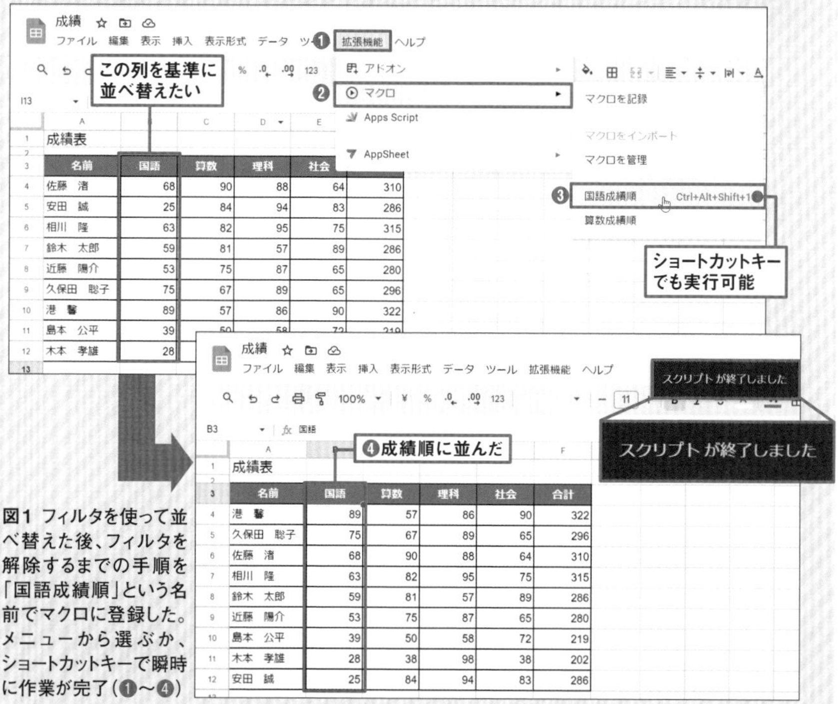

図1 フィルタを使って並べ替えた後、フィルタを解除するまでの手順を「国語成績順」という名前でマクロに登録した。メニューから選ぶか、ショートカットキーで瞬時に作業が完了（❶～❹）

は動作しない。マクロはプログラムを使った機能であり、Excelは「VBA」、Googleスプレッドシートは「Google App Script(GAS)」という、異なる言語が基になっているからだ。ExcelファイルをGoogleスプレッドシートで開いた場合はマクロが登録できないので、ファイル形式を変更してから作業する（**図2**）。

マクロでは、実際に一連の操作を行って、その操作を保存する。操作を開始する準備ができたら、メニューから「マクロを記録」を選択する（**図3**）。実際の操作を始める前に、「絶対参照を使用」か「相対参照を使用」かを選択する（**図4**）。

ExcelファイルはGoogleスプレッドシート形式に変換

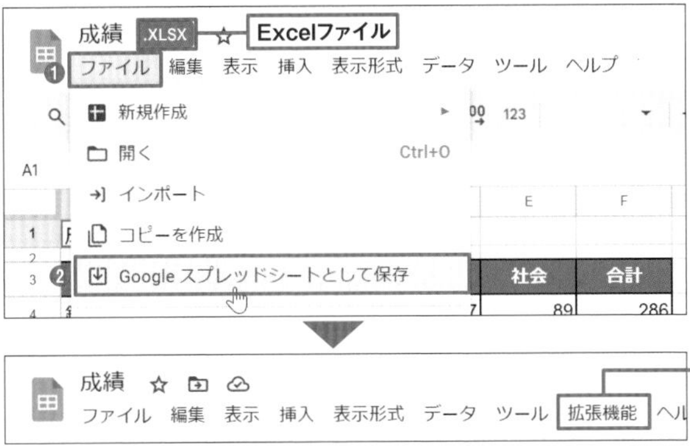

図2 「ファイル」メニューから「Googleスプレッドシートとして保存」を選択する（❶❷）。Googleスプレッドシート形式に変換されたファイルのコピーが開く。マクロで使用する「拡張機能」メニューが表示されればOK（❸）

マクロの記録を始める

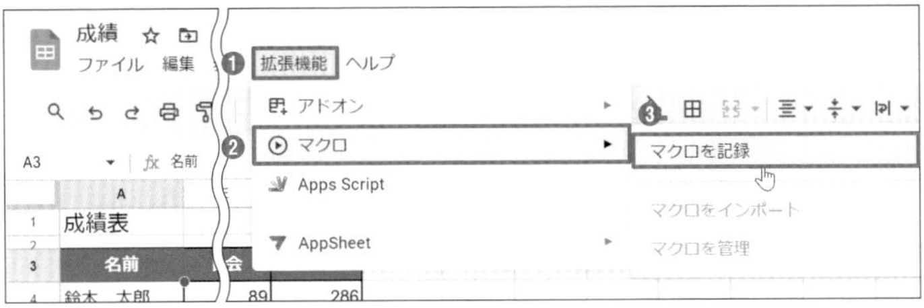

図3 「拡張機能」メニューの「マクロ」から「マクロを記録」を選択する（❶～❸）

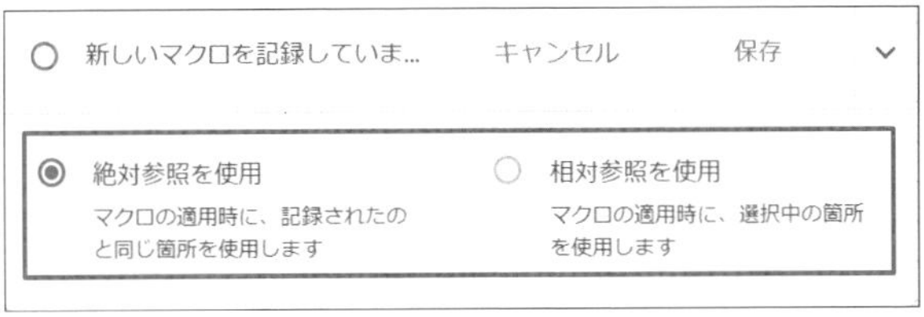

図4 マクロの記録が始まる。操作をする前に、「絶対参照を使用」か「相対参照を使用」を選択する。固定のセル範囲に対して行う操作なら絶対参照、実行時に選択しているセルの位置に応じて行う操作なら相対参照を選択する

マクロの記録が始まったら、登録したい操作を実行する。ここでは、「フィルタを作成」→「並べ替え」→「フィルタを削除」という3つの手順を登録する（**図5、図6**）。「保存」をクリックして、マクロの名前やショートカットキーを指定すれば登録完了だ（**図7**）。

記録する操作を実行する

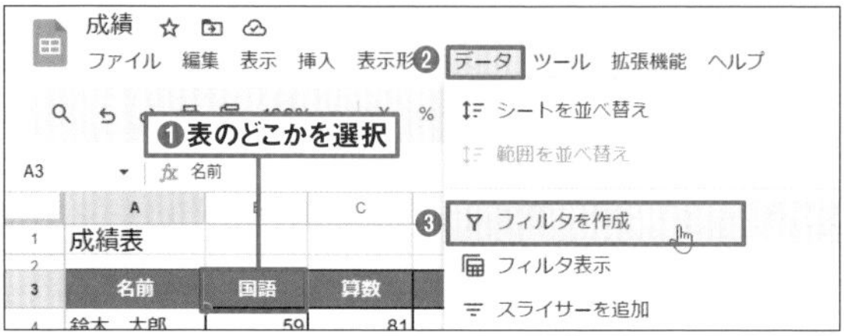

図5 表のどこかを選択し、「データ」メニューから「フィルタを作成」をクリックする（❶～❸）

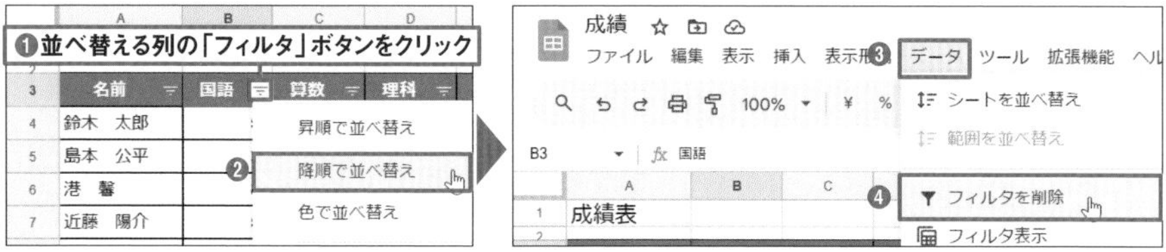

図6 並べ替えの基準になる列（ここでは「国語」）の「フィルタ」ボタンをクリックして、「降順で並べ替え」を選択（❶❷）。並べ替えができたら「データ」メニューから「フィルタを削除」を選択する（❸❹）

名前を付けてマクロを保存

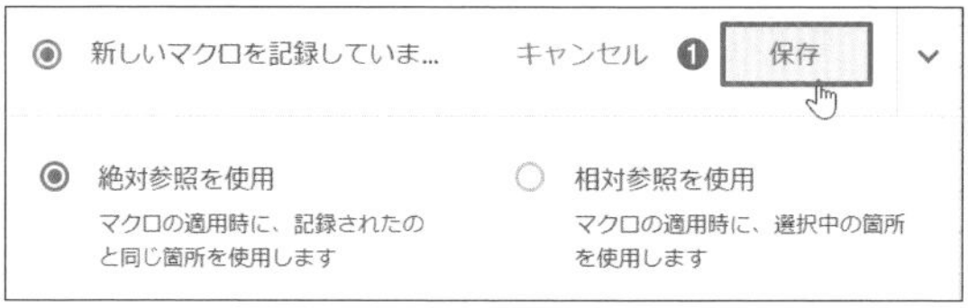

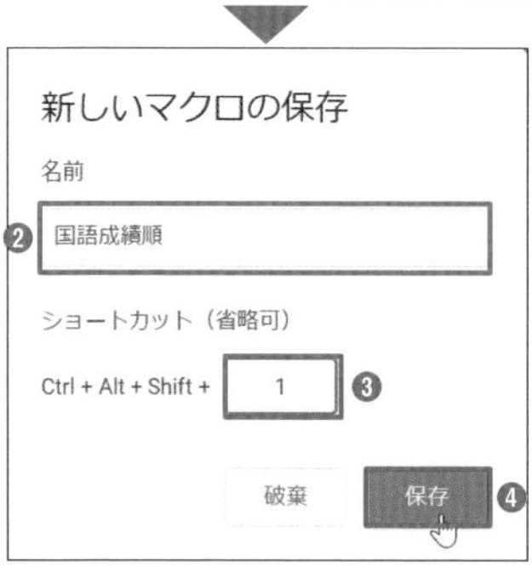

図7 操作が終わったら「保存」をクリックしてマクロとして保存する（❶）。マクロに名前を付け、よく使うマクロであればショートカットキーを登録する（❷❸）。「保存」を押すと、「マクロを保存しました」という確認メッセージが表示される（❹❺）

登録したマクロを使ってみよう。ここでは絶対参照のマクロを登録したので、どこのセルを選択していてもかまわない。登録したマクロをメニューから選択するか、ショートカットキーを押す（**図8**）。最初に実行するときのみ、承認作業が必要になる（**図9**）。承認後、再度マクロを実行する（**図10**）。

登録したマクロを実行

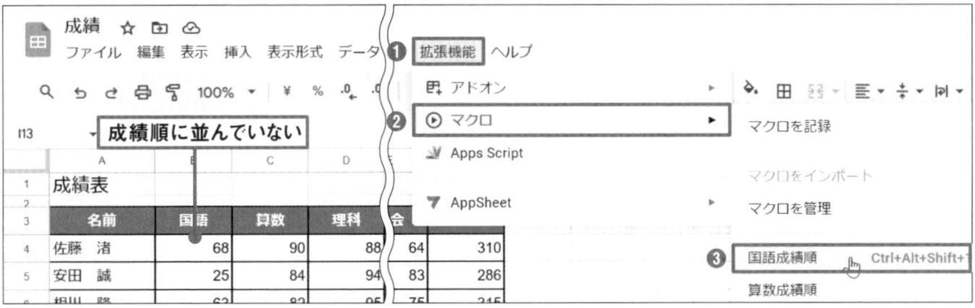

図8 「拡張機能」メニューの「マクロ」から実行するマクロ（ここでは「国語成績順」）を選択する（❶〜❸）

図9 初めてマクロを実行する際には承認画面が表示される。「続行」を押してGoogleアカウントを選択し、「許可」を押す（❶〜❸）

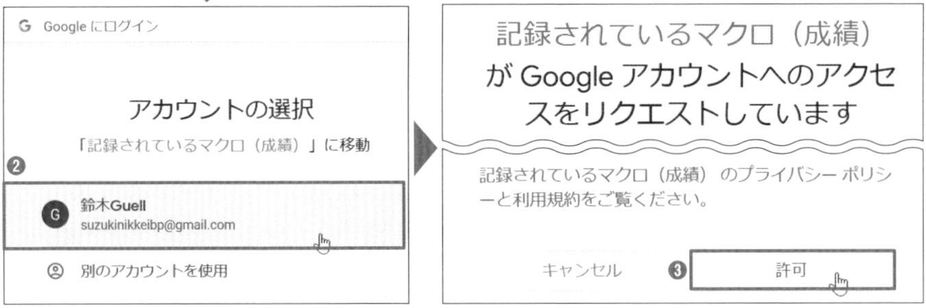

成績表

名前	国語	算数	理科	社会	合計
港 馨	89	57	86	90	322
久保田 聡子	75	67	89	65	296
佐藤 渚	68	90	88	64	310
相川 隆	63	82	95	75	315
鈴木 太郎	59	81	57	89	286

図10 再度図8の手順でマクロを実行すると、結果が表示される。この例では、「国語」の列を基準に点数の高い順に並べ替えが行われた

Section 06 Excelの関数をそのまま利用 便利な独自関数も使える

Excelファイルで使用している関数は、Googleスプレッドシートに読み込んでもほぼそのまま使える（**図1**）。数式の設定方法もExcelと同じで、「＝」を最初に入力して関数や四則演算記号などを入力する。

とはいえ、Excelの関数が100％そのまま使えるわけではない。特に複雑な計算式や、あまり使われない関数を使用している場合は読み込み後の確認が必要だ。

Excelの関数はほぼ修正いらず

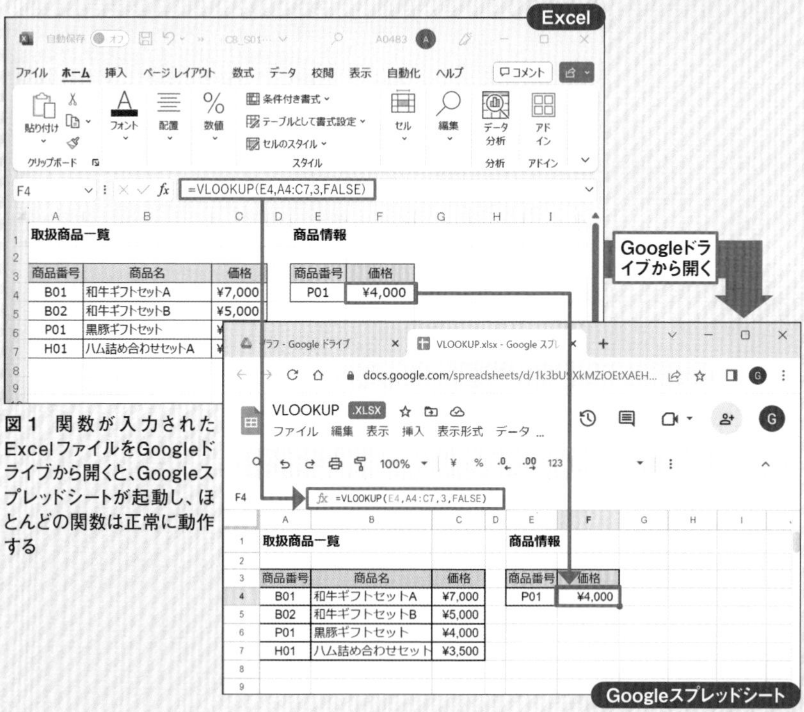

図1　関数が入力されたExcelファイルをGoogleドライブから開くと、Googleスプレッドシートが起動し、ほとんどの関数は正常に動作する

Googleスプレッドシートで関数を入力してみよう。基本的な手順は、「関数」ボタンをクリックして、表示される分類から入力する関数を選択する（**図2**）。「SUM」や「AVERAGE」などのよく使う関数はリストの一番上に表示されているのですぐに選べる。どの関数を使えばよいかわからない場合は、「詳細」を選ぶとグーグルのヘルプページが表示され、関数の説明を見たり、目的に応じた関数を検索したりできる。

関数リストから選んで入力

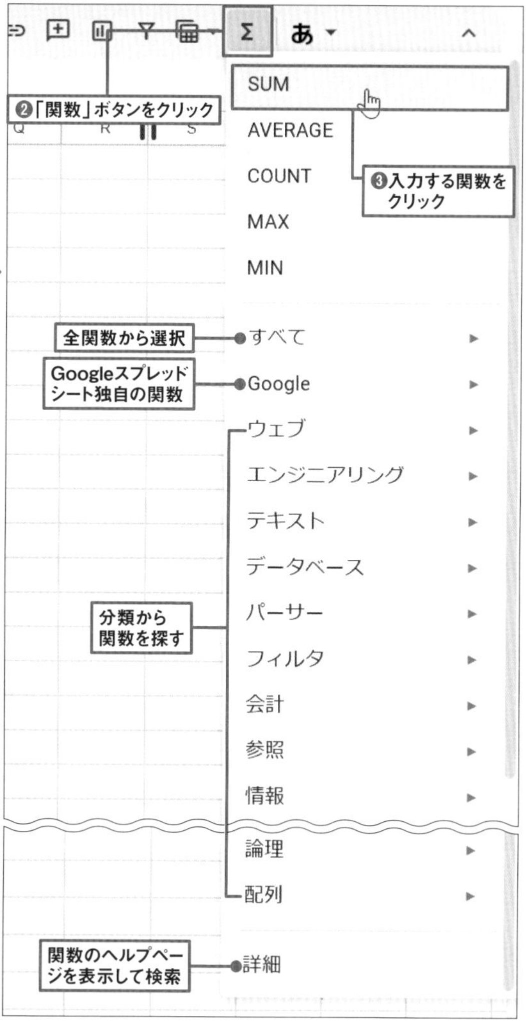

図2 関数を入力するセルを選択する（❶）。関数を入力する最も基本的な手順は、「関数」ボタンをクリックして、関数リストから選択する（❷❸）。「SUM」を選ぶと「=SUM(　)」のように式が入力されるので、合計範囲（ここではB2～B15セル）をドラッグして指定し、「Enter」キーで確定する（❹❺）

入力する関数がわかっているなら、手入力のほうが簡単なこともある。関数では計算対象のセルや条件などを「引数」として指定するが、関数によって引数の書式が異なるため、引数の指定で迷うことも多い。Googleスプレッドシートでは、入力の状況に応じてヒントが表示されるのでわかりやすい（**図3**）。

手入力はヒントが手助け

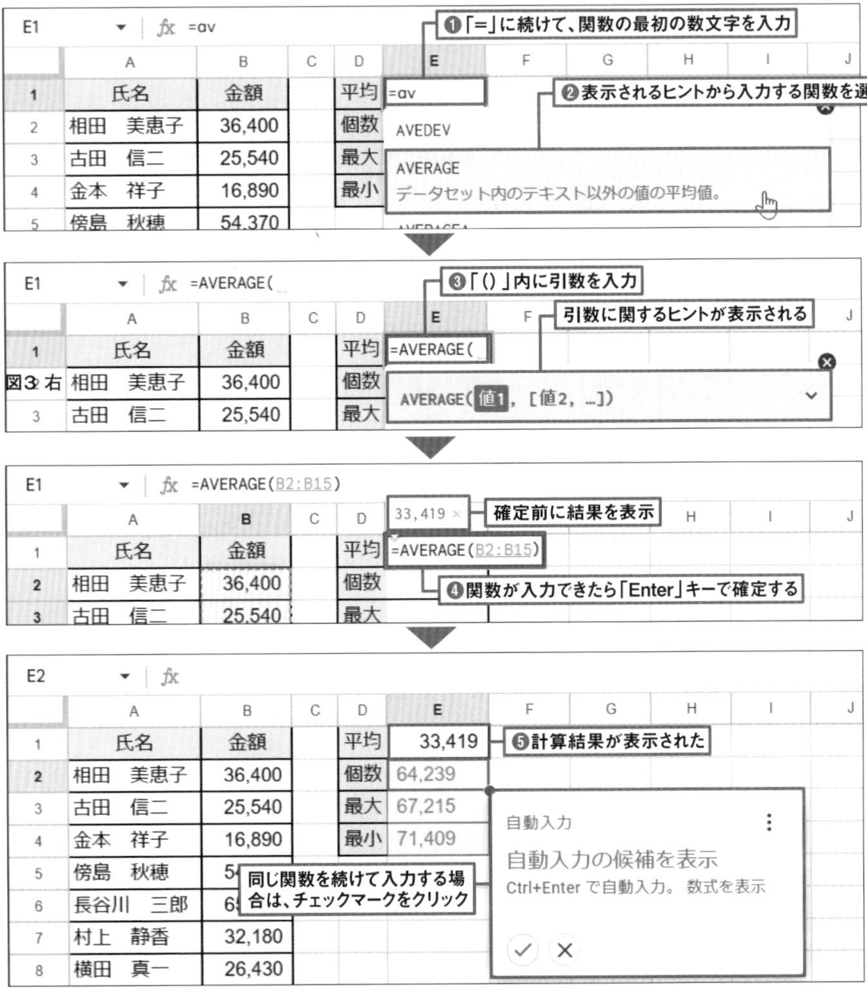

❶「=」に続けて、関数の最初の数文字を入力
❷表示されるヒントから入力する関数を選択
AVEDEV
AVERAGE
データセット内のテキスト以外の値の平均値。
❸「()」内に引数を入力
引数に関するヒントが表示される
AVERAGE(値1, [値2, …])
=AVERAGE(B2:B15)
確定前に結果を表示
❹関数が入力できたら「Enter」キーで確定する
❺計算結果が表示された
自動入力
自動入力の候補を表示
Ctrl+Enter で自動入力。 数式を表示
同じ関数を続けて入力する場合は、チェックマークをクリック

図3　関数の式は手入力することもできる。関数の入力中は、随時入力のヒントが表示されるのでわかりやすい（❶～❸）。数式を確定すると、計算結果が表示される（❹❺）。同じ関数が続く場合は、表示される「自動入力」のパネルでチェックマークをクリックすることで自動入力も可能だ（図の例では利用しない）

Googleスプレッドシートには、Excelにはない便利な関数もある(**図4**)。特にビジネス文書で役立ちそうなものをいくつか紹介しよう。

GOOGLETRANSLATE関数は、指定したセルの内容を別の言語に翻訳する(**図5**、**図6**)。グーグルの翻訳サービス「Google翻訳」の機能を利用したものだ。

仕事に役立つGoogleスプレッドシート独自の関数

関数	用途	使用方法
GOOGLETRANSLATE	指定したセルの文字列を翻訳	=GOOGLETRANSLATE(A3,"変換前の言語","変換後の言語")
IMPORTRANGE	指定したURLのWebサイトにあるテーブルやリストのデータ範囲を引用。リアルタイムに反映	=IMPORTRANGE("スプレッドシートのURL","シート1!A1:B3")
ARRAYFORMULA	先頭のセルに入力した関数を複数のセルに自動コピー。セル範囲をまとめて計算	=ARRAYFORMULA(A1:A3+B1:B3)
ISURL	有効なURLかどうかを判定	=ISURL("URL")
UNIQUE	指定したセル範囲の重複を除いてリアルタイムで表示	=UNIQUE(A1:A14)
IMAGE	指定したURLの画像を表示	=IMAGE("URL")

図4 仕事の時短に役立ちそうなGoogleスプレッドシートの独自関数の例

GOOGLETRANSLATE:指定したテキストやセルを翻訳

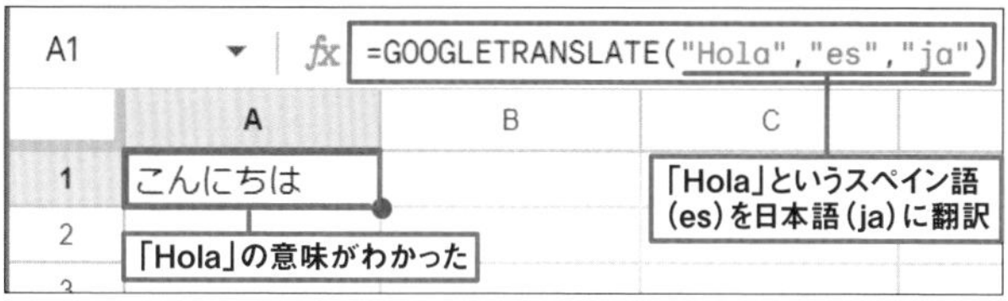

図5 この例では、「Hola」という言葉を直接引数に入力。変換前はスペイン語なので「es」、日本語に翻訳したいので「ja」と入力する。国ごとに決まっている言語コードがあり、英語は「en」、中国語は「zh」、韓国語は「ka」だ

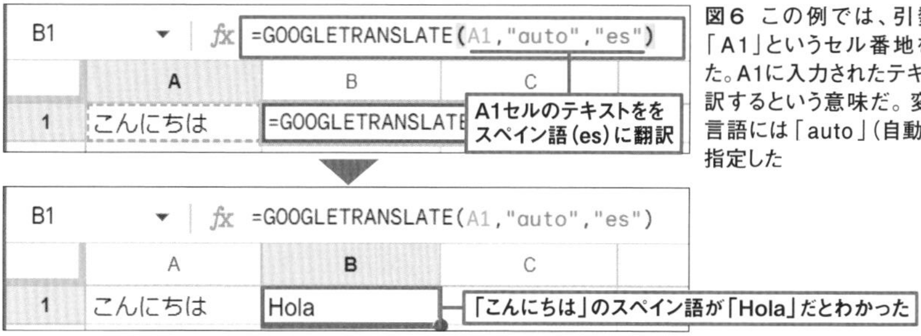

図6 この例では、引数として「A1」というセル番地を指定した。A1に入力されたテキストを翻訳するという意味だ。変換前の言語には「auto」(自動認識)を指定した

IMPORTRANGE関数は、クラウド上で動作するアプリの特徴を生かした関数といえる。Googleドライブに保存したファイルには個別のURLが割り振られるが、そのURLで指定したファイルのデータをリンクさせることができる（**図7**）。参照したいファイルを開き、URLをコピーすれば準備完了（**図8**）。リンクした情報を表示させるセルを選択し、関数式を入力する（**図9**）。最初にリンクする際は、アクセス許可が必要だ（**図10**）。

IMPORTRANGE：ほかの表にあるセル範囲を参照

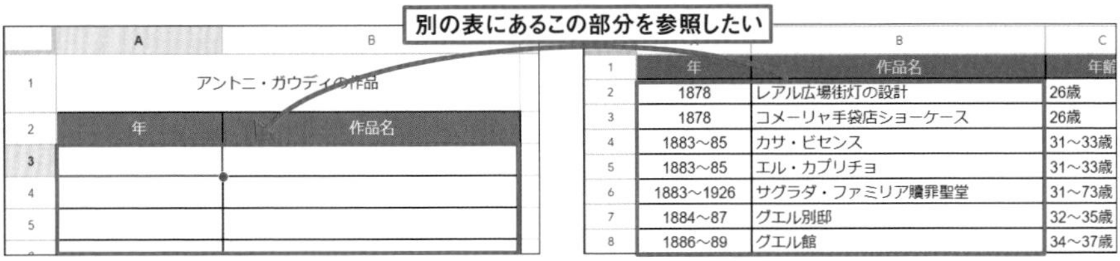

図7 IMPORTRANGE関数を使うと、Googleドライブにある別ファイルの表データを参照（リンク）できる

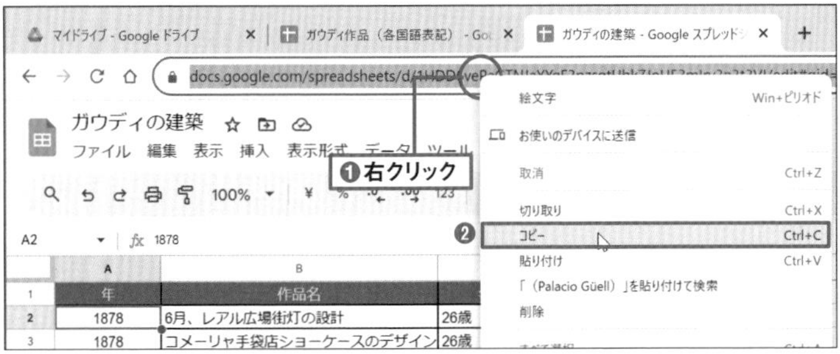

図8 参照したい表のあるファイルをGoogleスプレッドシートで開き、URLをコピーする（❶❷）

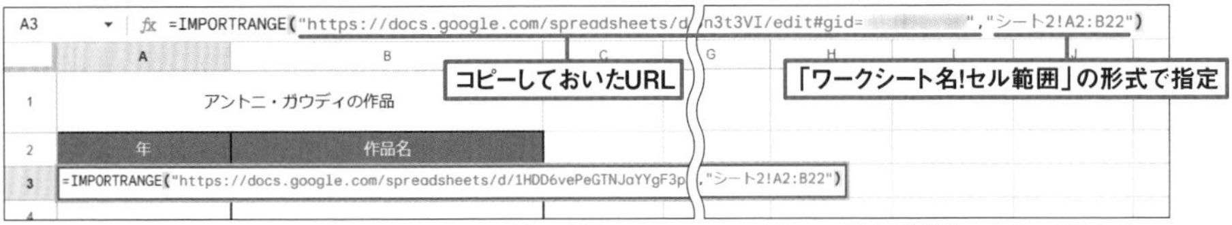

図9 IMPORTRANGE関数の第1引数にURL、第2引数にワークシート名とセル範囲を「"」でくくって指定する

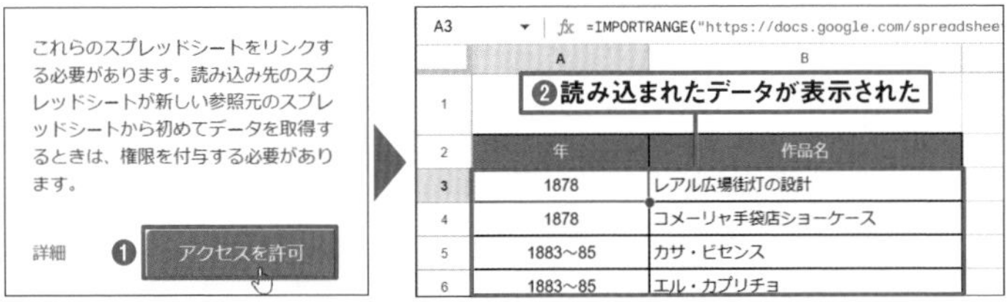

図10 初めてリンクする際は、アクセス許可を求められるので「アクセスを許可」をクリック（❶）。指定したセル範囲のデータが読み込まれる（❷）

連続するセルに同じ数式を入力することは多い。そんなときに利用したいのが、先頭セルの数式を複数行や複数列に対してまとめて実行するARRAYFORMULA関数。1つのセルに入力した関数はそのセルのみで動作するので、同じ数式が必要ならコピーするのが一般的だ（**図11**）。しかし、この関数では対象を「配列」（セル範囲）で指定することで、隣接するセルにも一括して計算結果を表示してくれる（**図12**）。

ARRAYFORMULA：先頭セルの数式でセル範囲をまとめて計算

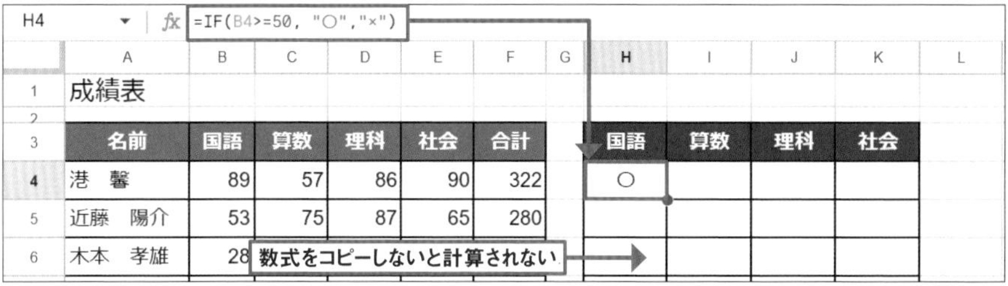

図11 H3セルには、「B列の点数が50以上なら○、50未満なら×」という数式を入力した。その結果、H4セルのみに「○」が表示される。縦横に隣接するセルにも同様の数式をコピーしなくてはならない

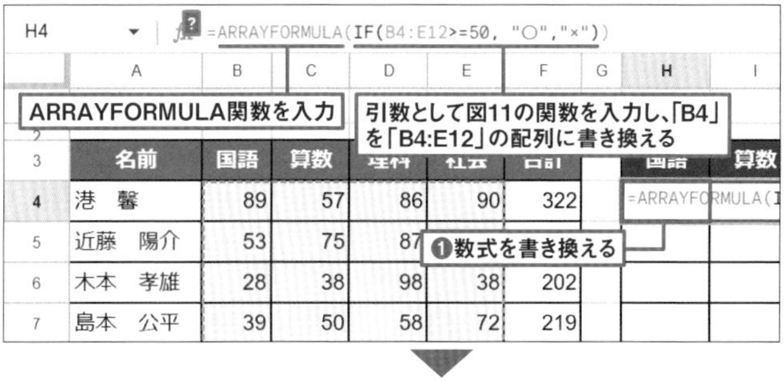

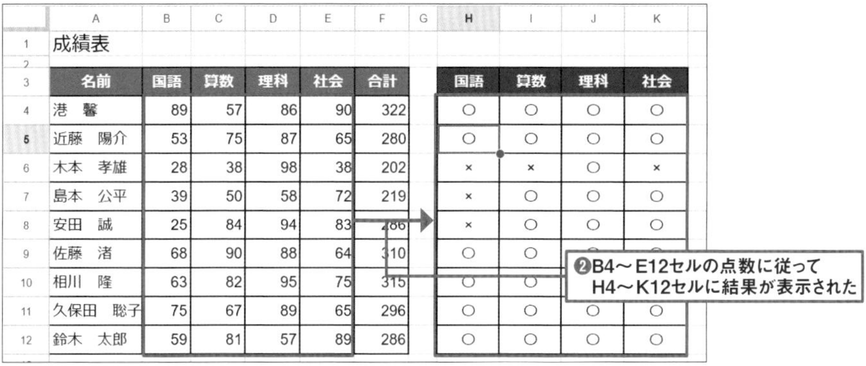

図12 図11の数式を書き換える。ARRAYFORMULA関数を入力し、その引数として図11の数式を入力するが、引数の対象セルを「B4」ではなく、「B4:E12」のようにセル範囲で指定する（❶）。数式を入力したH4セルだけでなく、対応するセル範囲全体に計算結果が表示される（❷）

図11のような数式は「関数を使うよりオートフィルでコピーするほうが簡単」かもしれない。しかし、絶対参照と相対参照を組み合わせないと正しく計算できない表でもARRAYFORMULA関数を使えば一発で計算できる（**図14**）。

表に重複するデータが含まれるので、重複を削除したい――。そんなときに役立つのが一意の値のみをリストアップするUNIQUE関数だ（**図15**）。

ARRAYFORMULA：参照方式を気にせずセル範囲をまとめて計算

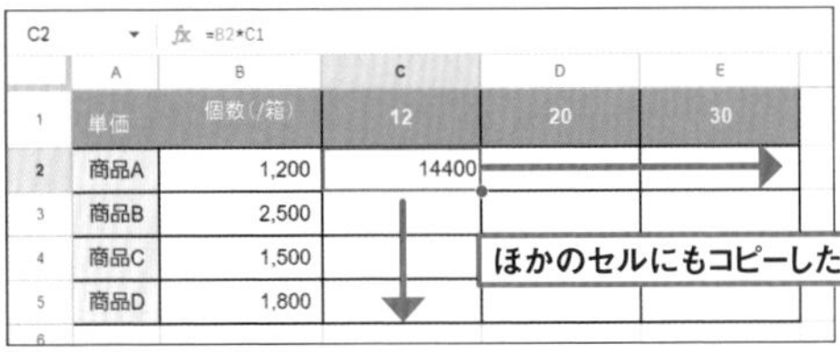

図13　B列に単価、1行目に個数が入力された表。C2セルで「単価×個数」を計算する式は、「=B2*C1」だが、ほかのセルにもコピーするには、B列と1行目を絶対参照にして「=$B1*C$1」のように入力しなくてはならないので、慣れないと面倒だ

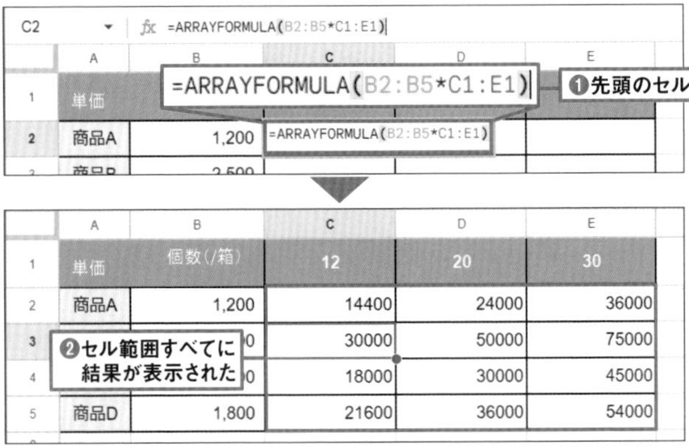

図14　ARRAYFORMULA関数では、単価を「B2:B5」、個数を「C1:E1」のように配列で指定すれば、一発で計算できる（❶❷）

UNIQUE：重複しないユニークなデータのみをリスト表示

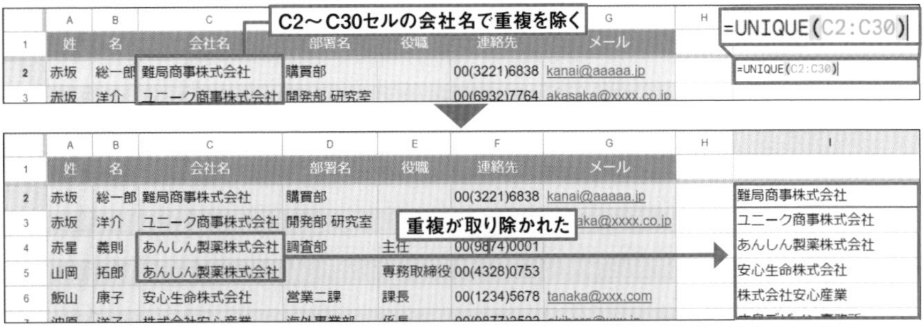

図15　重複するデータを除いたリストを作りたいなら、UNIQUE関数でセル範囲を引数に指定すればよい

第6章

Googleスライドでどこでもプレゼン

「Googleスライド」は、その名の通りスライド作成用のアプリ。PowerPointのスライドを表示・編集できるほか、オリジナルのスライドを作成する機能もひと通りそろっている。Web上のコンテンツを利用したり、双方向性を生かしたプレゼンがしやすい点も大きなメリットだ。

Section 01 GoogleスライドとPowerPointは特徴を生かして使い分け

「Googleスライド」は、スライドを作成するアプリ。PowerPoint形式のファイルだけでなく、PowerPointのスライドショーファイルも閲覧や編集が可能だ（**図1**）。使用するファイルは、Googleドライブにアップロードしておくとスムーズに作業できる。ただし、利用できるフォント、図形、色などが異なるので、変換時にデザインが変わる部分がある。

PowerPointファイルを編集するには

図1　Googleドライブにアップロードした PowerPoint形式（拡張子「.pptx」「.ppt」）のファイルは、形式を変えずにそのまま編集できる（左）。スライドショー形式（拡張子「.ppsx」「.pps」）のファイルは、「Googleスライドで開く」を選ぶことでGoogleスライド形式に変換され、編集可能になる（右）

デザイン機能ではPowerPointに及ばないGoogleスライドだが、利点も多い（**図2**）。PowerPointとGoogleスライドには互換性があるので、それぞれの特徴を生かしてスライドを作成し、必要に応じて変換すればよい。ほかのスライドファイルから、一部のスライドだけを流用するのも簡単だ（**図3**）。

なお、Googleスライドからは、PowerPoint、ODP、PDF、書式なしテキスト、JPEG、PNG、SVGの各形式でダウンロードできる。

Googleスライドを使う利点

- **パソコンでもスマホでも、ネット環境さえあればどこでもプレゼン作成**
- **PowerPointファイルもPowerPointスライドファイルも編集OK**
- **過去の履歴から復元が可能**
- **共同作業が手軽にできる**
- **プレゼン中に質問や意見を受け付けられる**
- **便利なアドオンを追加可能**

図2 Googleスライドは、Webアプリならではの手軽さで、どこでも誰とでも共同作業ができるなど、使えばわかる利点がある

ほかのファイルから一部のスライドをインポート

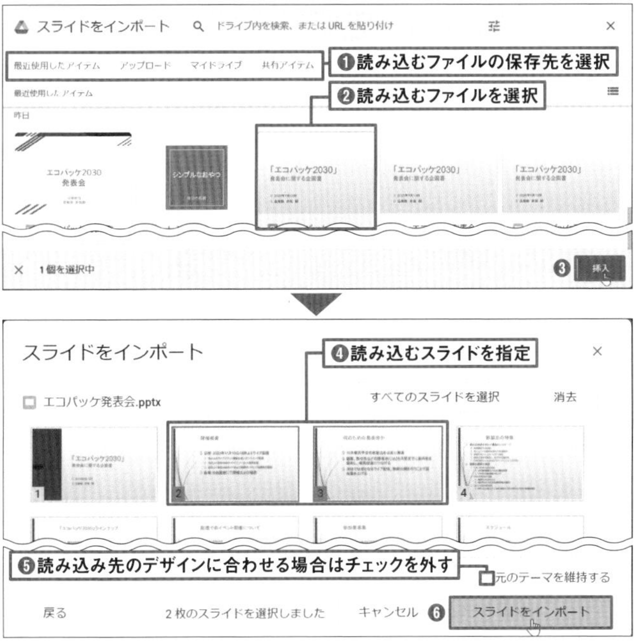

図3 「ファイル」メニューから「スライドをインポート」を選んで、読み込むファイルを選択する（❶～❸）。選択したファイル内のスライドがサムネイルで表示されるので、読み込みたいスライドだけを指定する（❹）。新しいファイルのデザインに合わせる場合は、「元のテーマを維持する」のチェックを外してから「スライドをインポート」を押す（❺❻）

Section 02 Googleスライドでスライドを新規作成する

スライドを新規に作成する流れをつかもう。スライドはデザインが重視されることが多い。先にデザインを決めたいなら、テンプレートから選んで作成を始める（**図1**）。Googleスライドを起動すると、テンプレートの選択画面が開くので、好みのデザインを選べばよい。Googleドライブの「新規」から「Googleスライド」を選択した場合には、空白のテンプレートで新規作成画面が開く。いずれの場合も、テンプレートは後から何度でも変更

図1 Googleスライドを起動する（❶❷）。白紙から作る場合は「空白」を選んでもよいが、デザインから決めたい場合は「テンプレートギャラリー」をクリック（❸）。テンプレートをクリックすると作成画面が開く（❹）

できるのでとにかく先に進もう。

ここでは空白のテンプレートで作業を始める。空白とはいっても、テキストやオブジェクトの配置を示す「プレースホルダー」が表示され、クリックするだけでスライドタイトルを入力できる（**図2**）。文字位置や配置は変更できるが、後でテンプレートを選ぶと変わってしまうことがあるので、ここではあまり気にせず入力を進める。2ページ目以降のスライドは、プレースホルダーが配置されたレイアウトから選んでも、空白ページに自分でテキストボックスなどを配置してもかまわない（**図3**）。

まずは書式を気にせずテキスト入力

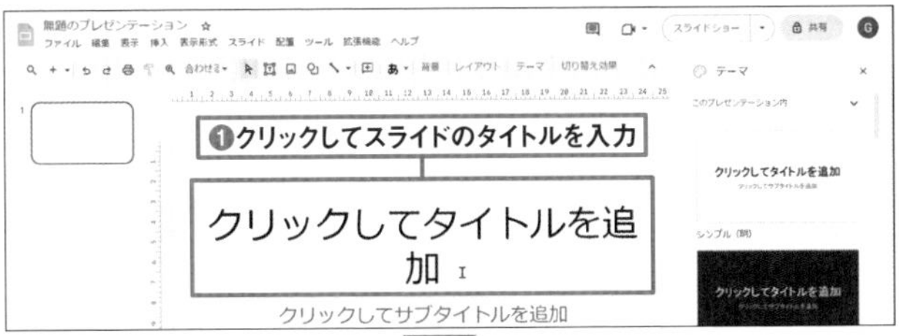

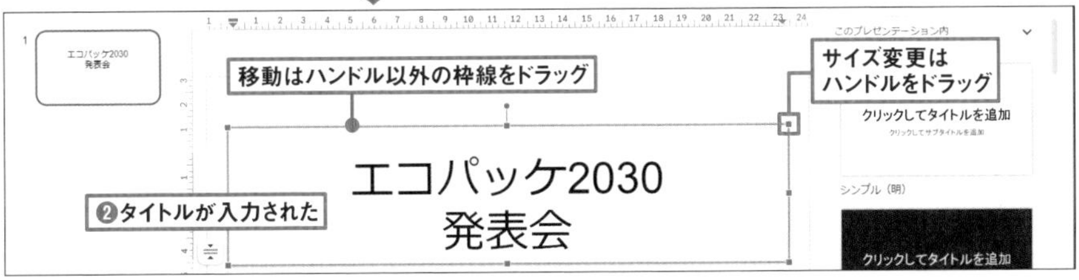

図2 タイトル用のスライドが表示される。「クリックして…を追加」と書かれた枠はテキスト用のプレースホルダーなので、クリックしてタイトルやサブタイトルを入力する（❶❷）。プレースホルダーは移動やサイズ変更もできるが、この段階で書式を気にする必要はない

2ページ目以降のスライドを追加する

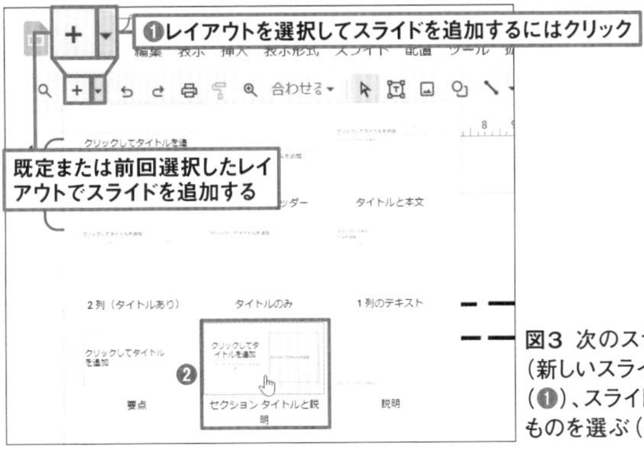

図3 次のスライドを作成する。ツールバーにある「＋」（新しいスライド）ボタンの右にある「▼」をクリックすると（❶）、スライドのレイアウト一覧が開くので、目的に合うものを選ぶ（❷）

テキストをある程度入力できたら、内容に応じたデザインを選ぼう。スライドの作成画面右側には、「テーマ」のサイドパネルが表示される。テーマは、背景や文字書式などを一括して変更できるデザインセットだ。テーマを選ぶだけで、デザインを一新できる（**図4**）。サイドパネルが表示されていない場合は、ツールバーで「テーマ」を選ぶか、「スライド」メニューから「テーマを変更」を選択すれば表示できる。

新しいテーマがスライドの全ページに適用される。内容に合わないデザインであれば、再度テーマを選び直せばよい。

テーマを変えてデザイン一新

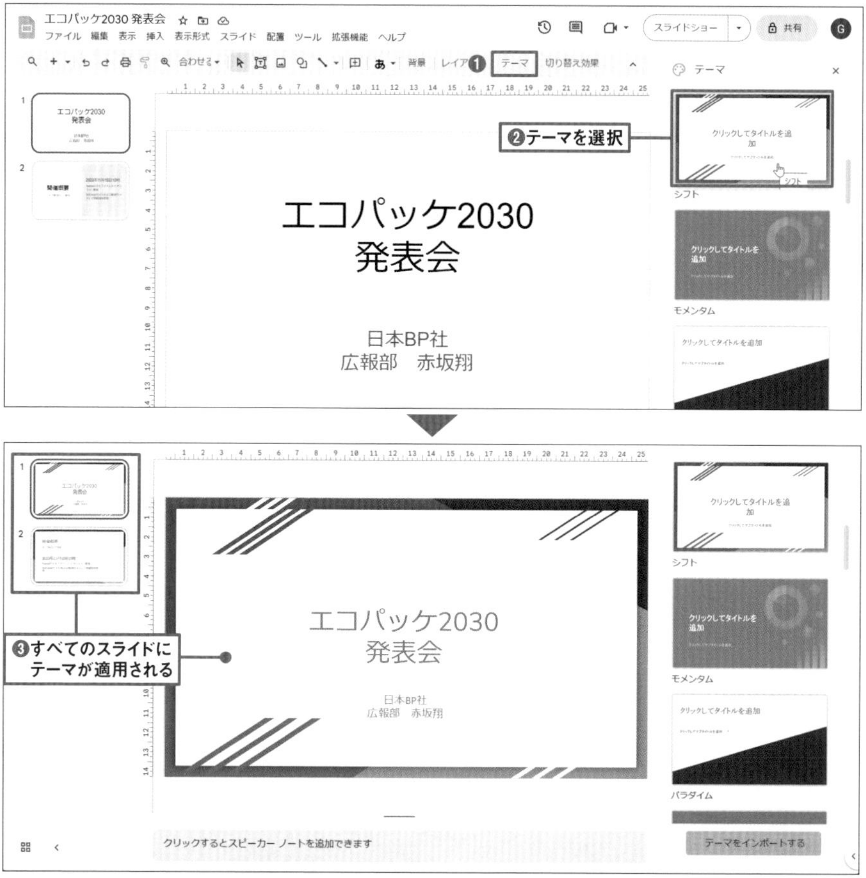

図4 ツールバーで「テーマ」を選ぶと（❶）、画面右側にテーマのサイドパネルが開く。好みのテーマをクリックすると（❷）、作成済みのスライド全体に適用される（❸）

テーマを変更すると、テキストの配置なども変わるので、スライドごとにチェックが必要だ。テーマごとに文字書式も設定されているが、「タイトルはもっと大きな文字に」といった場合は個別に変更できる。書式は「表示形式」メニューから選択することもできるが、専用のツールバーを表示させると作業が楽になる。テキストボックスを選択して、ツールバー右端の「⋮」(もっと見る)をクリックすると、ツールバーが表示される(**図5**)。箇条書き記号の変更もツールバーなら簡単だ(**図6**)。書式設定が終わったら、再度「⋮」をクリックすれば、ツールバーが非表示になる。

文字に関する書式変更は専用ツールバーを表示

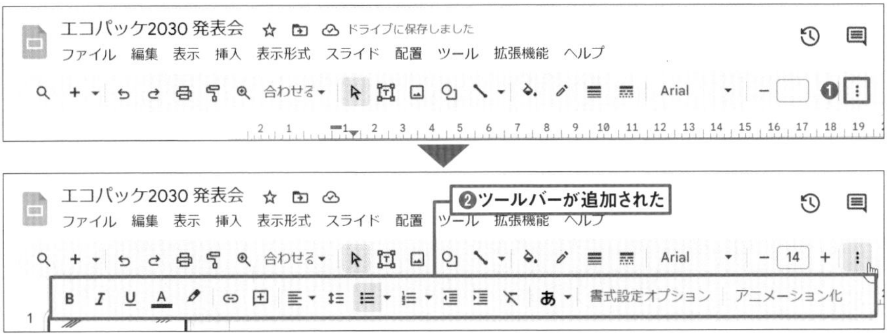

図5 テキストボックスを選択して右端の「⋮」(もっと見る)をクリックすると(❶)、2段目のツールバーが表示される(❷)

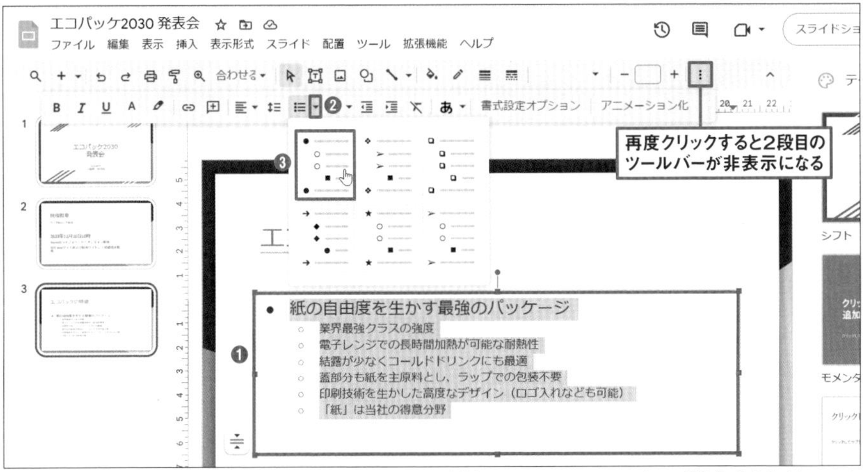

図6 箇条書きの行頭記号を変更するテキストを選択する(❶)。追加されたツールバーで「箇条書き」ボタンの右の「▼」をクリックし、記号を選ぶ(❷❸)。「表示形式」メニューから選ぶより簡単だ

Section 03 スライドに画像や動画を追加 YouTubeから直接挿入も

もちろん、スライドに画像や動画を入れることもできる。特徴は、GoogleフォトやYouTubeといったグーグルが運営するサービスから直接挿入できることだ。

画像を挿入する際は、パソコンやGoogleドライブ上のファイルに加えて、「フォト」(Googleフォト)から選択することも可能。Web上の画像を検索したり、URLを指定して挿入したりもできる(**図1**、**図2**)。挿入できる画像ファイルの形式は、JPG、PNG、SVG、

画像は保存場所を選んで挿入

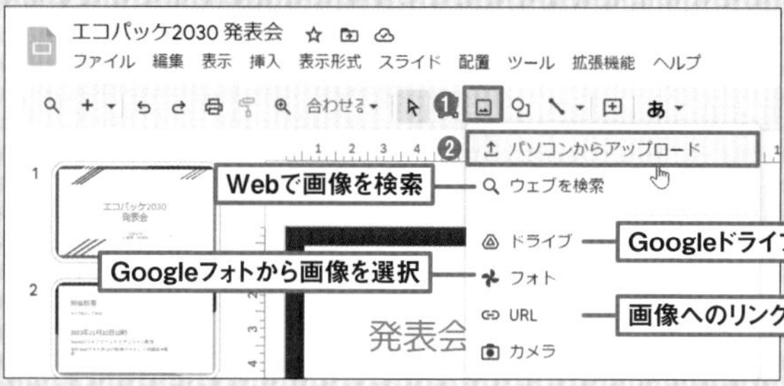

図1 ツールバーから「画像の挿入」ボタンを押すか(❶)、「挿入」メニューから「画像」を選択する。パソコン内の画像を使うなら「パソコンからアップロード」を選ぶ(❷)

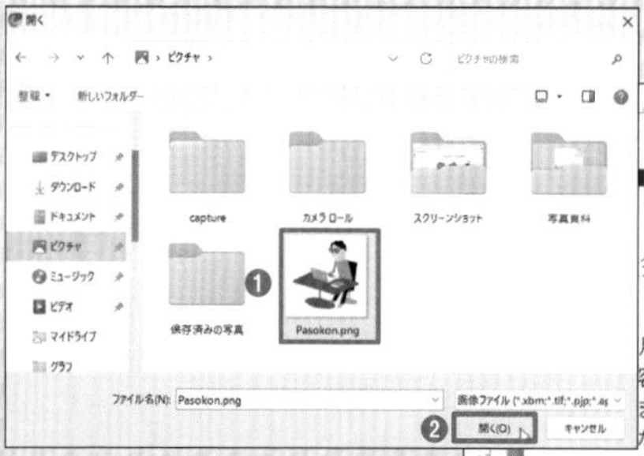

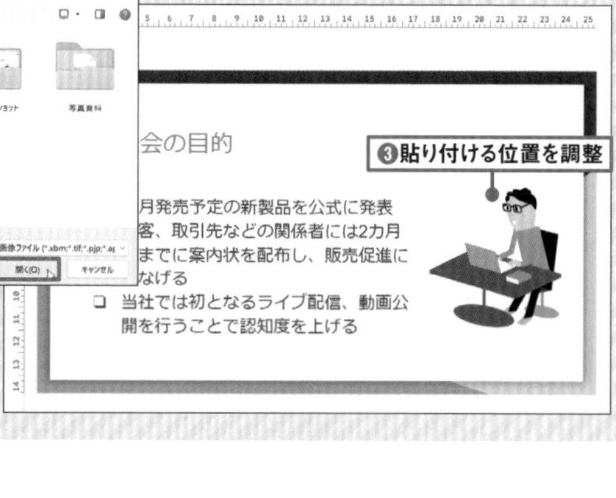

図2 貼り付ける画像ファイルを選択し、「開く」を押す(❶❷)。スライド上に画像が表示されるので、位置や大きさを調整する(❸)

TIFF、BMPなどだ。

「挿入」メニューから「動画」を選ぶと、YouTubeの動画検索画面が表示される（**図3**）。この画面では、YouTubeにアップロードされた動画を検索するだけでなく、Googleドライブを含めたWeb上の動画のURLも指定できる（**図4**）。

なお、画像や動画は著作権で保護されているものも含めて検索される。使用する場合は、著作権を侵害しないように注意しよう。

YouTubeから動画を貼る

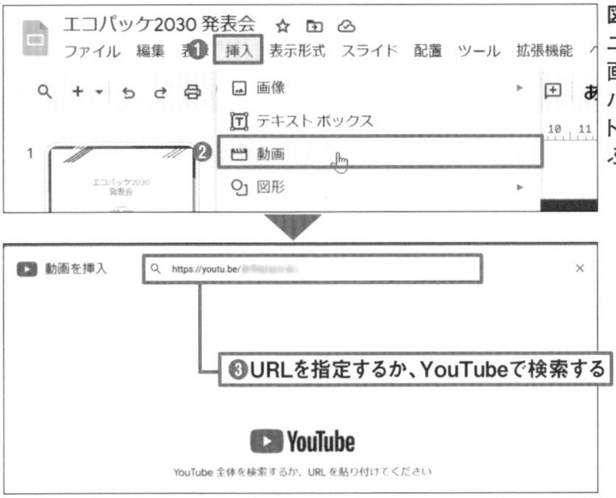

図3 動画を挿入する場合は、「挿入」メニューから「動画」を選択する（❶❷）。「動画を挿入」画面が表示されるので、アドレスバーに動画のURLを入力するか、キーワードを入力してYouTubeで検索して動画を選ぶ（❸）

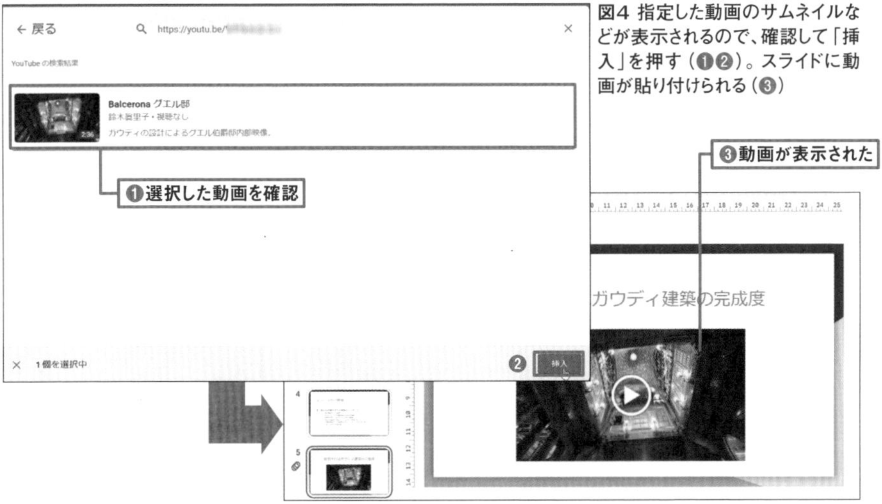

図4 指定した動画のサムネイルなどが表示されるので、確認して「挿入」を押す（❶❷）。スライドに動画が貼り付けられる（❸）

Section 04

切り替え効果や動きで演出 スライドの見栄えをアップ

見栄えのするプレゼンテーションに仕上げるには、次のスライドに切り替えるときの特殊効果を設定しよう。次のスライドが徐々に表示される「ディゾルブ」や「フェード」など、スライド切り替え時の効果は「切り替え効果」で設定する（**図1**）。

「スライド」メニューから「切り替え効果」を選ぶと、画面右側に「モーション」サイドパネルが開く（**図2**）。プレゼンテーションに動きを設定するためのパネルだ。「スライドの移

次のスライドへの切り替え効果を設定

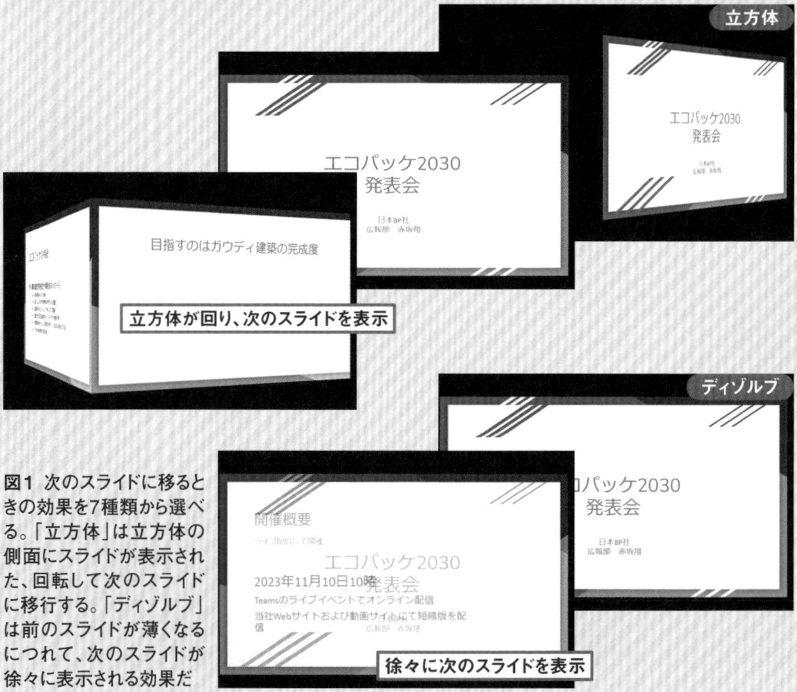
立方体
エコパッケ2030
発表会
目指すのはガウディ建築の完成度
立方体が回り、次のスライドを表示
ディゾルブ
開催概要
2023年11月10日10時
Teamsのライブイベントでオンライン配信
当社Webサイトおよび動画サイトにて短縮版を配信
徐々に次のスライドを表示

図1 次のスライドに移るときの効果を7種類から選べる。「立方体」は立方体の側面にスライドが表示された、回転して次のスライドに移行する。「ディゾルブ」は前のスライドが薄くなるにつれて、次のスライドが徐々に表示される効果だ

行」欄で切り替え効果を選び、「すべてのスライドに適用」をクリックすると、選択した効果が全スライドに適用される。サイドパネル下部にある「再生」を押すと、指定した効果がプレビュー表示される。確認して気に入らなければ別の効果に変更したり、動作速度を調整したりする。

文字や画像に、個別に「アニメーション」効果を指定することも可能。効果を適用するテキストボックスや画像などを選択し、効果の種類や速さを設定する（**図3**）。

効果を選択し、動く速さなどを設定

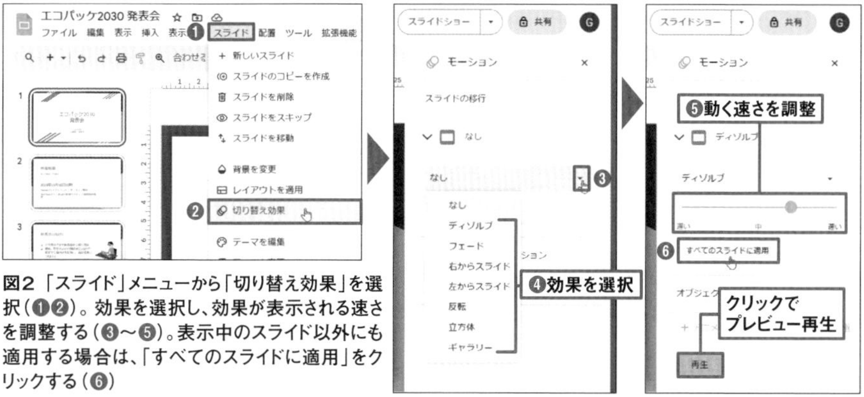

図2 「スライド」メニューから「切り替え効果」を選択（❶❷）。効果を選択し、効果が表示される速さを調整する（❸〜❺）。表示中のスライド以外にも適用する場合は、「すべてのスライドに適用」をクリックする（❻）

文字や画像にアニメーション効果を設定

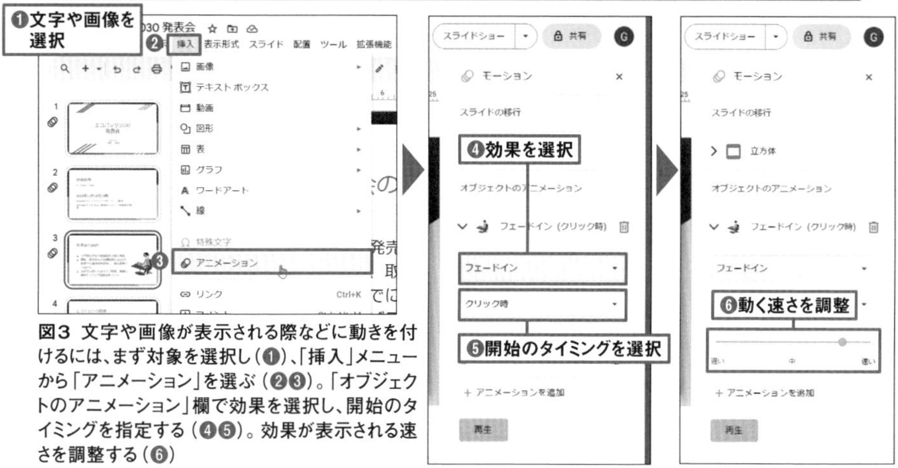

図3 文字や画像が表示される際などに動きを付けるには、まず対象を選択し（❶）、「挿入」メニューから「アニメーション」を選ぶ（❷❸）。「オブジェクトのアニメーション」欄で効果を選択し、開始のタイミングを指定する（❹❺）。効果が表示される速さを調整する（❻）

Section 05 インタラクティブなQ&Aでプレゼンの効果を上げる

作成したスライドを再生してみよう。実際のプレゼンの前に何度か再生して、時間内に収まるか、次のスライドへの切り替えのタイミングは適切かなどを確認する。

Googleスライドのスライドショーには、参加者からの質問をWebのフォームを使ってリアルタイムで受け付けられる「Q&A」機能がある（**図1**）。PowerPointにはない独自の機能だ。その使い方も含めて、スライドショーの再生方法を説明していこう。

図1　「Q&A」機能を使うと、参加者からWebのフォームで質問を受け付けられる

スライドショーを再生するには、画面右上の「スライドショー」ボタンから「最初から開始」を選ぶ（**図2**）。途中のスライドから再生する場合は、開始するスライドを表示させ、「スライドショー」ボタンをクリックすればよい。

最初のスライドが全画面で表示される（**図3**）。Googleスライドのスライドショーでは、クリックで次のスライドやアニメーション効果を表示する設定になっている。再生を中断してスライド編集に戻る場合は、「Esc」キーを押す。別の画面でプレゼンを行う場合は、図2で「別の画面に表示」を選択して再生するスクリーンを選択する。

スライドショーを再生

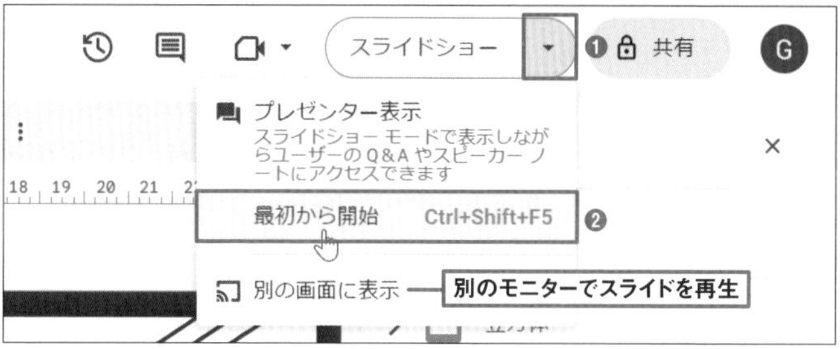
スライドショー
❶
共有
G
プレゼンター表示
スライドショー モードで表示しながらユーザーのQ&Aやスピーカー ノートにアクセスできます
最初から開始 Ctrl+Shift+F5
❷
別の画面に表示
別のモニターでスライドを再生

図2 最初のスライドから再生するには、「スライドショー」の右側にある「▼」をクリックし、「最初から開始」を選択する（❶❷）

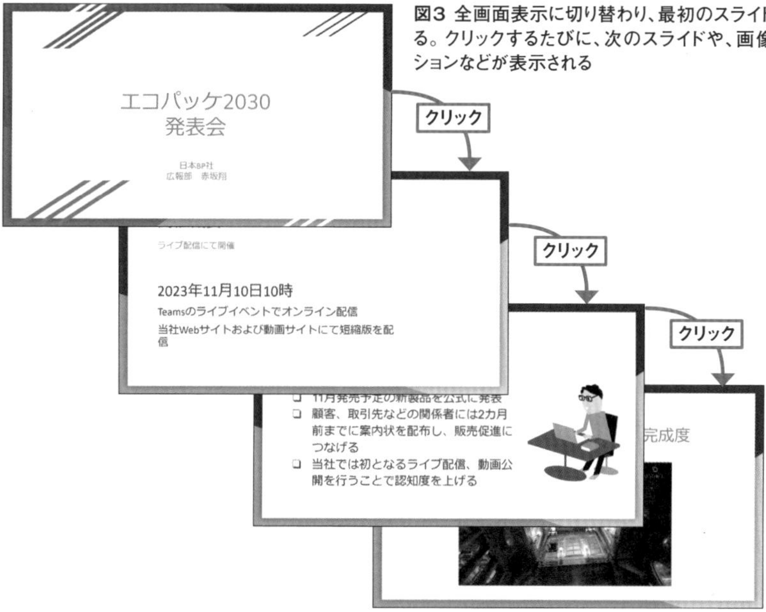
エコパック2030
発表会
クリック
ライブ配信にて開催
2023年11月10日10時
Teamsのライブイベントでオンライン配信
当社Webサイトおよび動画サイトにて短縮版を配信
クリック
顧客、取引先などの関係者には2カ月前までに案内状を配布し、販売促進につなげる
当社では初となるライブ配信、動画公開を行うことで認知度を上げる
クリック
完成度

図3 全画面表示に切り替わり、最初のスライドが表示される。クリックするたびに、次のスライドや、画像のアニメーションなどが表示される

スライド再生中、操作が必要な場合は画面左下にマウスのポインターを移動すると、プレゼンターの画面にだけミニツールバーが表示される（**図4**）。ツールバー左側には現在のスライド番号が表示され、「<」「>」をクリックすると前後のスライドを表示できる。

次のスライドへの切り替えを一定時間ごとに自動で行う場合は、ミニツールバー右端にある「︙」をクリックする。表示されるメニューから「自動再生」を選び、スライドの切り替え間隔を選択する。

スライド再生中、参加者からの質問を受け付けるには、ミニツールバーのメニューから「Q&A」を選択する（**図5**）。開く別画面で「新しいセッションを開始」をクリックすると、スライドの上部にURLが表示される（**図6**）。参加者はそのURLにアクセスすれば、質問を送信できる（**図7**）。匿名での質問も可能だ。

参加者からの質問は、プレゼンターの画面だけでなく、Q&AのURLにアクセスしているほかの参加者の画面にもリアルタイムで表示される。ほかの参加者は、質問に対して「いいね」を押して意思表示ができる。プレゼンターは質問をプレゼン画面に表示させることができるので、質問にすぐ答えるインタラクティブなプレゼンが可能だ。Q&Aを終了すれば、元のプレゼン画面に戻れる。

次のスライドを自動表示

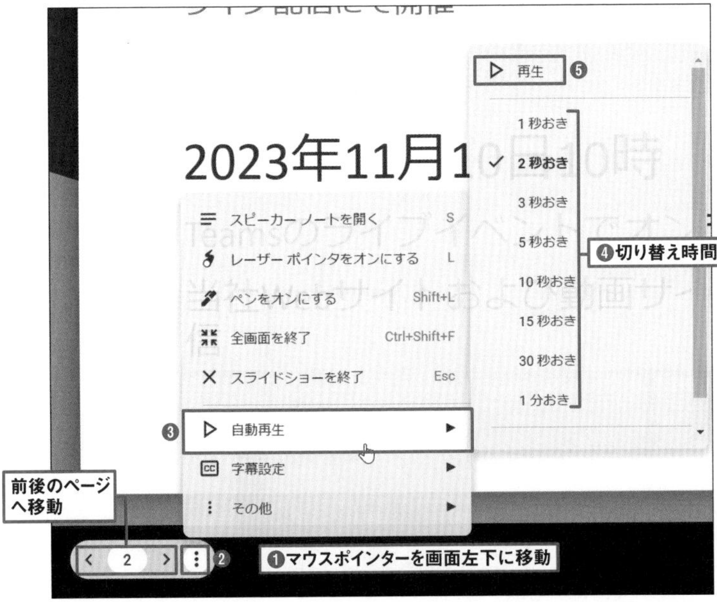

図4　マウスポインターを画面左下に移動すると、ミニツールバーが表示される（❶）。「︙」をクリックし、「自動再生」からスライドを切り替える間隔を選択する（❷〜❹）。「再生」をクリックすると、自動再生が始まる（❺）

Q&A機能で質問を受け付ける

図5 ミニツールバーの「⋮」をクリックし（❶）、「その他」から「Q&A」を選択する（❷❸）

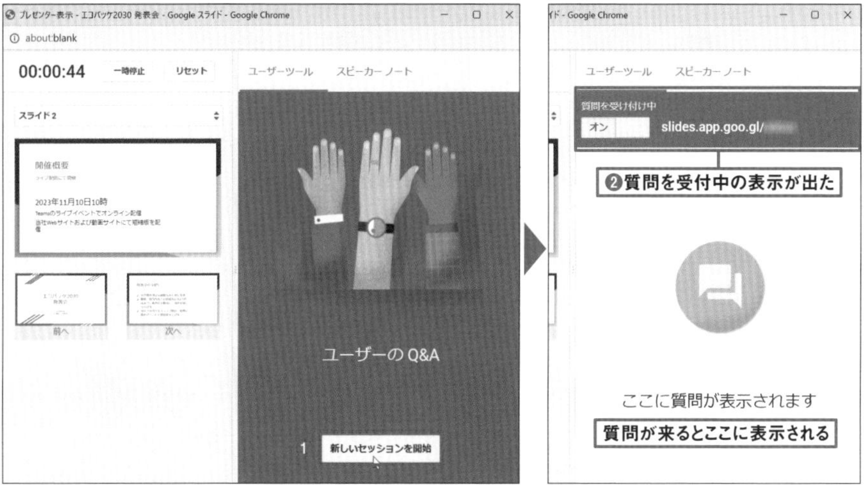

図6 スライドとは別画面で「プレゼンター表示」が開く。「新しいセッションを開始」をクリックすると、質問の受付が始まる（❶）。スライド上部に質問用のURLが表示され、アクセスした人が質問を投稿できるようになる（❷）

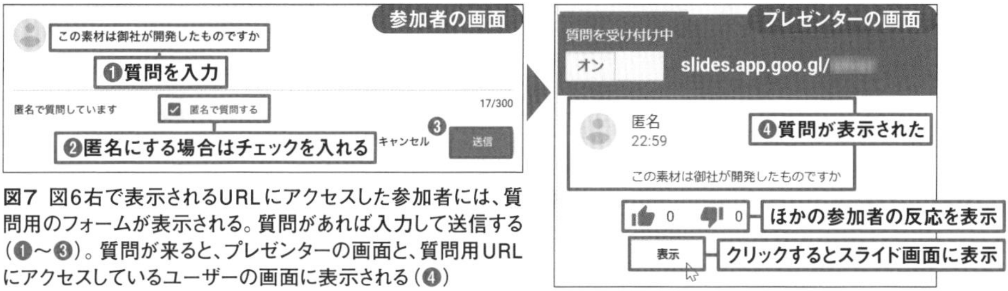

図7 図6右で表示されるURLにアクセスした参加者には、質問用のフォームが表示される。質問があれば入力して送信する（❶〜❸）。質問が来ると、プレゼンターの画面と、質問用URLにアクセスしているユーザーの画面に表示される（❹）

Section 06 完成したスライドをWebで公開し共有する

完成したスライドファイルを、Webで簡単に公開できるのもGoogleスライドの利点だ（**図1**）。関係者に知らせて自由に見てもらうことができる（**図2**）。

なお、図2左で「埋め込む」を選ぶと、Webページに埋め込んで直接表示するためのHTMLタグが表示される。自社のWebサイトで公開する場合などに利用したい。

リンクで共有、Webページ上で表示も可能

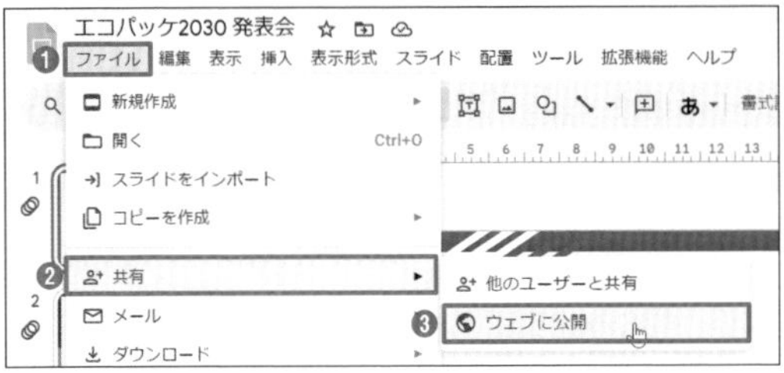

図1 公開するスライドファイルを開いて、「ファイル」メニューから「共有」の「ウェブに公開」を選択する（❶～❸）

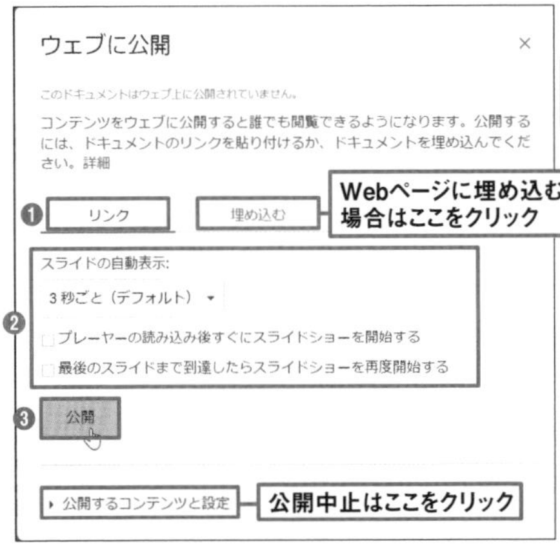

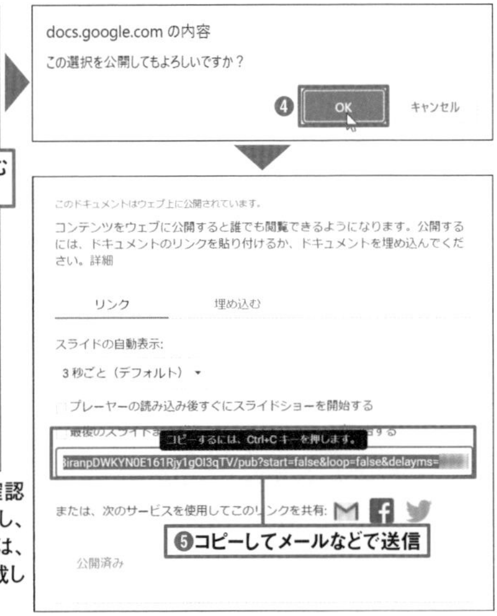

図2 リンクを取得する場合は、「リンク」タブで設定を確認し、「公開」を押す（❶～❸）。確認画面で「OK」を選択し、表示されるURLをコピーする（❹❺）。コピーしたURLは、メールなどで必要な人に送信したり、Webページに掲載したりできる

第7章

アンケートやテストはGoogleフォームで楽々

アンケート用紙を配布して1枚ずつ回収・集計するのは大変だ。メールでPDFなどを配布しても、この手間は変わらない。そこで利用したいのが、Google フォーム。Web 上にアンケートフォームを作成し、オンラインで回答を受け付ける。結果は自動で集計が可能だ。

Section 01 Web上で回答できるアンケートを簡単作成

「Googleフォーム」は、アンケートなどの質問フォームを簡単に作成し、配布から回答の集計まで自動化してくれる便利なアプリ（**図1**）。多くの人から意見を募る場面で役に立つ。利用してみれば、その便利さを実感できるはずだ。

Googleフォームを起動すると、最初にテンプレートを選ぶ画面が表示される（**図2**）。ただ、テンプレートに入っている設問を変更するよりも、「空白」を選んで空白のフォーム

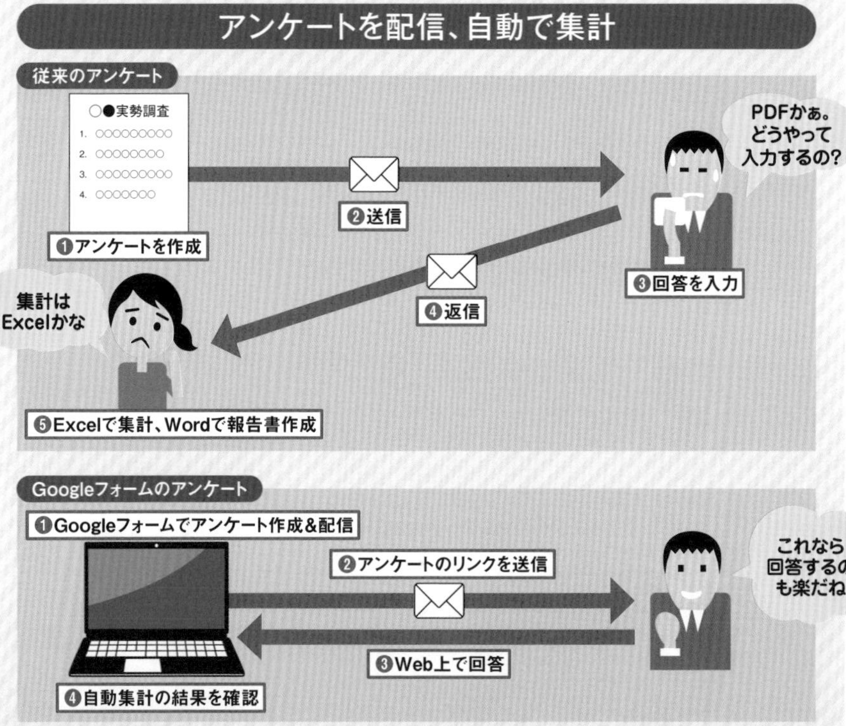

図1 作成から集計まで、パソコンを使っても手がかかった従来のアンケート（上）。Googleフォームを使うと、アンケートの全工程が楽になる（下）

から自由に作成したほうが楽なことが多い。フォームの作成画面が開いたら、アンケートのタイトルと参加者への説明文を入力する（**図3**）。アンケートフォームの上端（ヘッダー）に、画像を表示させることも可能（**図4**、**図5**）。画像を選択すると、画像に応じて全体的な色合いが自動調整される。

空白のフォームからアンケートを作成

図2 Googleフォームを起動して、テンプレートを選ぶ。ここでは「空白」を選択する

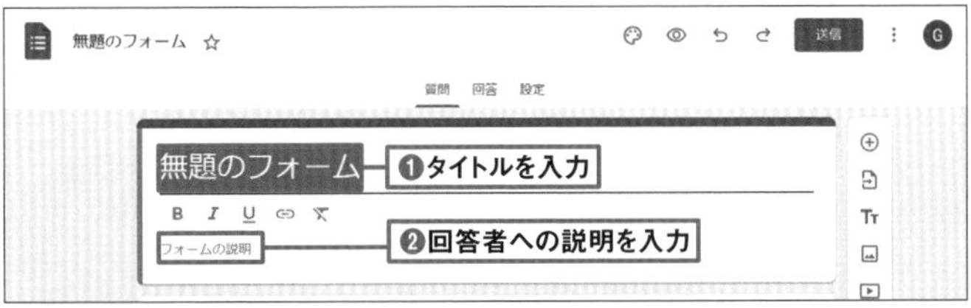

図3 「無題のフォーム」をアンケートなどのタイトルに書き換え、「フォームの説明」に回答者への説明や依頼文を入力する（❶❷）

ページ上端に画像を入れて飾る

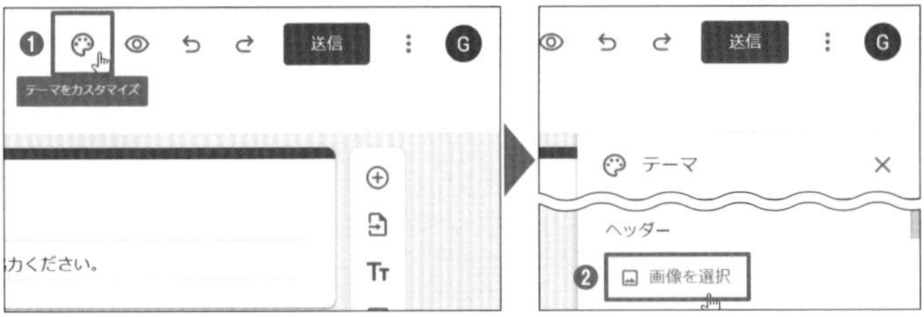

図4 画面右上にあるパレットのアイコン（テーマをカスタマイズ）をクリック（❶）。画面右側に表示される「テーマ」のサイドパネルで「画像を選択」をクリックする（❷）

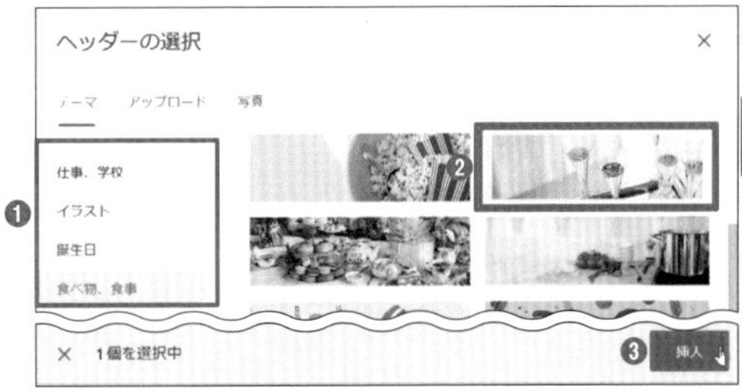

図5 画像の選択画面が表示されるので、分類を選択して画像を選択（❶❷）。「挿入」を押すと、フォームの上部に画像が表示され、画像に合わせて全体的な色調が調整される（❸❹）

Section 02 選択肢をクリックするだけのラジオボタンとチェックボックス

前項で作成したフォームに設問を追加していく。アンケートで多いのが、複数の選択肢から該当するものを選んでもらう設問だ。こうした設問では、回答者がクリックするだけで選択できる「ラジオボタン」や「チェックボックス」を使うと答えやすい。

どちらも複数の選択肢を提示できるが、いずれか1つを選んでもらうときにはラジオボタンを使う（**図1**）。該当する選択肢をいくつでも選択できる場合には、チェックボックスを使う（**図2**）。

「ラジオボタン」と「チェックボックス」の違い

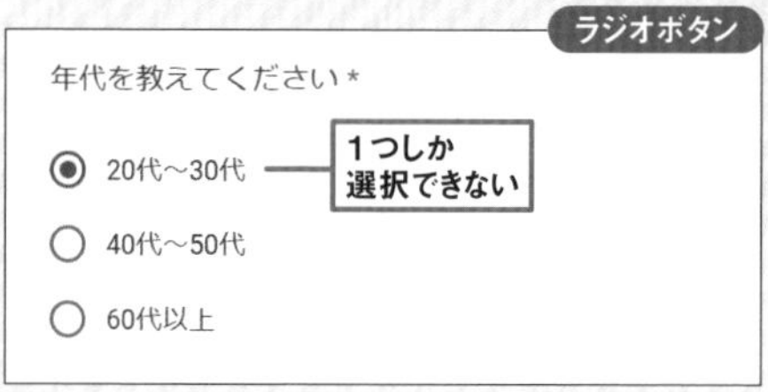

図1　クリックすると中央に黒丸が表示される「ラジオボタン」。選択後、ほかの選択肢をクリックすると、後からクリックした選択肢に黒丸が移動し、いずれか1つしか選択できない

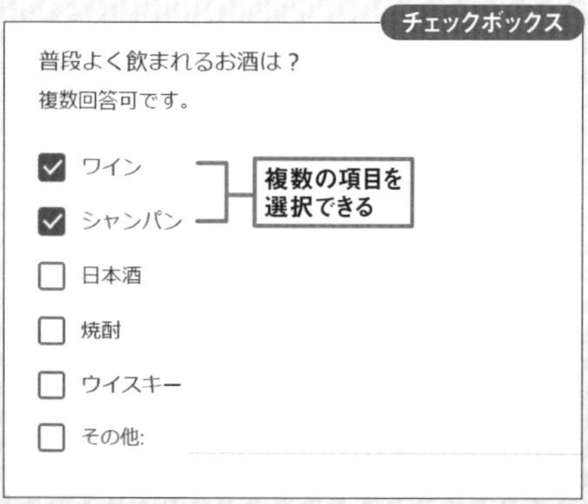

図2　クリックするとチェックマークが付けられる「チェックボックス」。複数の選択肢があるのはラジオボタンと同じだが、複数の項目を同時に選択できるところが異なる

空白のフォームでは、最初の設問が「ラジオボタン」として設定されている（**図3**）。クリックして、質問と選択肢を設定していく（**図4**）。

設問の右下に表示される「必須」は、回答しないと送信できないようにする機能。必ず答えてほしい設問は「必須」をオンにしておこう（**図5**）。

「ラジオボタン」の設問を作成

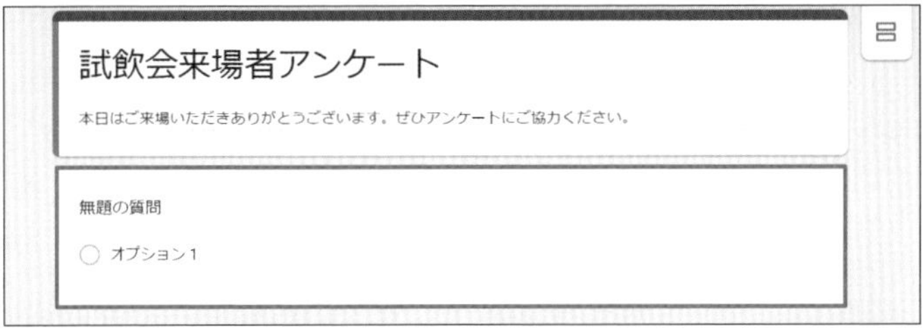

図3 空白のフォームで「無題の質問」と表示された設問をクリックする

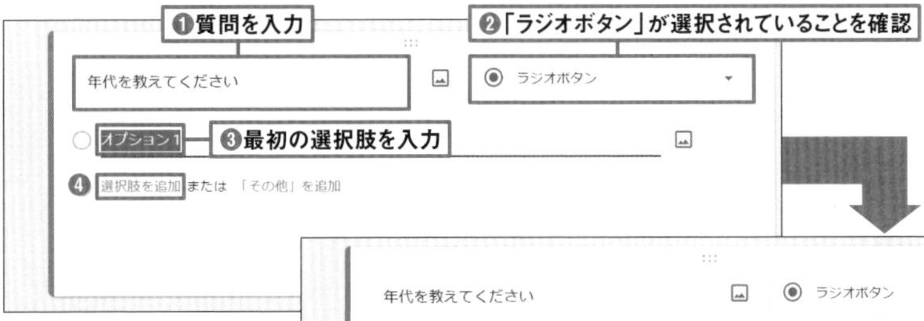

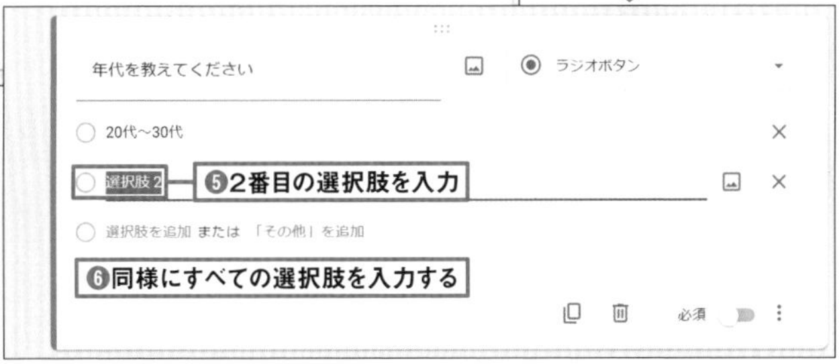

図4 質問を入力し、「ラジオボタン」が選択されていることを確認（❶❷）。「オプション1」に最初の選択肢を入力する（❸）。「選択肢を追加」をクリックして2番目以降の選択肢を入力する（❹～❻）

回答を必須にする

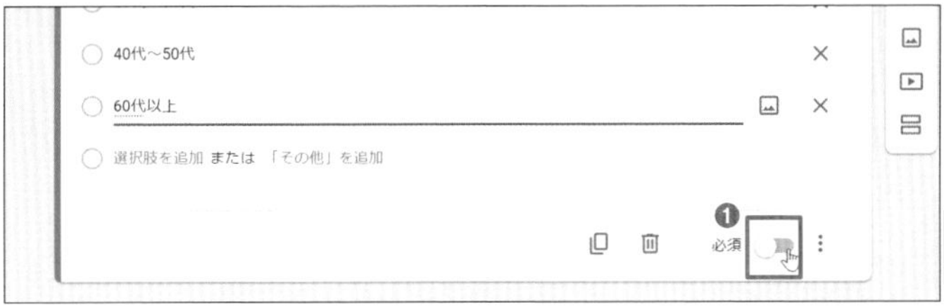

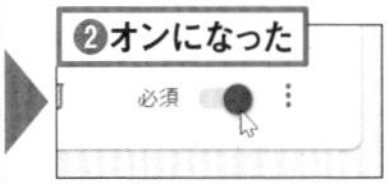

図5 必ず回答しなければならない設問にするには、右下にある「必須」をクリックする（❶❷）

空白のフォームでは、最初に表示される設問は1つだけだが、設問はいくつでも追加できる。設問の右側に表示されるツールバーで「＋」(質問を追加)をクリックすると、選択中の設問の下に新しい設問が追加される(**図6**)。

チェックボックス形式の設問にするには、設問の右上に表示される形式から「チェックボックス」を選択して選択肢を入力する(**図7**)。

設問を追加する

図6 次の設問を追加するには、右側に表示されるツールバーにある「＋」(質問を追加)をクリックする

「チェックボックス」で複数選択の設問に

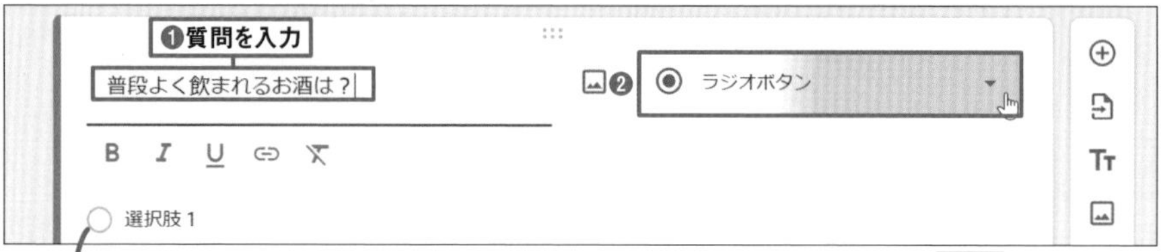

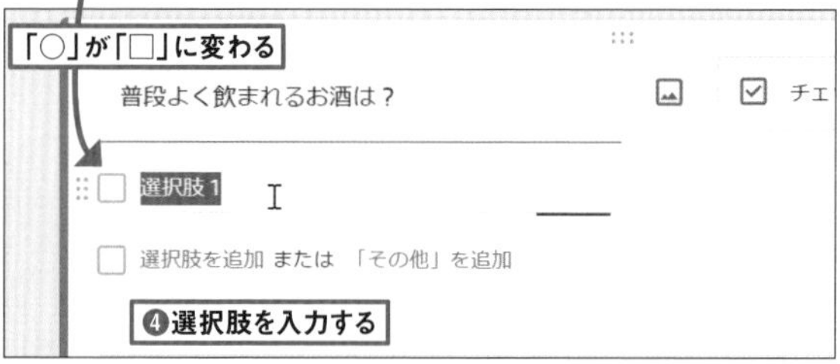

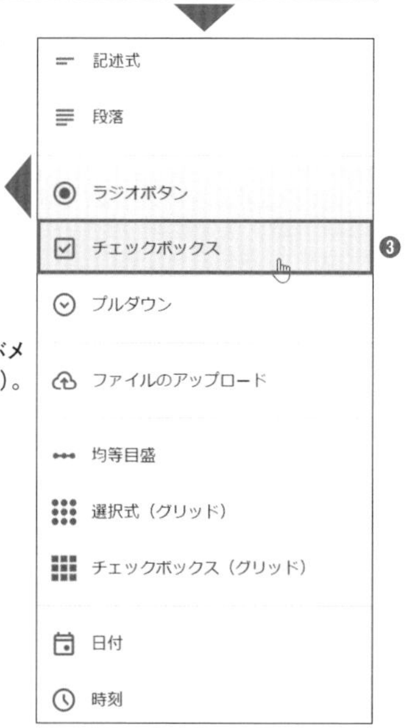

図7 質問を入力し、「ラジオボタン」をクリックすると設問の形式を選ぶメニューが表示される(❶❷)。ここでは「チェックボックス」を選択する(❸)。ラジオボタンと同様に選択肢を入力していく(❹)

設問によっては、質問だけではわかりづらいものもある。そんなときは質問の下に説明文を入力しておくと親切だ（**図8、図9**）。

設問が増えると、「順序を変えたい」「やっぱりこの設問は不要だ」「似たような設問はコピーして使いたい」といったことが出てくる。設問を選択すると表示されるハンドルをドラッグすると、設問の順序を変更できる（**図10**）。削除、コピー、選択肢の並べ替えも自由にできるので、思い通りに編集しよう。

設問に説明文を追加する

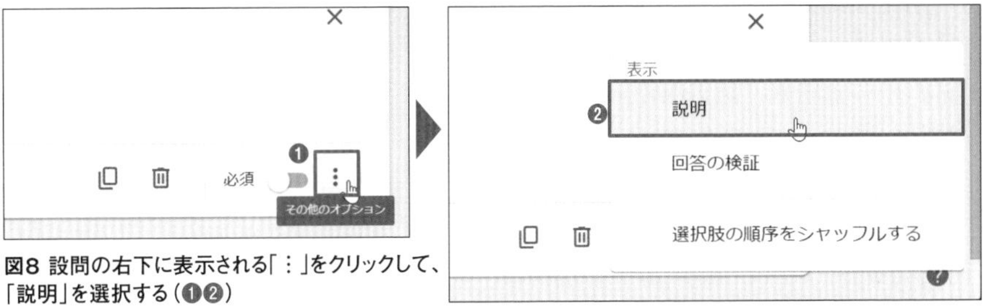

図8 設問の右下に表示される「︙」をクリックして、「説明」を選択する（❶❷）

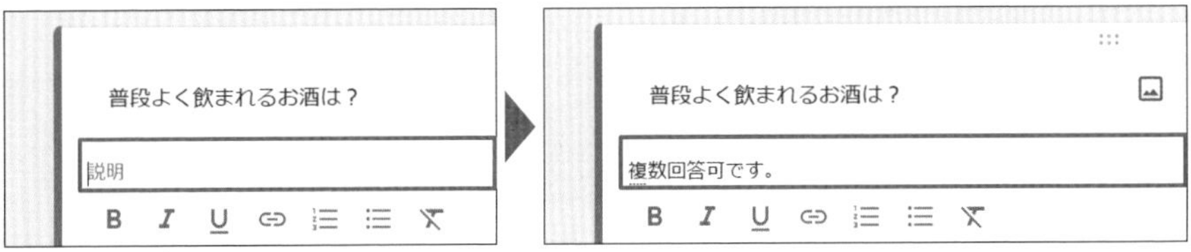

図9 「説明」欄に設問の説明を入力する

設問を移動、コピー、削除する

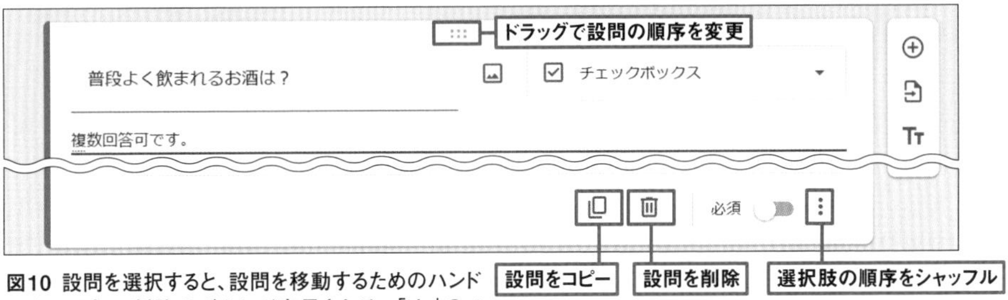

図10 設問を選択すると、設問を移動するためのハンドルや、コピー、削除のボタンが表示される。「︙」のメニューから「選択肢の順序をシャッフルする」を選ぶと、選択肢の順序がそのつどランダムに入れ替わる

Section 03 選択肢が多い設問はプルダウンリストで選びやすく

Googleフォームのラジオボタンは縦に並ぶ。行間隔などは指定できないので、選択肢が多いと空白部分が増えてしまう（**図1**）。回答の選択肢が多い設問は、選択肢をプルダウンリストにするとコンパクトに収まり、選びやすい（**図2**）。

それには、設問の形式を「プルダウン」に変更する（**図3**）。設問を設定する時点ではラジオボタンと同様に選択肢が縦並びで表示されるが、回答する画面では**図2**のように「選択」ボタンでプルダウンリストが表示される。

「プルダウン」なら選択肢が多くてもコンパクト

図1 Googleフォームのチェックボックスやラジオボタンは、縦並びで選択肢が表示される。選択肢が少ない場合は、ラジオボタンのほうが選択肢を見渡せて選びやすいが、選択肢が多くなると無駄な空間が増える

図2 プルダウンリストにすると、クリックするまでは「選択」というボタン1つの表示なので場所を取らない（左）。クリックするとリストが表示され、該当するものを選べる（右）。これなら多くの選択肢を表示する場合でも問題ない

「プルダウン」の設問を追加する

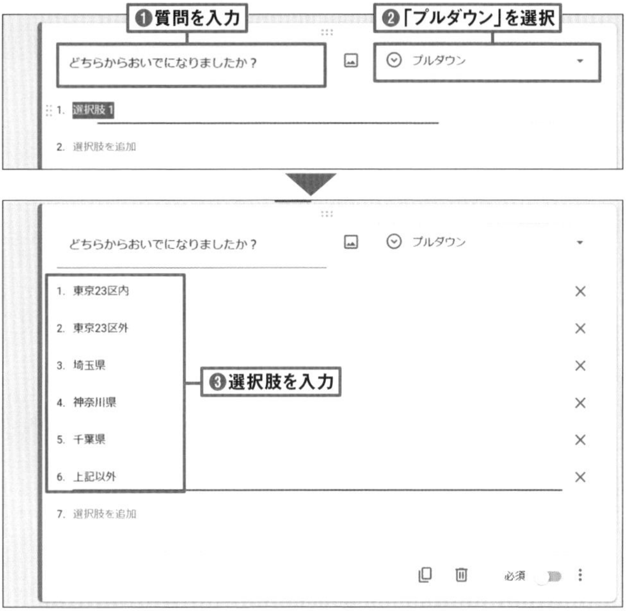

図3　質問を入力して設問形式を「プルダウン」に設定する（❶❷）。選択肢を入力するとラジオボタンと同様に縦並びに表示されるが（❸）、回答者の画面では図2のようなプルダウンメニューで表示される

Column　日付はカレンダーから選べる「日付」形式で

設問形式の中には、「日付」と「時刻」がある。「日付」を選んだ場合、回答者はカレンダーから日付を選択できるようになる（図A）。「時刻」の場合、半角数字で時刻を入力するように制限される。

図A　「日付」形式の設問では、日付を手入力するだけでなく、カレンダーのアイコンをクリックすることで、カレンダーから日付を選択できる（❶❷）

Section 04

記述式の回答は短文か長文かで選択

回答者に文章で記述してもらうときには、設問形式で「記述式」か「段落」かを選ぶ。「記述式」は改行ができず、表示される文字数は20文字程度の短文入力用だ（**図1**）。「段落」は入力した文字数に応じて回答欄が広がり、改行もできる（**図2**）。設問に応じてどちらかを選んで作成しよう（**図3**、**図4**）。

短文は「記述式」、長文は「段落」

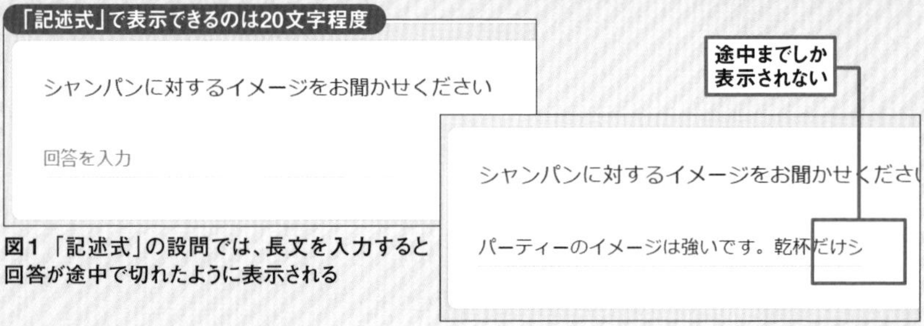
「記述式」で表示できるのは20文字程度
シャンパンに対するイメージをお聞かせください
回答を入力
途中までしか表示されない
シャンパンに対するイメージをお聞かせください
パーティーのイメージは強いです。乾杯だけシ

図1　「記述式」の設問では、長文を入力すると回答が途中で切れたように表示される

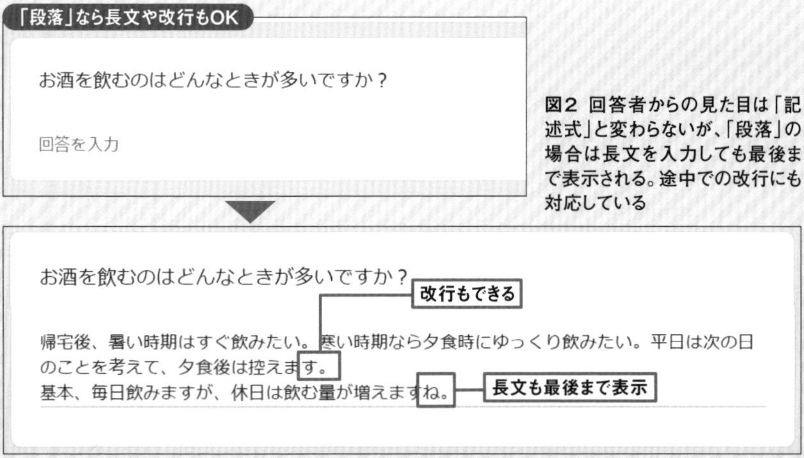
「段落」なら長文や改行もOK
お酒を飲むのはどんなときが多いですか？
回答を入力
お酒を飲むのはどんなときが多いですか？
改行もできる
帰宅後、暑い時期はすぐ飲みたい。寒い時期なら夕食時にゆっくり飲みたい。平日は次の日のことを考えて、夕食後は控えます。
基本、毎日飲みますが、休日は飲む量が増えますね。
長文も最後まで表示

図2　回答者からの見た目は「記述式」と変わらないが、「段落」の場合は長文を入力しても最後まで表示される。途中での改行にも対応している

「記述式」と「段落」の設問を設定

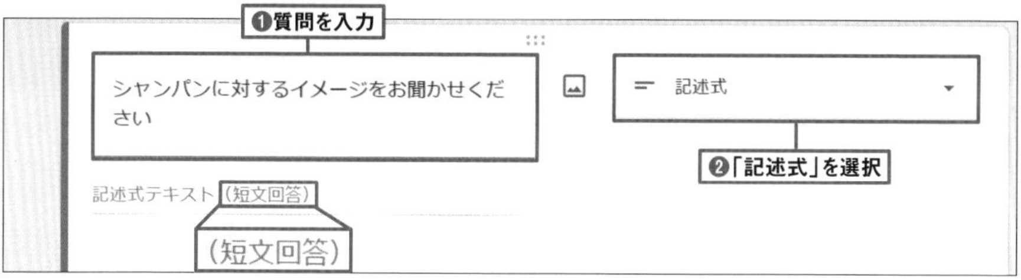

図3 質問を入力して設問形式を「記述式」に設定する（❶❷）。こちらは短文用で、改行はできない

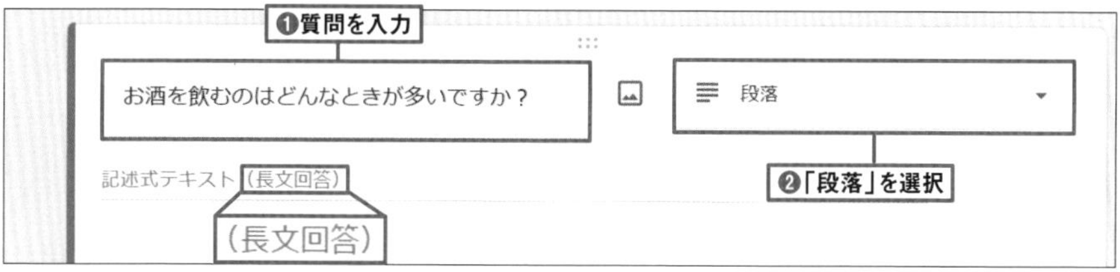

図4 質問を入力して設問形式を「段落」に設定する（❶❷）。こちらは長文を自由に入力できる

Column 設問が多いアンケートは「セクション」でページを分割

アンケートを複数のページに分けるには、区切りたい設問を選択して「セクション」を区切る（図A、図B）。すると回答画面では「次へ」ボタンで進む形になる。

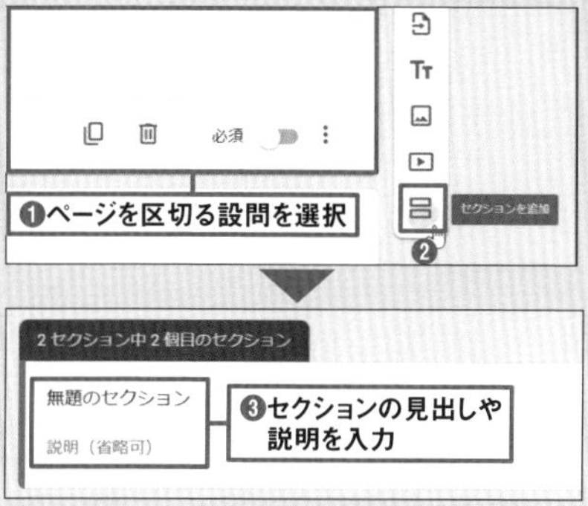

図A 区切りたい位置の直前にある設問を選択し、「セクションを追加」ボタンをクリック（❶❷）。セクション見出しを入力する（❸）

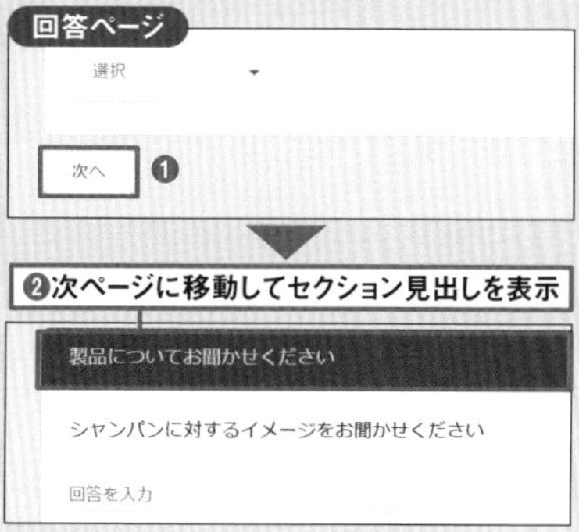

図B 回答ページでは、ページの最後に「次へ」が表示される（❶）。クリックすると次のページに移動し、セクション見出しが表示される（❷）

Section 05
「均等目盛」や「グリッド」で「5段階ならいくつ？」を聞く

満足度や感想などを何段階かに分けて評価する設問は、「均等目盛」を使って作成できる（**図1**）。同様の評価を複数の質問に対してまとめて行う場合は「選択式（グリッド）」を使うとよい。複数回答のできる選択肢を並べて表示したい場合には、「チェックボックス（グリッド）」を使う。

設定方法はそれぞれ異なるので、回答をイメージして設定しよう（**図2～図4**）。

均等目盛、選択式、チェックボックスの違い

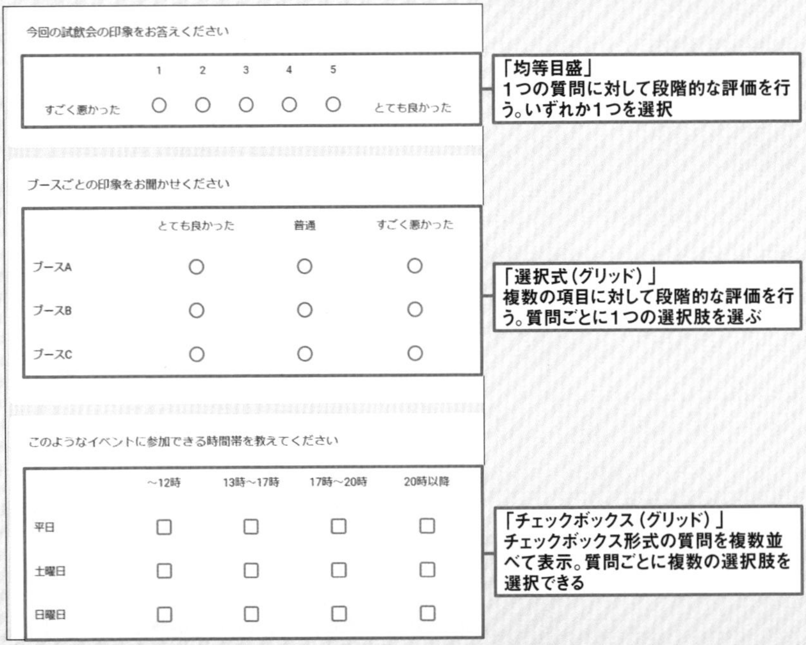

図1 満足度や感想などを何段階かに分けて聞く設問には、「均等目盛」を使うことが多い。「選択式（グリッド）」や「チェックボックス（グリッド）」とうまく使い分けよう

「均等目盛」の設問を設定

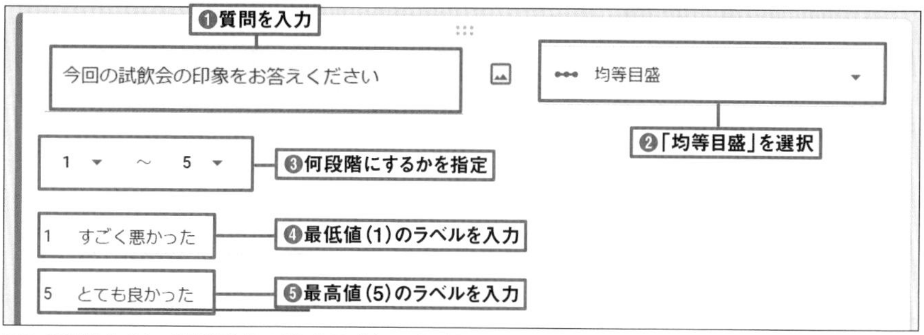

図2 質問を入力して設問形式で「均等目盛」を選択(❶❷)。評価を何段階にするかを「0」～「10」で指定する(❸)。最低値のラベルと最低値のラベルを入力する(❹❺)

「選択式(グリッド)」の設問を設定

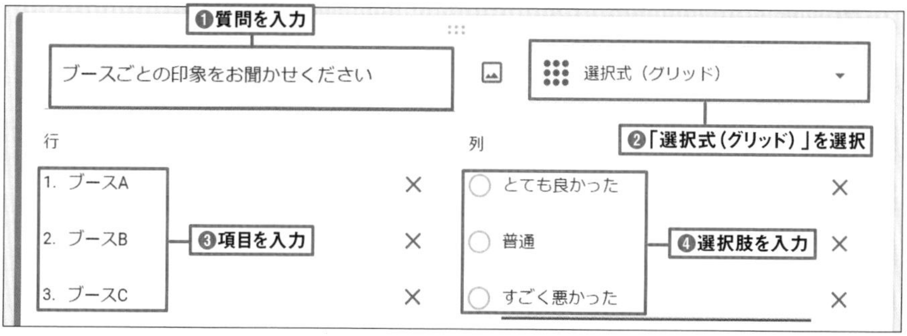

図3 質問を入力して設問形式で「選択式(グリッド)」を選択(❶❷)。「行」に質問の対象となる項目をすべて入力(❸)。「列」に選択肢を入力する(❹)

「チェックボックス(グリッド)」の設問を設定

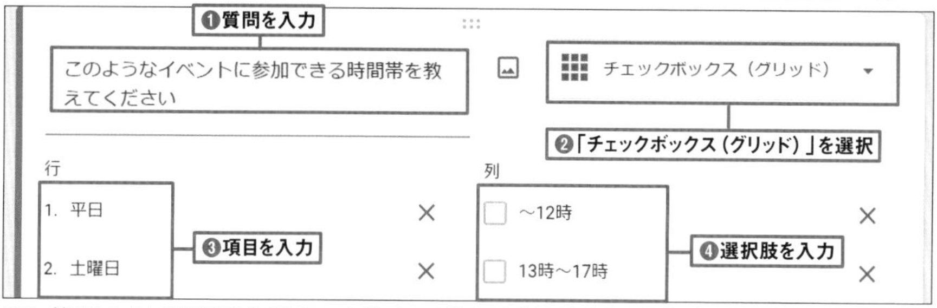

図4 質問を入力して設問形式で「チェックボックス(グリッド)」を選択(❶❷)。「行」に質問の対象となる項目をすべて入力する(❸)。「列」には選択肢を入力する(❹)

Section 06 採点まで全自動のテストを作成 社内研修などにも便利！

Googleフォームでは、アンケートのように意見を集めるフォームだけでなく、解答後に自動で採点までしてくれるテストも作成可能だ（**図1**）。

それには、新しいフォームを開いて「設定」タブをクリックし、「テストにする」をオンにする（**図2**）。設問の左下に表示される「解答集を作成」をクリックすると、設問に対する解答や問題ごとの点数を指定できる（**図3**）。

テストが終わったら自動採点

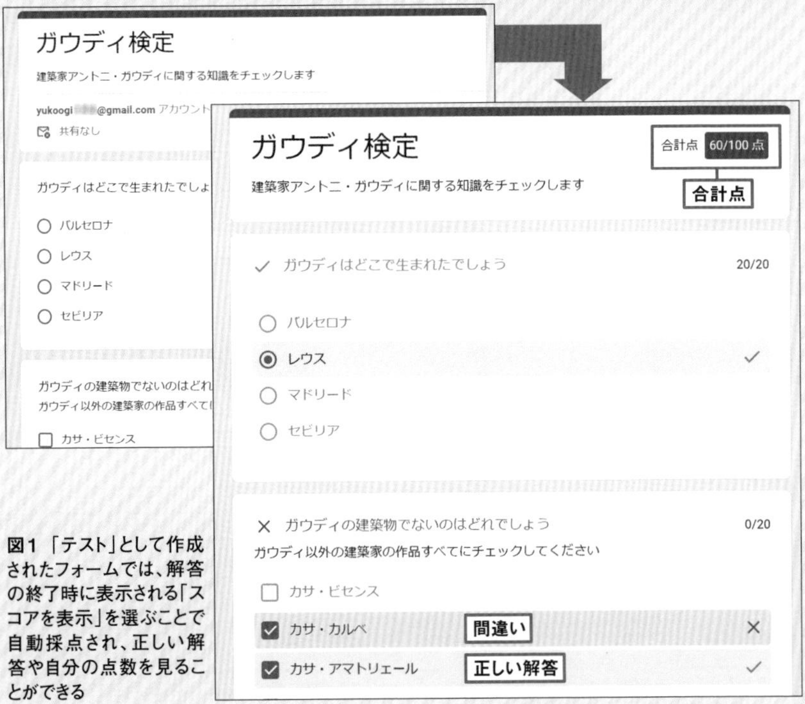

図1　「テスト」として作成されたフォームでは、解答の終了時に表示される「スコアを表示」を選ぶことで自動採点され、正しい解答や自分の点数を見ることができる

テスト用のフォームに設定

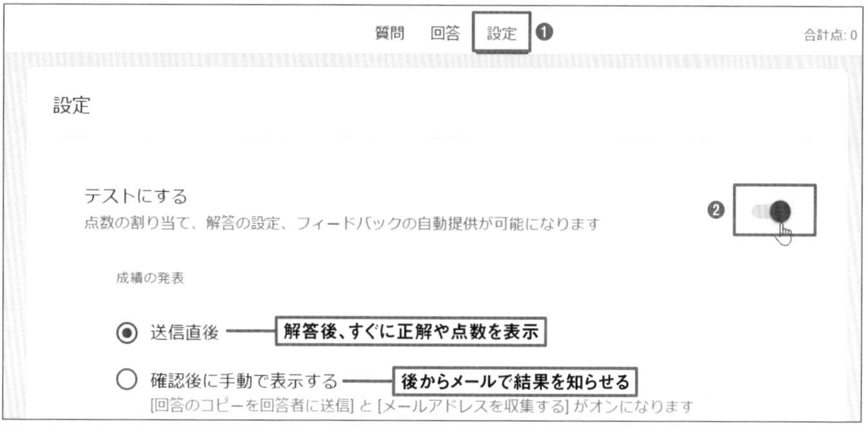

図2 作成画面の上端で「設定」タブをクリック（❶）。「テストにする」をオンにして（❷）、結果の通知方法などを設定していく

設問には正解と点数を指定する

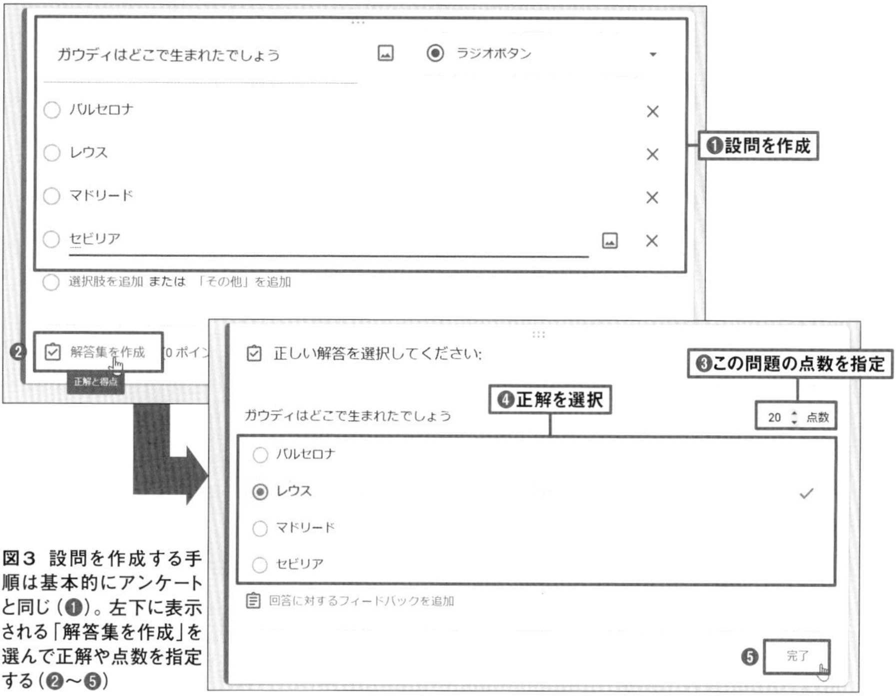

図3 設問を作成する手順は基本的にアンケートと同じ（❶）。左下に表示される「解答集を作成」を選んで正解や点数を指定する（❷～❺）

Section 07 アンケートやテストをメールやリンクで送信

完成したフォームを送って、回答してもらう方法は3種類ある（**図1**）。1つめは、直接メールで送信する方法。2つめはアンケートフォームのリンクを取得して、別途メールなどで回答者に知らせる方法。3つめはHTMLを自社サイトなどのWebページに埋め込む方法だ。HTMLはWebページを作成するための言語で、その中にアンケートへのリンクを埋め込めば、Webページ上にアンケートを表示することができる。

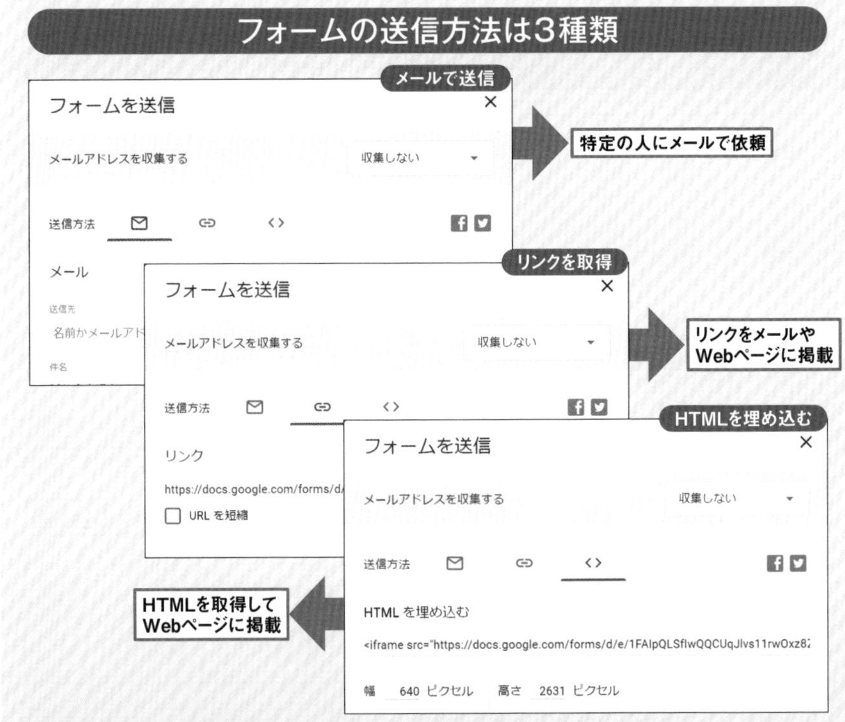

図1 Googleフォームで作成したフォームを送る方法は3種類ある。特定の人に答えてもらうならメール、不特定多数の人から意見を募集する場合はリンクやHTMLを取得して利用する

ここでは、特定の人に回答を依頼する方法を紹介しよう。それにはまず、フォームの作成画面で「送信」をクリック（**図2**）。メールでの送信を選択し、メールアドレスやメールの件名などを入力する。相手がGmailの場合は、「フォームをメールに含める」をチェックすると、メールにアンケートが表示され、その場で回答できる（**図3**）。

フォームをメールで送信

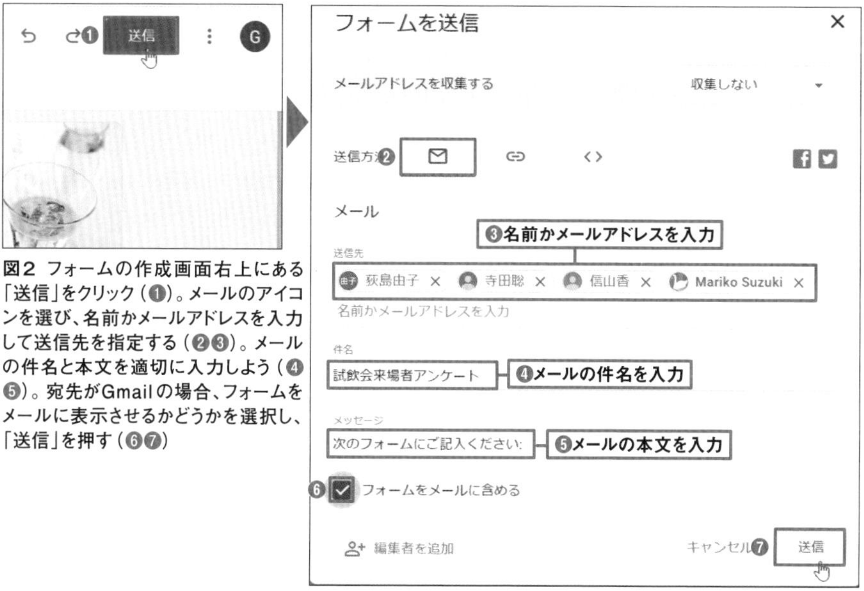

図2 フォームの作成画面右上にある「送信」をクリック（❶）。メールのアイコンを選び、名前かメールアドレスを入力して送信先を指定する（❷❸）。メールの件名と本文を適切に入力しよう（❹❺）。宛先がGmailの場合、フォームをメールに表示させるかどうかを選択し、「送信」を押す（❻❼）

アンケート依頼を受け取ったら

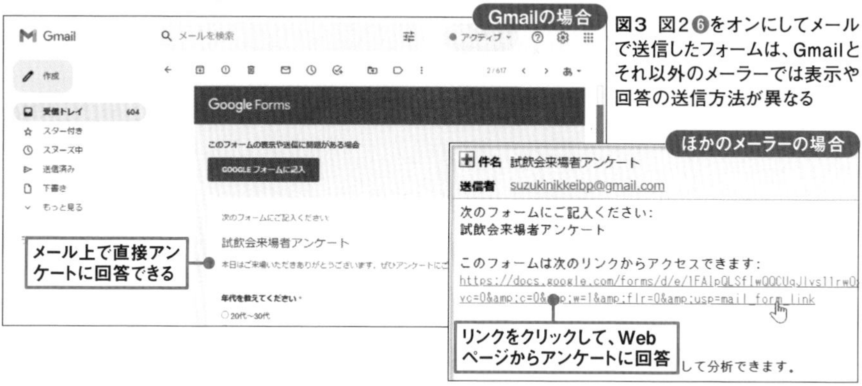

図3 図2❻をオンにしてメールで送信したフォームは、Gmailとそれ以外のメーラーでは表示や回答の送信方法が異なる

Section 08 回答の集計結果を確認 スプレッドシートへ転送も

Googleフォームのアンケートやテストは、回答が来るたびに自動集計される。「回答」タブに回答数が表示されたらクリックしてみよう（**図1**）。アンケートの回答は、設問形式によって適したグラフで表示される。テストの場合も同様だが、テストでは点数の分布や誤答の多い設問など、テストならではの集計結果が表示される（**図2**）。設問ごとや1件ごとの解答も確認できるので、今後の問題作成にも役立ちそうだ（**図3**）。

集計結果は、データとしてGoogleスプレッドシートに転送することもできる（**図4**）。

集計結果は随時確認可能

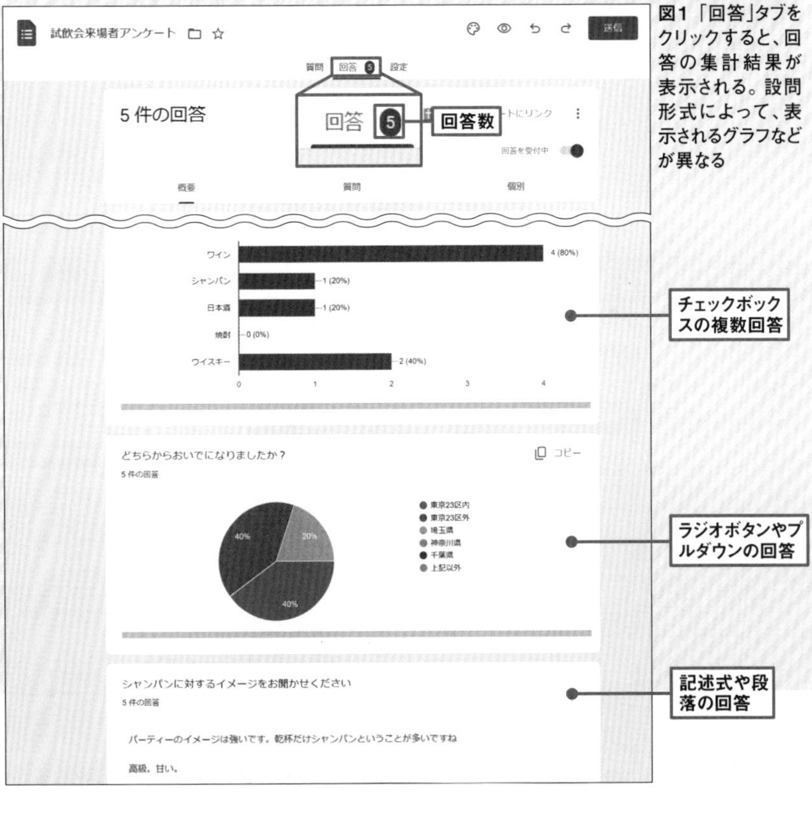

図1 「回答」タブをクリックすると、回答の集計結果が表示される。設問形式によって、表示されるグラフなどが異なる

テストの場合の集計結果

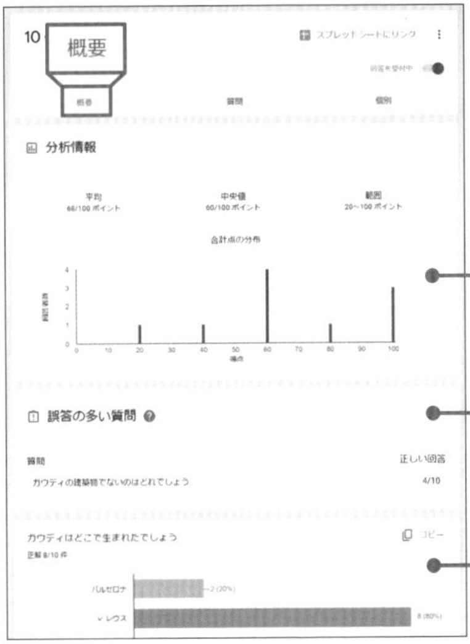

図2 テストの場合は、「概要」タブに得点の分布や平均、中央値などが自動集計されるほか、誤答の多い設問なども示される

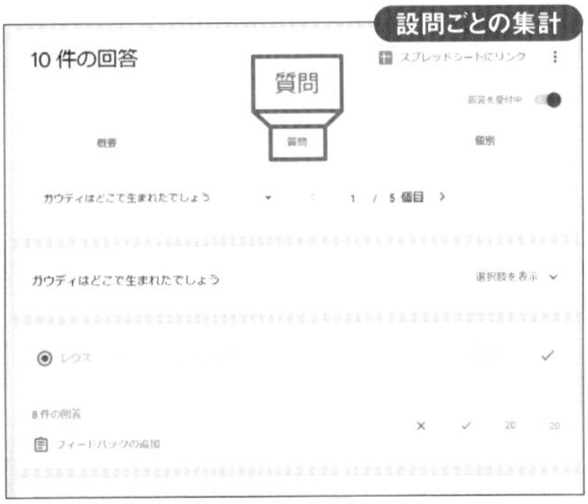

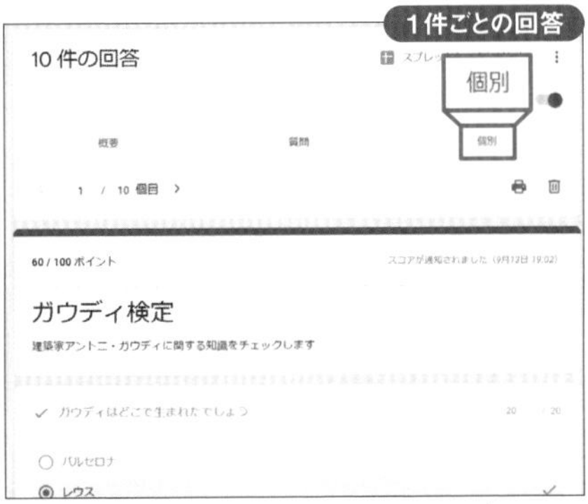

図3 「質問」タブを選ぶと設問ごとの解答結果（左）、「個別」タブを選ぶと1人ひとりの解答内容を確認できる（右）

集計結果をGoogleスプレッドシートに転送

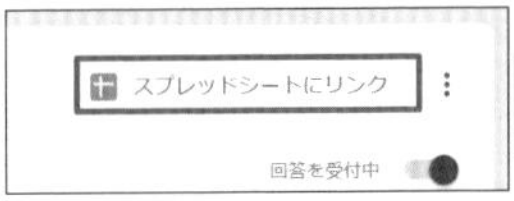

図4 回答画面右上にある「スプレッドシートにリンク」をクリックすると、Googleスプレッドシートで集計結果を開くことができる

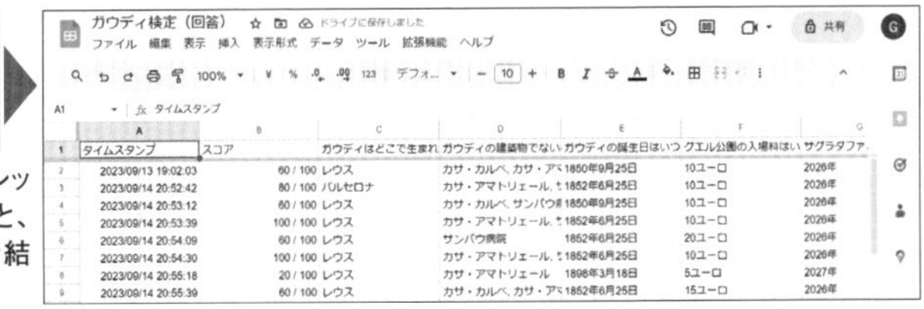

Section 09

複数人のメンバーでアンケートを共同作成

アンケートやテストは、複数人で会議をして作成することも多い。Googleフォームでは、作成中のフォームをメールで送り、共同編集を依頼することができる。

共同編集するフォームを開き、「共同編集者を追加」を選択（**図1**）。メールの宛先などを指定して送信する。編集依頼を受け取ったら、メールの内容をよく確認してフォームを開く（**図2**）。開いたフォームは、自分が作成したフォームと同様に編集が可能だ。

共同編集を依頼する

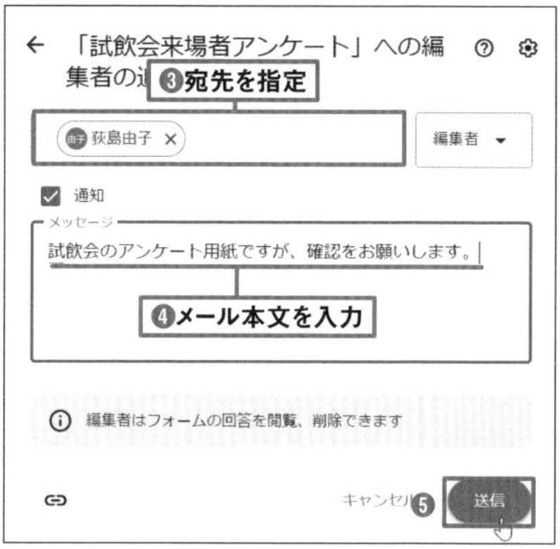

図1　共同編集をするフォームを開き、右上の「⋮」から「共同編集者を追加」を選択（❶❷）。宛先やメッセージを入力してメールを送る（❸～❺）

共同編集を依頼されたら

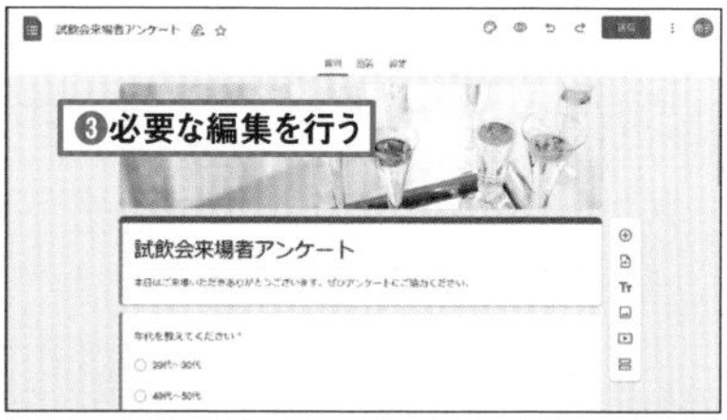

図2　共同編集の依頼メールが届いたら、内容を確認する（❶）。「開く」を押すと、依頼されたフォームが開くので、必要な編集を行う（❷❸）

第8章

Googleアプリで最新AIを徹底活用

ユーザーの質問に答えることはもちろん、文章の作成や翻訳、要約などまでしてくれる「生成AI」。話題の「ChatGPT」やグーグルの「Bard」をGoogle アプリと一緒に使えば、仕事の質と効率が格段に上がる。

Section 01 ChatGPTで話題をさらった生成AIの現状

「ChatGPT」の登場で注目を集めている「生成AI」。「Generative AI」とも呼ばれる。AI（人工知能）が学習した大量のデータから、求められたデータを生成するサービスだ。生成AIの中でも、会話をするように自然な言葉で対話が可能なサービスを「対話型AI」「チャットAI」などと呼ぶ。AI技術自体は目新しいものではないが、ブラウザーさえあれば誰でも簡単に最新技術を使えるとあって爆発的なブームを呼んだ（**図1**）。

誰でも使える生成AIがパソコンの使い方を変える

図1　話題の「生成AI」はブラウザーさえあれば利用できるWebサービスが多い。高機能なパソコンや高額な費用は不要だ。チャットのような会話形式で使えるものは「対話型AI」とも呼ばれる

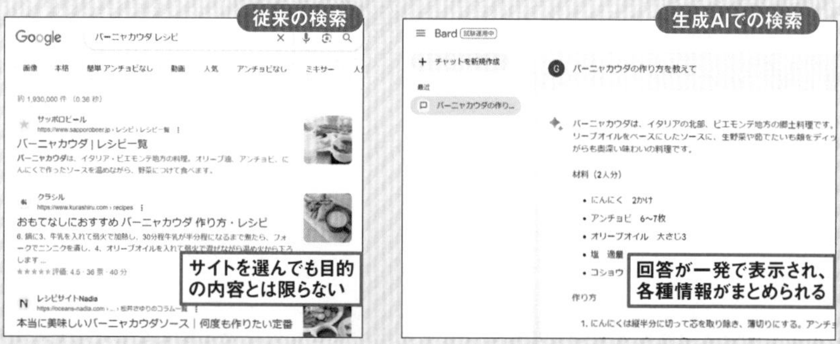

図2　これまでのネット検索は、キーワードに該当するサイトが一覧表示され、それらを1つずつ開いて見る必要があった（左）。対話型AIを使えば、文章で質問するだけで目的の回答を得られる（右）

対話型AIは、ビジネスの現場でも大いに役立つ。例えば、Googleのおはこだった Webでの情報検索は、対話型AIで大きく変わる。従来は適切なキーワードをいくつも入力しなければならず、やっと見つけたWebページを探しても必要な情報がないといったことがよくあった。一方、対話型AIに聞けば、一発で答えが返ってくる（**図2**）。文章や要約の作成、翻訳、情報分析など、対話型AIが業務で役立つ場面は数え切れない。

対話型AIの先駆者ともいえるChatGPTは米OpenAIが開発したものだが、同社と提携するマイクロソフトは「新しいBing」を公開。WindowsやMicrosoft 365にもAI支援機能を搭載している。一歩遅れてグーグルも「Bard」を開発して試験運用中。現状では、ChatGPT、Bing、Bardの三つどもえといったところだ（**図3**）。

Googleアプリではこれまでも AIを利用して翻訳や自動入力などの機能を提供してきたが、対話型AIによる新たなサービスを始めている。今後も対話型AIの進化は加速していくだろう。ただし、AIは万能ではない点に注意が必要だ（**図4**）。AIのメリット、デメリットを理解したうえで使いこなしたい。

対話型AIは主要3社の争いに

図3 2022年11月にChatGPTが公開されて3カ月後、新しいBingとBardがリリースされた。Bardは当初英語のみ対応だったが、5月に日本語に対応し、着実に進化を遂げている

AIと上手に付き合うための注意点

- **AIの回答をうのみにしない**
  AIは収集した情報から最適と思われるものを提示する。事実・正解でないことや、情報が古いこともある
- **機密情報、個人情報の入力には注意する**
  投稿内容がAIの学習に利用されることがあるので、漏れたら困る情報を入力してはいけない
- **著作権の問題はクリアされていない**
  情報収集時の著作権については問題視されることも多い。生成した文章や画像の使用には注意が必要だ
- **AIにも苦手な質問がある**
  違法性のある情報や成人向けコンテンツなどは禁止されている。学習した時点までの情報しかわからない

図4 対話型AIは試用段階と考えたほうがよい。用途によっては情報の確認が必要だ

Section 02 GmailやGoogleドキュメントの下書きはBardで一発作成

Googleアプリを利用するなら、まず使ってみたいのがグーグルの対話型AI「Bard」だ(**図1**)。リリース当初は英語しか使えなかったが、2023年5月以降は日本語にも対応。進化を続け、今では「ChatGPT」に肩を並べるまでになった。また、ChatGPT(無料版)が使用する言語モデル「GPT 3.5」は、2021年9月までのデータしか学習していないことを考えると、最新データを自由に扱えるBardはビジネスにも向くといえる。

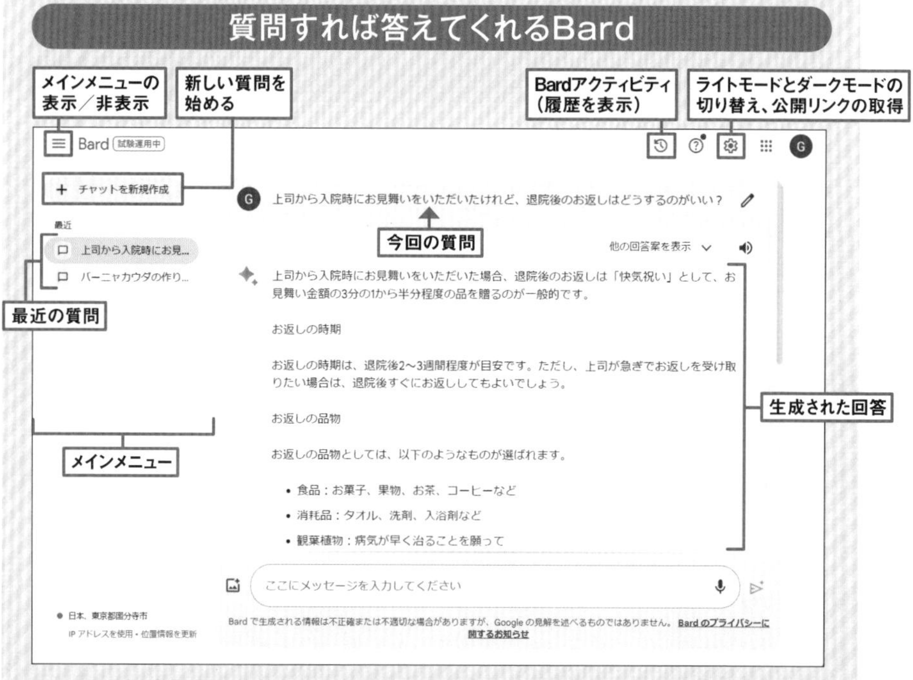
質問すれば答えてくれるBard
メインメニューの表示／非表示
新しい質問を始める
Bardアクティビティ(履歴を表示)
ライトモードとダークモードの切り替え、公開リンクの取得
Bard 試験運用中
チャットを新規作成
最近
上司から入院時にお見...
バーニャカウダの作り...
最近の質問
メインメニュー
上司から入院時にお見舞いをいただいたけれど、退院後のお返しはどうするのがいい？
今回の質問
他の回答案を表示
上司から入院時にお見舞いをいただいた場合、退院後のお返しは「快気祝い」として、お見舞い金額の3分の1から半分程度の品を贈るのが一般的です。
お返しの時期
お返しの時期は、退院後2～3週間程度が目安です。ただし、上司が急ぎでお返しを受け取りたい場合は、退院後すぐにお返ししてもよいでしょう。
お返しの品物
お返しの品物としては、以下のようなものが選ばれます。
• 食品：お菓子、果物、お茶、コーヒーなど
• 消耗品：タオル、洗剤、入浴剤など
• 観葉植物：病気が早く治ることを願って
生成された回答
ここにメッセージを入力してください
日本、東京都国分寺市
IP アドレスを使用・位置情報を更新
Bard で生成される情報は不正確または不適切な場合がありますが、Google の見解を述べるものではありません。 Bard のプライバシーに関するお知らせ

図1 Bardに質問し、回答が表示された画面。左側はメインメニューで、「チャットを新規作成」を押すと新しい会話を始められる。質問の履歴は「Bardアクティビティ」から表示できるが、過去の質問を開いて作業を続ける場合は画面左側の「最近」から質問を選ぶ

ChatGPTを使うにはユーザー登録が必要になるが、BardならGoogleアカウントさえあれば使える。さらに、生成した回答をGoogleドキュメントなどのGoogleアプリに転送できるなど、Googleアプリとの親和性も高い。

BardのWebサイトにアクセスしてみよう。GoogleアカウントでChromeにログインしておくとスムーズだ。「Bardを試す」を押して注意事項を確認する（**図2**）。2回目以降はすぐにBardの起動画面が開くようになる（**図3**）。

GoogleアカウントでBardはすぐに使える

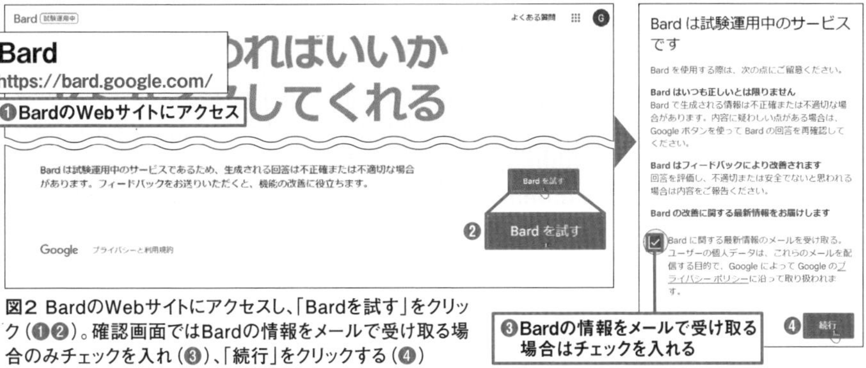
Bard
https://bard.google.com/
❶BardのWebサイトにアクセス
れはいいか
してくれる
Bard は試験運用中のサービスであるため、生成される回答は不正確または不適切な場合があります。フィードバックをお送りいただくと、機能の改善に役立ちます。
❷ Bard を試す
Google
Bard は試験運用中のサービスです
Bard を使用する際は、次の点にご留意ください。
Bard はいつも正しいとは限りません
Bard で生成される情報は不正確または不適切な場合があります。内容に疑わしい点がある場合は、Google ボタンを使って Bard の回答を再確認してください。
Bard はフィードバックにより改善されます
回答を評価し、不適切または安全でないと思われる場合は内容をご報告ください。
Bard の改善に関する最新情報をお届けします
Bard に関する最新情報のメールを受け取る。ユーザーの個人データは、これらのメールを配信する目的で、Google によって Google のプライバシー ポリシーに沿って取り扱われます。
❸Bardの情報をメールで受け取る場合はチェックを入れる
❹ 続行

図2 BardのWebサイトにアクセスし、「Bardを試す」をクリック（❶❷）。確認画面ではBardの情報をメールで受け取る場合のみチェックを入れ（❸）、「続行」をクリックする（❹）

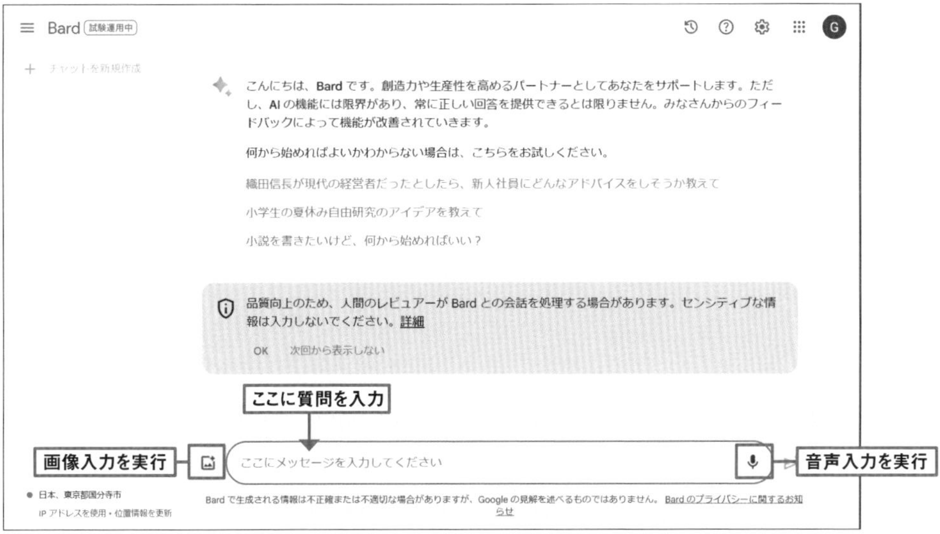
Bard 試験運用中
チャットを新規作成
こんにちは、Bard です。創造力や生産性を高めるパートナーとしてあなたをサポートします。ただし、AI の機能には限界があり、常に正しい回答を提供できるとは限りません。みなさんからのフィードバックによって機能が改善されていきます。
何から始めればよいかわからない場合は、こちらをお試しください。
織田信長が現代の経営者だったとしたら、新入社員にどんなアドバイスをしそうか教えて
小学生の夏休み自由研究のアイデアを教えて
小説を書きたいけど、何から始めればいい？
品質向上のため、人間のレビュアーが Bard との会話を処理する場合があります。センシティブな情報は入力しないでください。詳細
OK　次回から表示しない
ここに質問を入力
画像入力を実行
ここにメッセージを入力してください
音声入力を実行
日本、東京都国分寺市
IP アドレスを使用・位置情報を更新
Bard で生成される情報は不正確または不適切な場合がありますが、Google の見解を述べるものではありません。Bard のプライバシーに関するお知らせ

図3 Bardの起動画面。下部の入力欄に質問などを入力する。音声での入力や画像で質問することも可能だ

早速Bardに質問してみよう。質問に限らず、調べ物や翻訳などの依頼でもかまわない。ここではバルセロナ研修旅行のルートを考えてもらった（**図4**）。質問では前提条件を明確にするほど、目的にかなった回答を得やすい。例えば、「バルセロナ旅行の日程を考えて」といったアバウトなものより、「建築会社の研修旅行でバルセロナを回る2日間の日程」のように、対象者や時間制限などが明確なほうがよい。

質問を入力すると、数秒後には回答が徐々に表示されていくので、最後まで表示されるのを待つ（**図5**）。

Bardと会話する

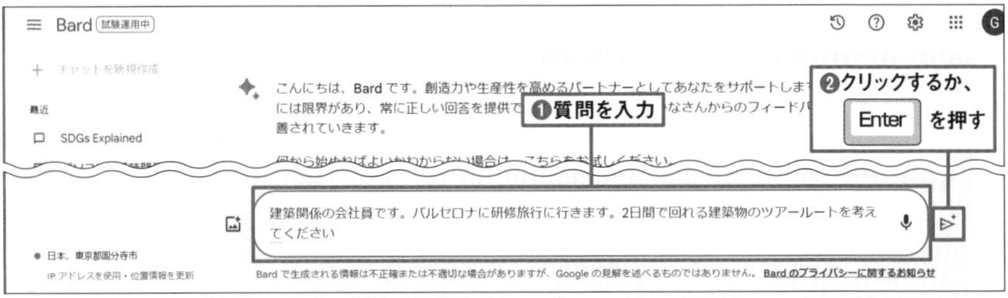
Bard 試験運用中
チャットを新規作成
最近
SDGs Explained
こんにちは、Bard です。創造力や生産性を高めるパートナーとしてあなたをサポートしま
には限界があり、常に正しい回答を提供で
なさんからのフィードバ
善されていきます。
❶質問を入力
❷クリックするか、
Enter を押す
建築関係の会社員です。バルセロナに研修旅行に行きます。2日間で回れる建築物のツアールートを考えてください
日本、東京都国分寺市
IP アドレスを使用・位置情報を更新
Bard で生成される情報は不正確または不適切な場合がありますが、Google の見解を述べるものではありません。 Bard のプライバシーに関するお知らせ

図4 下段の入力欄に質問を入力する（❶）。「送信」ボタンか「Enter」キーを押すとBardが質問を受け取る

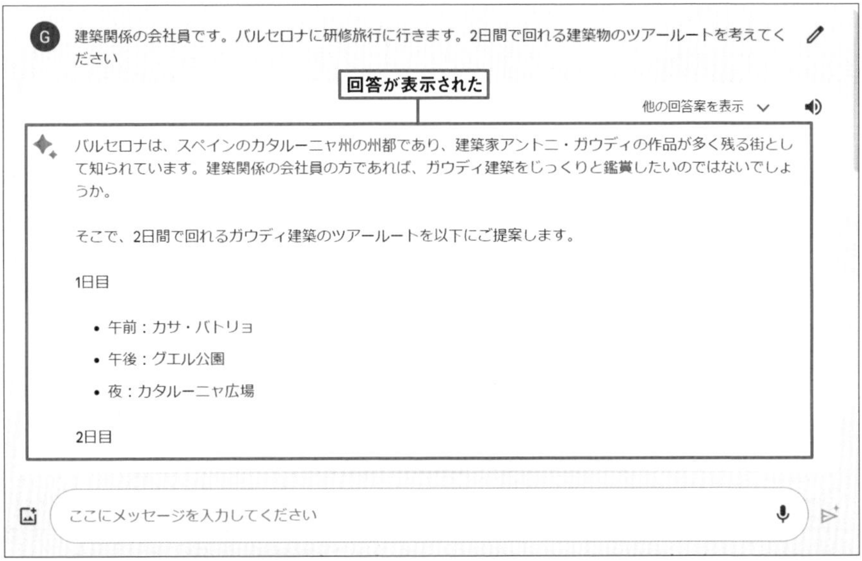
G
建築関係の会社員です。バルセロナに研修旅行に行きます。2日間で回れる建築物のツアールートを考えてください
回答が表示された
他の回答案を表示
バルセロナは、スペインのカタルーニャ州の州都であり、建築家アントニ・ガウディの作品が多く残る街として知られています。建築関係の会社員の方であれば、ガウディ建築をじっくりと鑑賞したいのではないでしょうか。
そこで、2日間で回れるガウディ建築のツアールートを以下にご提案します。
1日目
• 午前：カサ・バトリョ
• 午後：グエル公園
• 夜：カタルーニャ広場
2日目
ここにメッセージを入力してください

図5 数秒待つと、徐々に回答が表示される。回答に対して不足があれば、さらに下段の入力欄に「もっと詳しく説明して」といった文言を追加することもできる

Bardとのやり取りは、GmailやGoogleドキュメントに転送することができる。転送するには、回答が表示された後に画面左下に現れるボタンを使う。「共有とエクスポート」ボタンをクリックして、転送先を選べばよい（**図6**）。Gmailに転送した場合は新しいメールの下書きとして表示される（**図7**）。Bardへの質問がそのままメールの件名になる。Googleドキュメントに転送した場合は、新しいドキュメントにBardでのやり取りが入力された状態で表示される（**図8**）。ドキュメントの場合、Bardへの質問がファイル名として表示される。適宜変更してメールや文書として使おう。

回答をGmailやGoogleドキュメントに転送

図6 Bardとのやり取りを転送するには、回答を最後までスクロールすると表示されるボタンを使う（❶）。「共有とエクスポート」ボタンをクリックして出力先を選ぶ（❷❸）

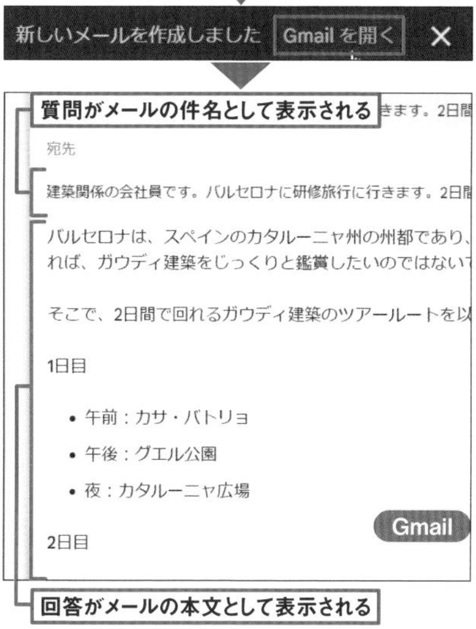

図7 図6で「Gmailで下書きを作成」を選ぶと、Bardの回答が本文になったメールが作成される。「Gmailを開く」をクリックして確認しよう

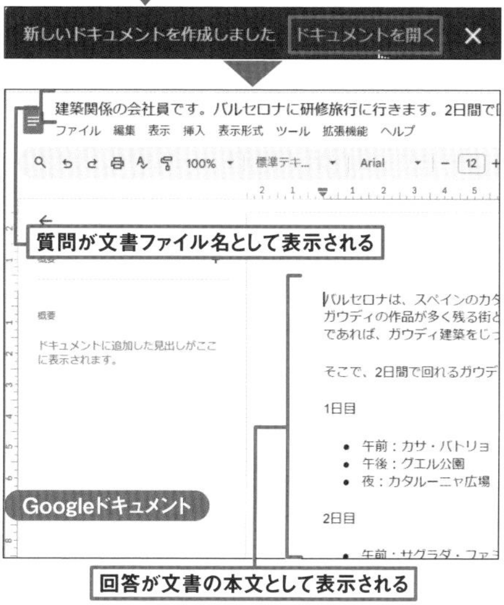

図8 図6で「Googleドキュメントにエクスポート」を選ぶと、ドキュメントの新規文書にデータが転送される。「ドキュメントを開く」をクリックして確認しよう

Section 03 ほかの回答候補を見る 長さや文体の変更も

Bardで受け取った回答が目的に合わなくても、始めからやり直す必要はない。質問自体を変更してもよいし、回答を絞り込む条件を追加入力してもよい（**図1**）。Bardでは、1つの質問に3つの回答が用意されているので、別の回答を見るという手もある。答えが「長すぎる」と思えば「短くする」や「シンプルにする」といった書き換えもできる。目的に合う回答にしてから、Googleドキュメントなどで編集するのが時短のコツだ。

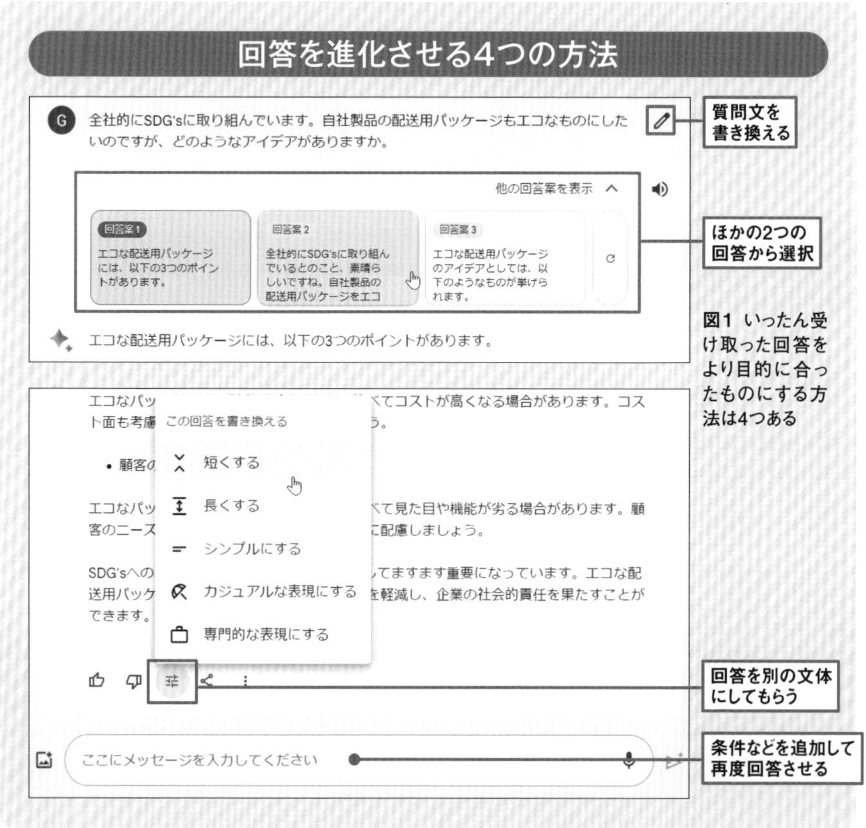

図1 いったん受け取った回答をより目的に合ったものにする方法は4つある

質問文を編集したり、質問を追加したりする場合は、具体的な場所、時間、品名などを入れたり、「例を3つ出して」「箇条書きにして」「表にして」といった要望を出したりすると回答がより具体的になる。

違う回答を見てみたいという場合は、「他の回答案を表示」をクリックして別の回答を選ぶ（**図2**）。内容は良いが、文体や全体的な長さを調整したいという場合は、「回答を書き換える」をクリックして、好みのものを選ぶ（**図3**）。

別の回答案や、別の文体にした回答を見る

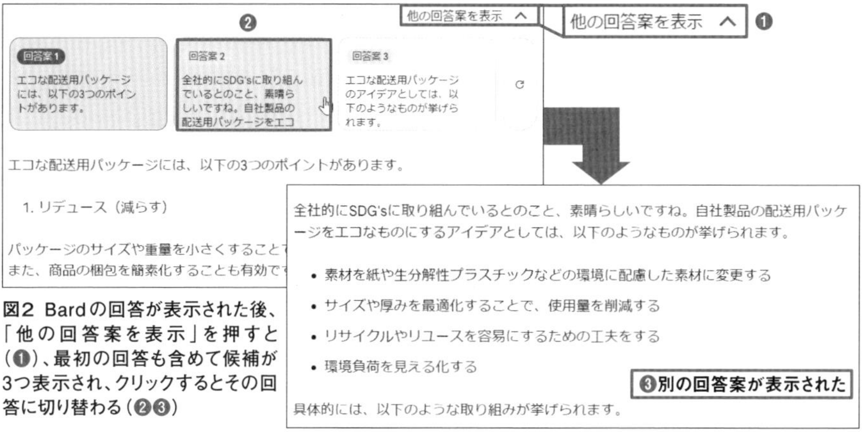
他の回答案を表示
他の回答案を表示 ❶
❷
回答案 1
エコな配送用パッケージには、以下の3つのポイントがあります。
回答案 2
全社的にSDG'sに取り組んでいるとのこと、素晴らしいですね。自社製品の配送用パッケージをエコ
回答案 3
エコな配送用パッケージのアイデアとしては、以下のようなものが挙げられます。
エコな配送用パッケージには、以下の3つのポイントがあります。
1. リデュース（減らす）
パッケージのサイズや重量を小さくすること
また、商品の梱包を簡素化することも有効で
全社的にSDG'sに取り組んでいるとのこと、素晴らしいですね。自社製品の配送用パッケージをエコなものにするアイデアとしては、以下のようなものが挙げられます。
• 素材を紙や生分解性プラスチックなどの環境に配慮した素材に変更する
• サイズや厚みを最適化することで、使用量を削減する
• リサイクルやリユースを容易にするための工夫をする
• 環境負荷を見える化する
❸別の回答案が表示された
具体的には、以下のような取り組みが挙げられます。

図2 Bardの回答が表示された後、「他の回答案を表示」を押すと（❶）、最初の回答も含めて候補が3つ表示され、クリックするとその回答に切り替わる（❷❸）

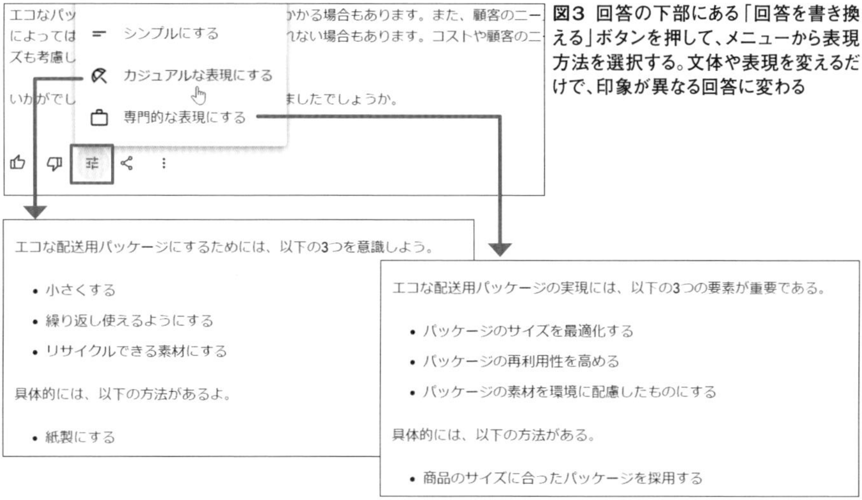
シンプルにする
カジュアルな表現にする
専門的な表現にする
エコな配送用パッケージにするためには、以下の3つを意識しよう。
• 小さくする
• 繰り返し使えるようにする
• リサイクルできる素材にする
具体的には、以下の方法があるよ。
• 紙製にする
エコな配送用パッケージの実現には、以下の3つの要素が重要である。
• パッケージのサイズを最適化する
• パッケージの再利用性を高める
• パッケージの素材を環境に配慮したものにする
具体的には、以下の方法がある。
• 商品のサイズに合ったパッケージを採用する

図3 回答の下部にある「回答を書き換える」ボタンを押して、メニューから表現方法を選択する。文体や表現を変えるだけで、印象が異なる回答に変わる

Section 04 「AIは信用できない」ならGoogle検索で根拠を確認

Bardの回答を見て、「これは最新の情報だろうか」「どこが情報源だろうか」などと疑問に思ったとき、Google検索のWebページを開き、改めて自分で検索していないだろうか。そんなときは、回答の下部にあるGoogleアイコンのボタンを押してみよう（**図1**）。

この「Googleで検索」ボタンを押すと、回答と類似するWebページや、異なる可能性のあるWebページが検索され、「関連トピックを検索」としてリストアップされる（**図2**）。自分で再検索する手間を省ける便利なボタンだ。ただし、用語説明や商品価格のように、根拠となるWebページが明確な場合にのみ表示されるので、表示されないことも多い。

「Googleで検索」ボタンを押すと、回答の一部がハイライト表示される場合もある。ハイライトされた文字列をクリックすると、その文章のみに関連するWebページを探すことができる（**図3**）。また、回答で引用したWebページなどがある場合は、「ソース」が表示され、クリックで表示することも可能だ（**図4**）。

回答が怪しいときはGoogle検索で確認

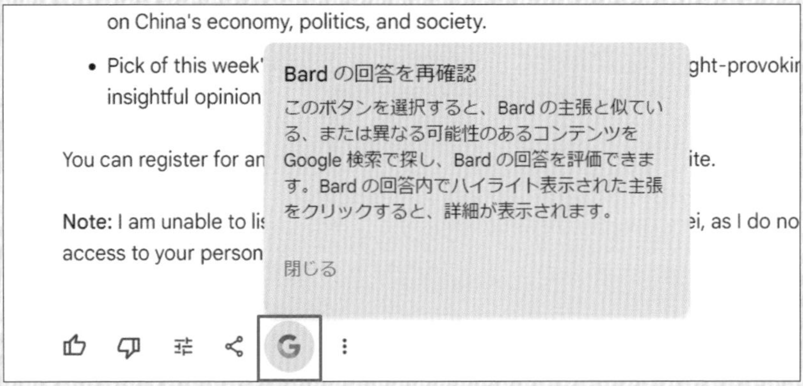
on China's economy, politics, and society.
Pick of this week'
ght-provokir
insightful opinion
You can register for an
ite.
Note: I am unable to lis
ei, as I do no
access to your person
Bard の回答を再確認
このボタンを選択すると、Bard の主張と似ている、または異なる可能性のあるコンテンツを Google 検索で探し、Bard の回答を評価できます。Bard の回答内でハイライト表示された主張をクリックすると、詳細が表示されます。
閉じる
G

図1 Bardの回答の下部に表示されるツールの中に、Googleのロゴマークと同じボタンがある。このボタンは、Bardの回答の根拠をWebで確かめるためのボタンだ

関連するWebページで回答内容を確認する

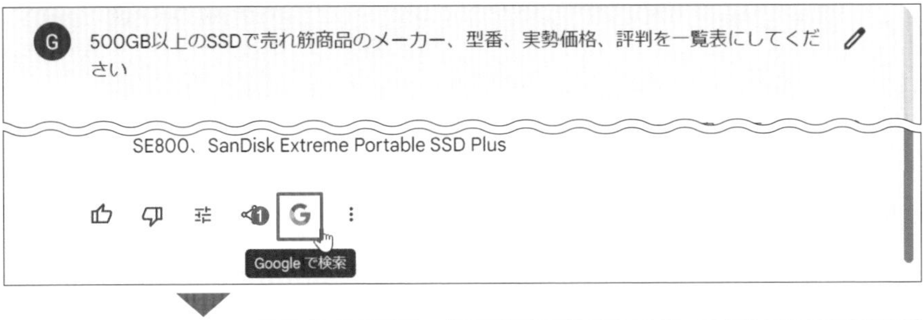

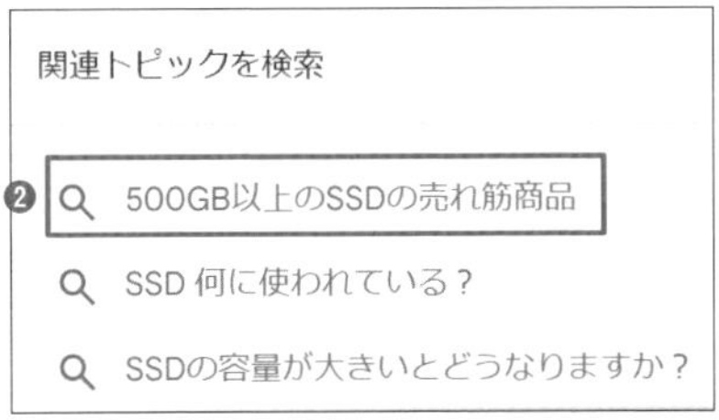

図2 回答の下部に表示された「Googleで検索」ボタンをクリック（❶）。表示される「関連トピックを検索」から確認したい情報を選ぶと（❷）、その文言でGoogle検索が行われ、関連するWebページをチェックできる（❸）

より詳細な情報や情報ソースを確認する

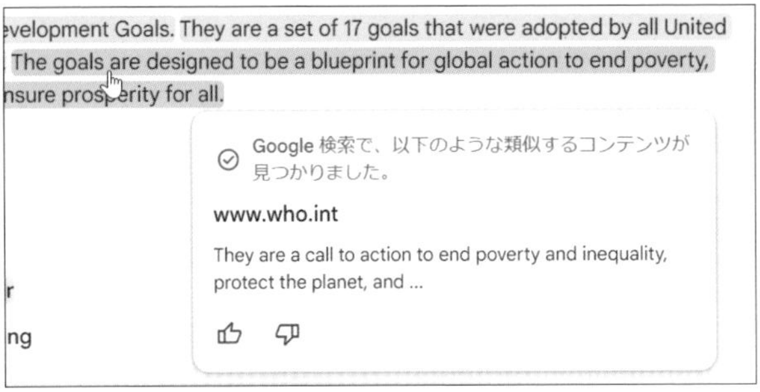

図3 「Googleで検索」ボタンをクリックしたとき、回答の本文中にハイライト表示が出る場合は、クリックするとその文章に関連するWebページの情報を直接開ける

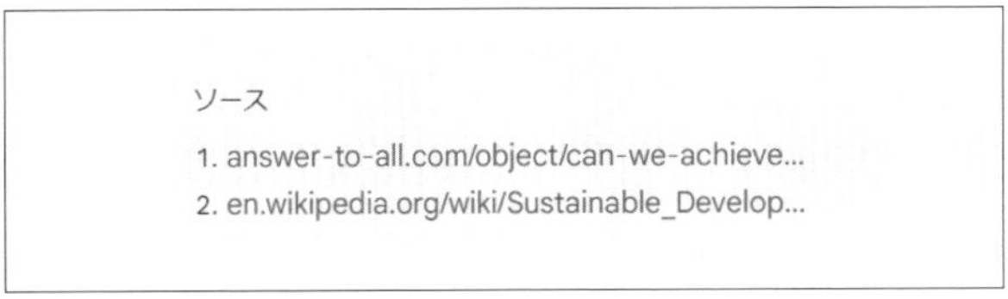

図4 回答の内容によっては、最後に「ソース」として引用元などのWebページが表示される。クリックしてそのWebページを開くこともできる

Section 05

資料データはBardで探して表形式のままスプレッドシートへ

Bardでは、表形式の回答も可能だ。バラバラの数値ではわかりづらい場合は、「一覧表にしてください」と質問に追加することで、表形式の回答が得られる。

表形式の回答には、「Googleスプレッドシートにエクスポート」と表示される（**図1**）。これをクリックすることで、それぞれの表のデータのみをGoogleスプレッドシートに転送し、新規ワークシートの表データとして利用できる（**図2**）。画面左下に状況が表示されるので、「スプレッドシートを開く」が表示されたらクリックして転送後のデータを確認しよう（**図3**）。

表形式の回答はそのままスプレッドシートへ

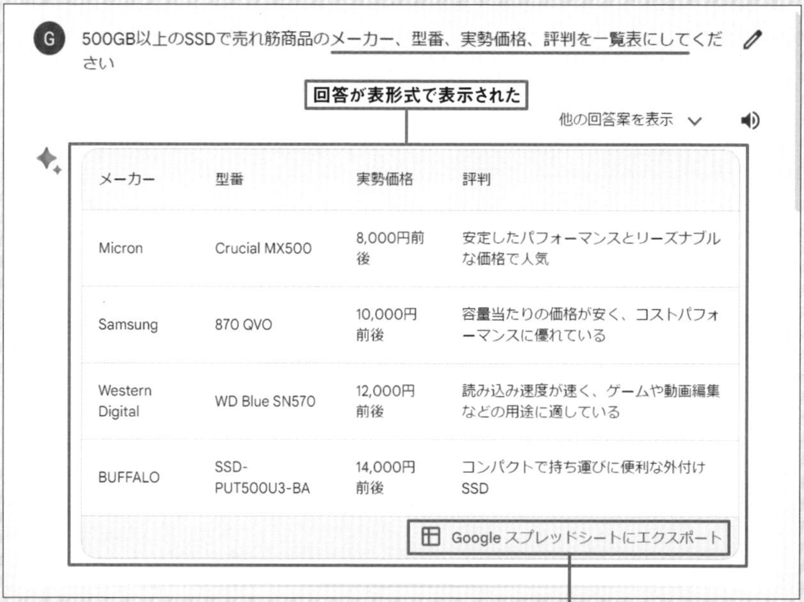
G
500GB以上のSSDで売れ筋商品のメーカー、型番、実勢価格、評判を一覧表にしてください
回答が表形式で表示された
他の回答案を表示
Google スプレッドシートにエクスポート
クリックすると、表のデータをGoogleスプレッドシートに転送できる

メーカー	型番	実勢価格	評判
Micron	Crucial MX500	8,000円前後	安定したパフォーマンスとリーズナブルな価格で人気
Samsung	870 QVO	10,000円前後	容量当たりの価格が安く、コストパフォーマンスに優れている
Western Digital	WD Blue SN570	12,000円前後	読み込み速度が速く、ゲームや動画編集などの用途に適している
BUFFALO	SSD-PUT500U3-BA	14,000円前後	コンパクトで持ち運びに便利な外付けSSD

図1　回答に表形式のデータがあるとき表示される「Googleスプレッドシートにエクスポート」。クリックすると、データをGoogleスプレッドシートに転送できる

エクスポートは表単位で

メーカー	型番	実勢価格	評判
Micron	Crucial MX500	8,000円前後	安定したパフォーマンスとリーズナブルな価格で人気
Samsung	870 QVO	10,000円前後	容量当たりの価格が安く、コストパフォーマンスに優れている
Western Digital	WD Blue SN570	12,000円前後	読み込み速度が速く、ゲームや動画編集などの用途に適している
BUFFALO	SSD-PUT500U3-BA	14,000円前後	コンパクトで持ち運びに便利な外付けSSD

メーカー別ランキング

メーカー	1位	2位	3位
Micron	Crucial MX500	Crucial P5 Plus	Crucial P2
Samsung	870 QVO	980 QVO	870 EVO
Western Digital	WD Blue SN570	WD Black SN850	WD Blue SN550
BUFFALO	SSD-PUT500U3-BA	SSD-PUT1.0U3-BKC	SSD-PUT2.0U3-BKC

図2 「Google スプレッドシートにエクスポート」は、表ごとに表示される。転送したい表の下に表示されるボタンをクリックする

転送後はGoogleスプレッドシートを開いて確認

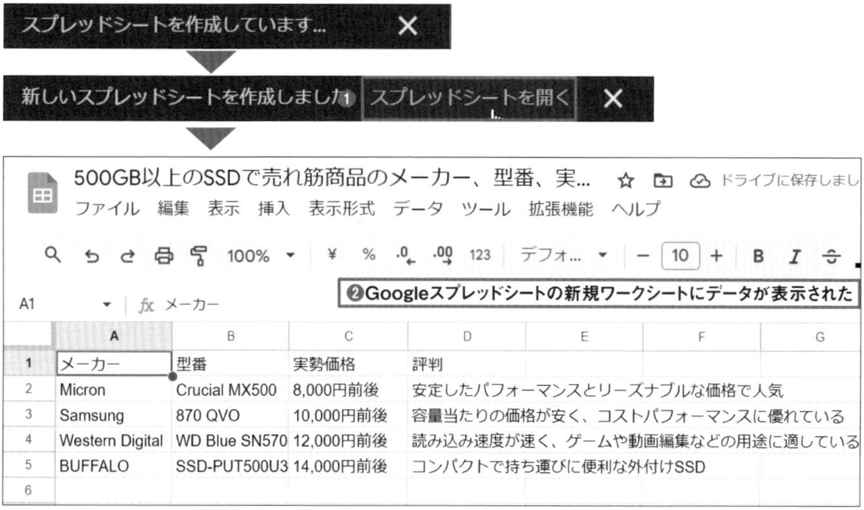

	A	B	C	D
1	メーカー	型番	実勢価格	評判
2	Micron	Crucial MX500	8,000円前後	安定したパフォーマンスとリーズナブルな価格で人気
3	Samsung	870 QVO	10,000円前後	容量当たりの価格が安く、コストパフォーマンスに優れている
4	Western Digital	WD Blue SN570	12,000円前後	読み込み速度が速く、ゲームや動画編集などの用途に適している
5	BUFFALO	SSD-PUT500U3	14,000円前後	コンパクトで持ち運びに便利な外付けSSD
6				

図3 転送は通常数秒で終わる。画面左下に表示されるメッセージに状況が表示され、「新しいスプレッドシートを作成しました」と表示されれば転送完了だ。「スプレッドシートを開く」を選んで確認しよう（❶❷）

Section 06

ChatGPTで原稿作成 Googleアプリにコピペ

対話型AIの本家ともいえるChatGPT（**図1**）。対話型AIはそれぞれ回答に特徴があるので、Bardと使い比べて好みに合うものを選ぶこともできる。ChatGPTには、BardのようにGoogleアプリにデータを転送する機能はないが、表示される文字列などをドキュメントやメールにコピペすることはできる。著作権などに注意を払う必要はあるが、ゼロから作成するよりは格段に楽になる作業も多い。

ChatGPTの画面構成を確認

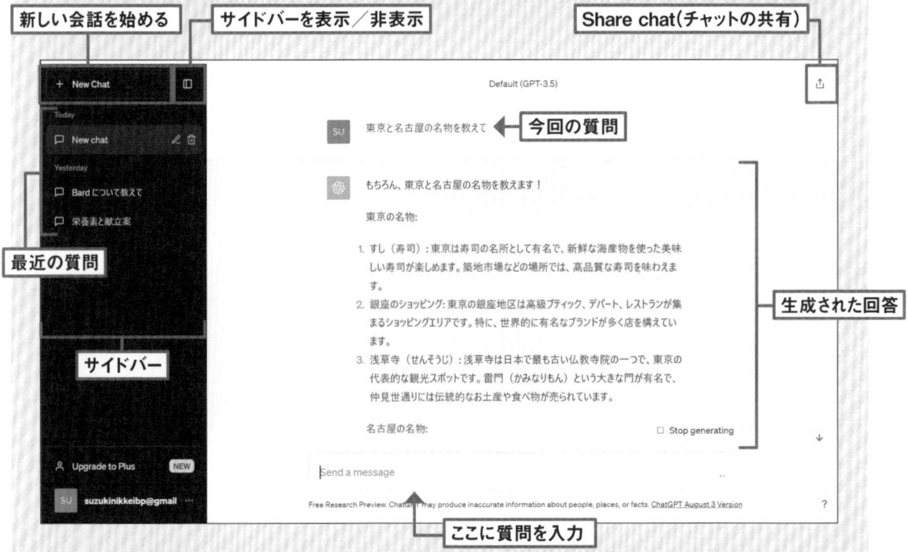
新しい会話を始める
サイドバーを表示／非表示
Share chat(チャットの共有)
New Chat
Today
New chat
Yesterday
Bardについて教えて
栄養素と献立案
最近の質問
サイドバー
Upgrade to Plus
NEW
SU
suzukinikkeibp@gmail
Default (GPT-3.5)
SU
東京と名古屋の名物を教えて
今回の質問
もちろん、東京と名古屋の名物を教えます！
東京の名物:
1. すし（寿司）：東京は寿司の名所として有名で、新鮮な海産物を使った美味しい寿司が楽しめます。築地市場などの場所では、高品質な寿司を味わえます。
2. 銀座のショッピング: 東京の銀座地区は高級ブティック、デパート、レストランが集まるショッピングエリアです。特に、世界的に有名なブランドが多く店を構えています。
3. 浅草寺（せんそうじ）：浅草寺は日本で最も古い仏教寺院の一つで、東京の代表的な観光スポットです。雷門（かみなりもん）という大きな門が有名で、仲見世通りには伝統的なお土産や食べ物が売られています。
名古屋の名物:
Stop generating
生成された回答
Send a message
Free Research Preview. Chat
may produce inaccurate information about people, places, or facts. ChatGPT August 3 Version
?
ここに質問を入力

図1 ChatGPTの画面表示は英語だが［注］、質問を日本語で入力すると日本語で回答してもらえる。画面右側が会話の領域で、画面左側のサイドバーは表示／非表示を切り替えられる。新しい会話を始めるには「New Chat」を押す。質問は下部の入力欄に入れて送信する。会話の履歴は自動保存され、左側のサイドバーから呼び出せる

［注］2023年9月には、メニューも日本語化された早期プレビュー版（アルファ）の提供が始まった。これが正式版になれば、メニューも日本語で利用可能になる見込みだ

ChatGPTを始めるには無料のアカウントが必要だ。ChatGPTのWebサイトにアクセスして、登録を始めよう（**図2**）。登録は、メールアドレスか既存のGoogleアカウントなどで行う（**図3**）。メールアドレスの場合は確認メールが届くので、それを開いて承認する。その後、氏名と生年月日を入力し、電話番号で認証すれば使えるようになる。

ChatGPTは、アカウント作成も含めて、メニューなどの画面表示が基本的に英語だが、日本語で質問すれば日本語で答えてくれるので心配はいらない。メニューも日本語にしたければ、Chromeの翻訳機能を使うのも手だ（94ページ）［注］。

ChatGPTの利用にはユーザー登録が必要

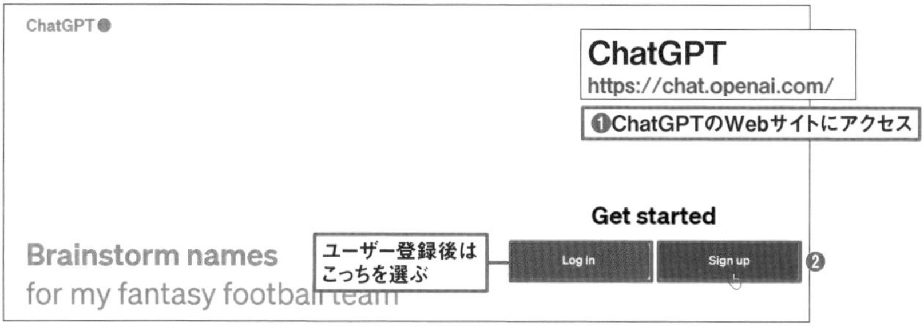

図2 上記URLから公式サイトを開き、「Sign up」をクリックする（❶❷）

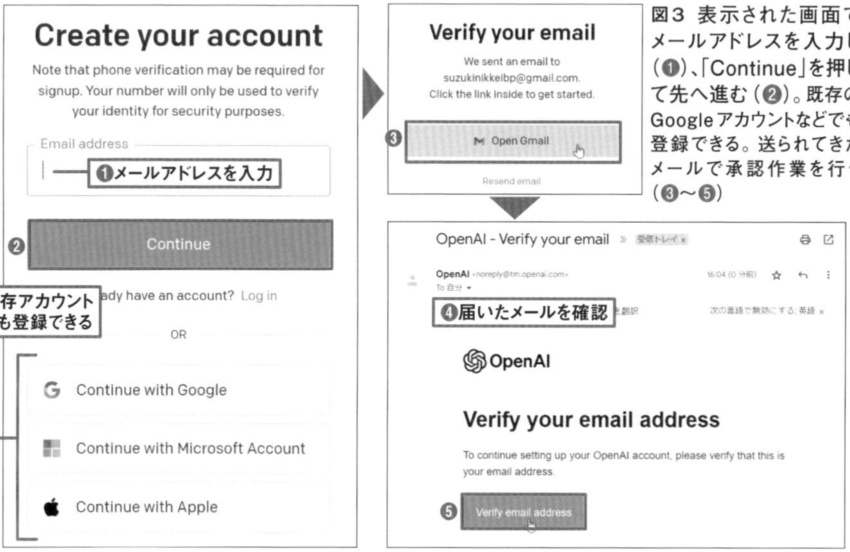

図3 表示された画面でメールアドレスを入力し（❶）、「Continue」を押して先へ進む（❷）。既存のGoogleアカウントなどでも登録できる。送られてきたメールで承認作業を行う（❸～❺）

質問の方法はBardとほぼ同じで、画面下部の入力欄を利用する（**図4**）。数秒後に回答が徐々に表示されるので、さらに質問して会話を続けることもできる（**図5**）。

回答をGoogleアプリに転送したいときには、文字列を選択して右クリックし「コピー」を選ぼう（**図6**）。それをGoogleアプリに貼り付ける。表であれば、スプレッドシートを開き、起点になるセルを選んで貼り付ければよい。

ChatGPTとBardはよく似ているが、質問によっては回答がかなり異なる。特に、ChatGPT（無料版）は2021年9月までの情報しか持っていない点に注意したい。また、ChatGPTでは画像の検索はできないが、Bardでは画像とともに関連情報が表示される（**図7**）。画像の引用元URLが表示されるのもBardの特徴だ。

ChatGPTと会話する

New Chat
GPT-3.5
GPT-4
❷クリックするか、
Enter を押す
❶質問を入力
ChatGPT
Upgrade to Plus
NEW
SU
suzukinikkeibp@gmail
90代の女性に必要な1日分の栄養素と献立案をつくってください
Free Research Preview. ChatGPT may produce inaccurate information about people, places, or facts. ChatGPT August 3 Version

図4 下段の入力欄に質問を入力する（❶）。右端のボタンか「Enter」キーを押す（❷）

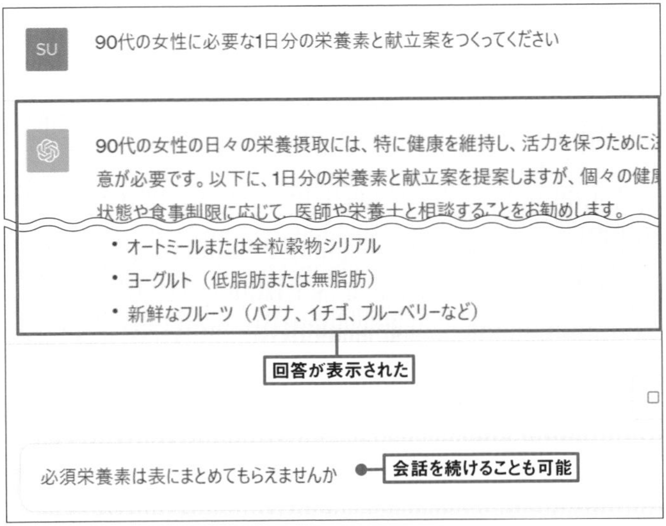
SU
90代の女性に必要な1日分の栄養素と献立案をつくってください
90代の女性の日々の栄養摂取には、特に健康を維持し、活力を保つために
意が必要です。以下に、1日分の栄養素と献立案を提案しますが、個々の健
状態や食事制限に応じて、医師や栄養士と相談することをお勧めします。
• オートミールまたは全粒穀物シリアル
• ヨーグルト（低脂肪または無脂肪）
• 新鮮なフルーツ（バナナ、イチゴ、ブルーベリーなど）
回答が表示された
必須栄養素は表にまとめてもらえませんか
会話を続けることも可能

図5 数秒待つと、徐々に回答が表示される。回答に対して不足があれば、さらに下段の入力欄に追加の条件などを入力することもできる

ChatGPTの回答をGoogleスプレッドシートにコピペ

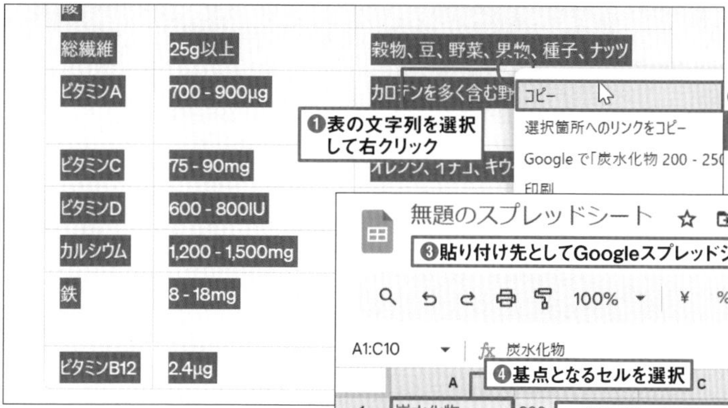

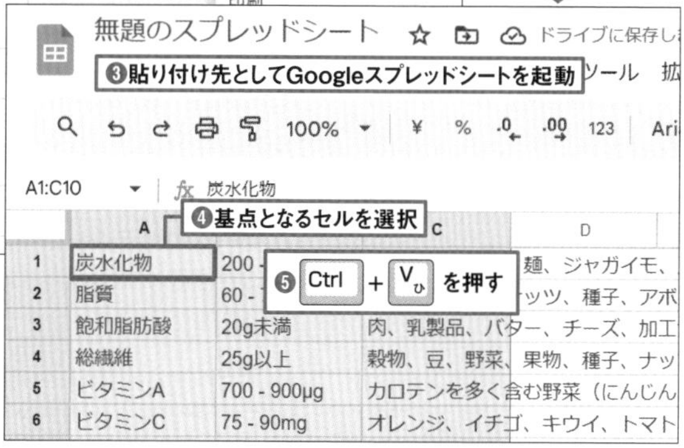

図6 ChatGPTの画面でコピーしたい文字列を選択して右クリック（❶）。「コピー」を選び、貼り付け先のアプリ（ここではGoogleスプレッドシート）を起動する（❷❸）。貼り付ける位置を選択して「Ctrl」+「V」キーで貼り付ける（❹❺）

ChatGPTとBardの回答を比べてみる

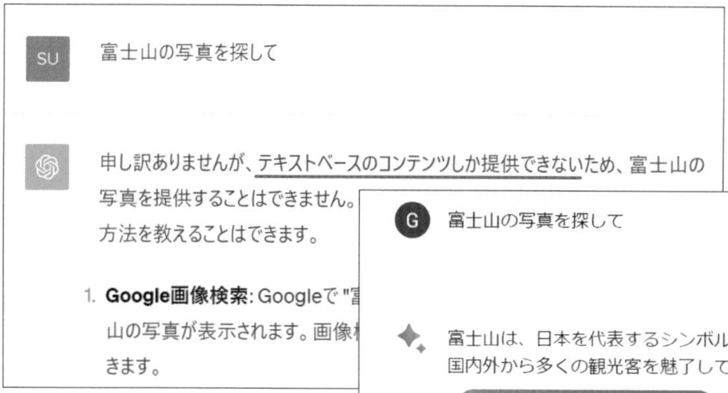

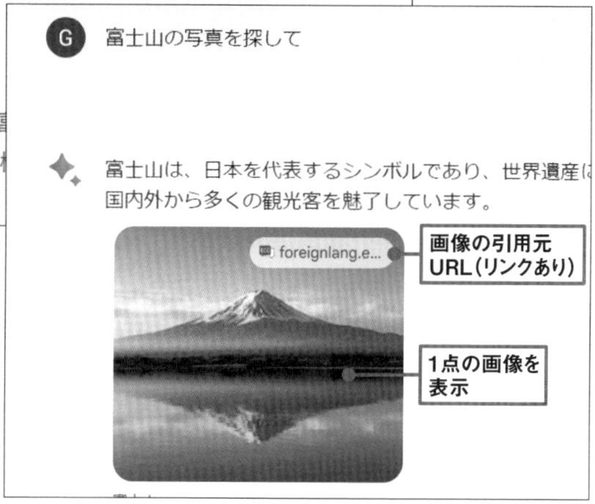

図7 ChatGPT（無料版）で扱えるのはテキストのみなので、回答として画像は表示できない（上）。Bardでは「写真を探して」と質問すると、画像とそれに関する説明文が表示される（右）。画像には引用元のURLが表示される

Section 07 Bardで分析した結果や経過をリンクで共有、続けて分析

1つの質問や要望を書くだけで、完璧な回答を得るのは難しいものだ。対話型AIの利点は、会話を続けることで必要な情報に近づいていけること。自分だけでなく、ほかの人の知恵も借りて、的確な答えを引き出そう。そこで利用したいのが、Bardの会話をほかの人に見せたり、引き継いで別の質問をしてもらえる「共有」機能だ（**図1**）。

Bardとの会話中、共有機能で取得したリンクをメールなどで人に送信すると、相手もリンクを開いて会話を確認し、質問を追加入力できる（**図2～図4**）。

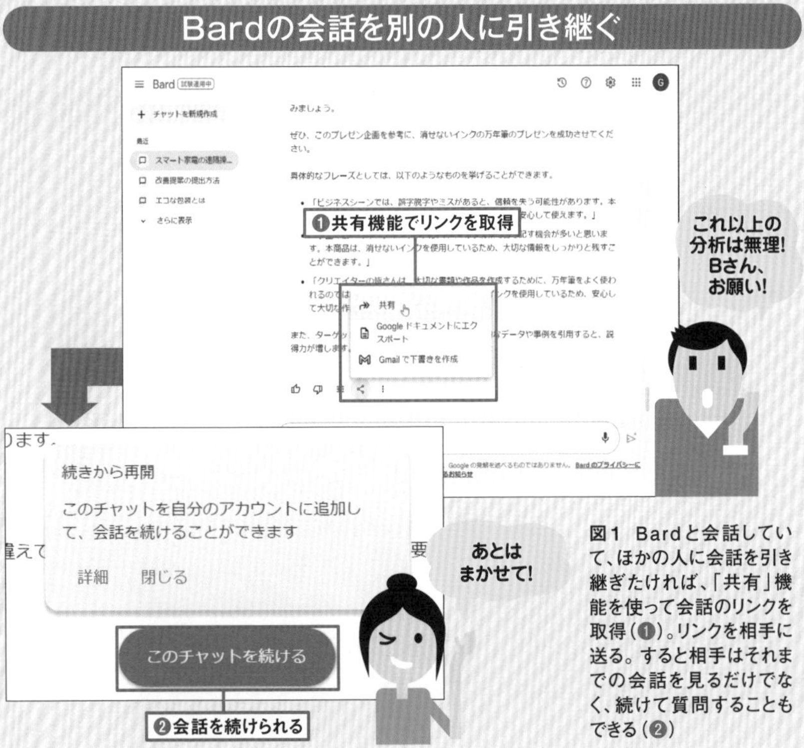

図1　Bardと会話していて、ほかの人に会話を引き継ぎたければ、「共有」機能を使って会話のリンクを取得（❶）。リンクを相手に送る。すると相手はそれまでの会話を見るだけでなく、続けて質問することもできる（❷）

「共有」機能でリンクを取得する

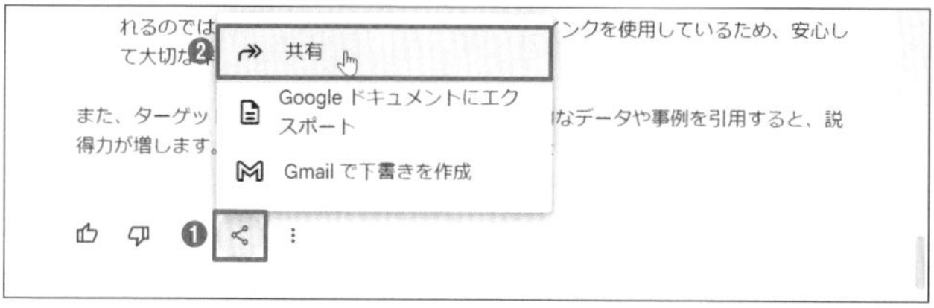

図2 Bardとの会話中、回答の下部に表示される「共有とエクスポート」ボタンをクリック（❶）。「共有」を選ぶ（❷）

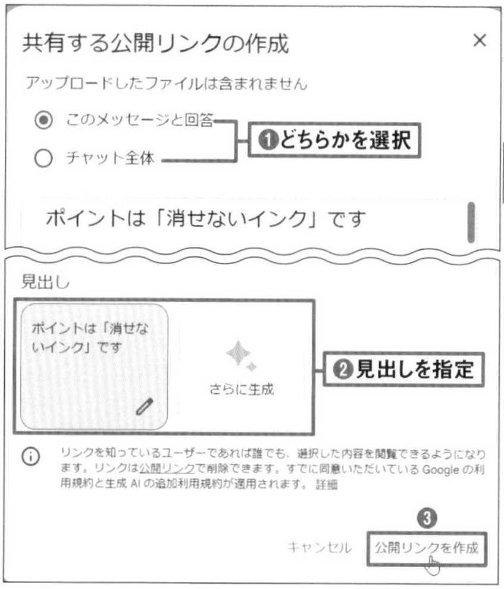

図3 会話で複数の質問をしている場合、最後のやり取りのみ送るなら「このメッセージと回答」を、会話の最初から送るなら「チャット全体」を選択（❶）。会話の見出しが自動生成されるので、必要に応じて編集する（❷）。「公開リンクを作成」をクリックすると、URLが表示される（❸）。「コピー」ボタンをクリックして、取得したURLをメールなどで送る（❹）

共有リンクから会話を続ける

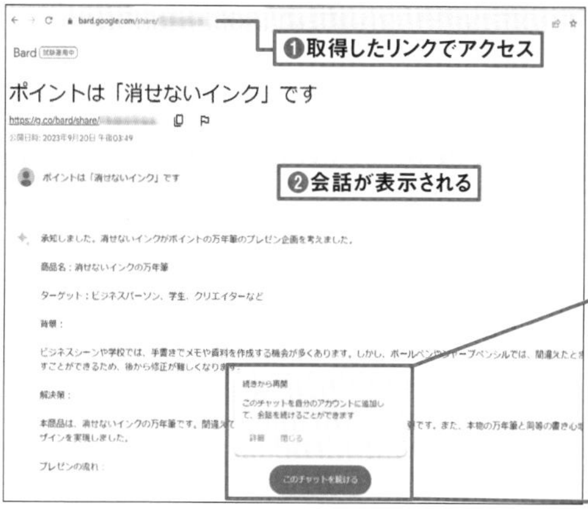

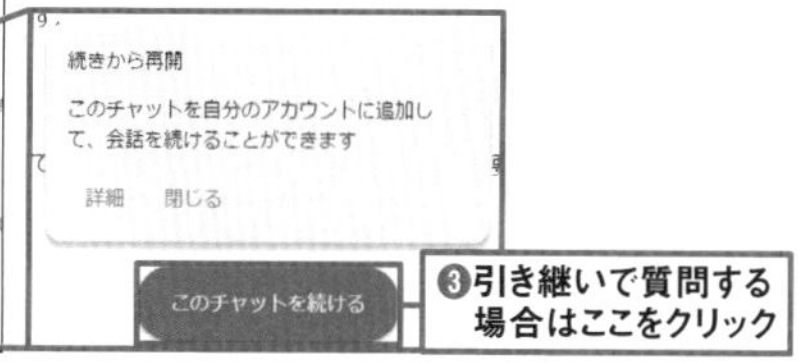

図4 会話のリンクをメールなどで受け取ったら、そのURLにアクセスする（❶）。Bardが起動し、会話が表示される（❷）。質問を続ける場合は「このチャットを続ける」をクリックする（❸）

Section 08 Chromeの拡張機能でChatGPTもBardも使える

便利な対話型AIだが、万能ではない。情報を探すときに検索サイトで探すか、対話型AIに聞くか、迷う場面もある。それならばいっそ、両方で一度に検索できるようにしたい。Chromeに拡張機能「ChatGPT for Google」を追加して、検索サイトでChatGPTやBardの回答まで見られるようにしよう（**図1**）。

Chromeの拡張機能は、「Chromeウェブストア」で入手する（**図2**）。「ChatGPT for Google」を追加したら、あとはいつも通りにGoogle検索をするだけで、画面右側にChatGPTの回答も表示されるようになる（**図3**）。「Bard」タブをクリックすれば、Bardの回答も表示できる（**図4**）。

Google検索と対話型AIで同時検索

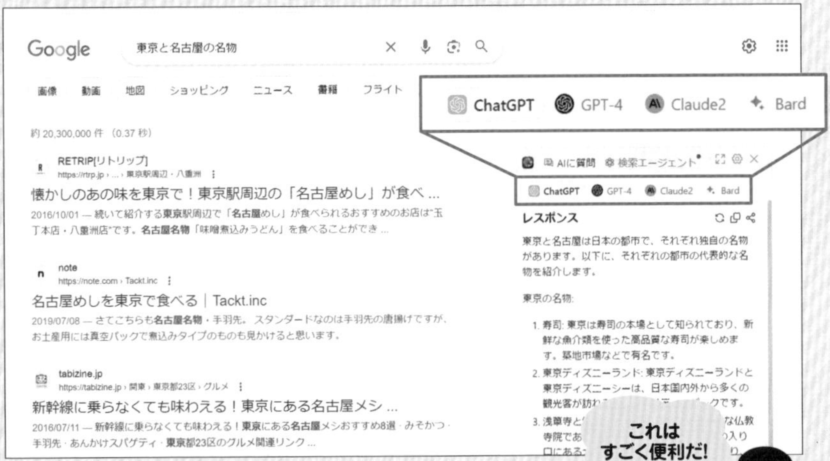
Google
東京と名古屋の名物
画像 動画 地図 ショッピング ニュース 書籍 フライト
ChatGPT GPT-4 Claude2 Bard
約 20,300,000 件 （0.37 秒）
RETRIP[リトリップ]
https://rtrp.jp › ... › 東京駅周辺・八重洲
懐かしのあの味を東京で！東京駅周辺の「名古屋めし」が食べ ...
2016/10/01 — 続いて紹介する東京駅周辺で「名古屋めし」が食べられるおすすめのお店は"玉丁本店・八重洲店"です。名古屋名物「味噌煮込みうどん」を食べることができ ...
note
https://note.com › Tackt.inc
名古屋めしを東京で食べる｜Tackt.inc
2019/07/08 — さてこちらも名古屋名物・手羽先。スタンダードなのは手羽先の唐揚げですが、お土産用には真空パックで煮込みタイプのものも見かけると思います。
tabizine.jp
https://tabizine.jp › 関東 › 東京都23区 › グルメ
新幹線に乗らなくても味わえる！東京にある名古屋メシ ...
2016/07/11 — 新幹線に乗らなくても味わえる！東京にある名古屋メシおすすめ8選 · みそかつ · 手羽先 · あんかけスパゲティ · 東京都23区のグルメ関連リンク ...
AIに質問 検索エージェント
ChatGPT GPT-4 Claude2 Bard
レスポンス
東京と名古屋は日本の都市で、それぞれ独自の名物があります。以下に、それぞれの都市の代表的な名物を紹介します。
東京の名物:
1. 寿司: 東京は寿司の本場として知られており、新鮮な魚介類を使った高品質な寿司が楽しめます。築地市場などで有名です。
2. 東京ディズニーランド: 東京ディズニーランドと東京ディズニーシーは、日本国内外から多くの観光客が訪れ
3. 浅草寺と
寺院であ

図1 Google検索の画面。拡張機能の「ChatGPT for Google」をChromeに追加するだけで、画面右側に対話型AI用のウインドウが表示され、自動的にChatGPTの回答も表示される。「Bard」タブでBardの回答も見られる

これは
すごく便利だ!

拡張機能「ChatGPT for Google」を追加する

chrome ウェブストア
❶Chromeウェブストアで「ChatGPT for Google」を検索
ホーム > 拡張機能 > ChatGPT for Google
ChatGPT for Google
chatgpt4google.com おすすめ
2,458 仕事効率化
❷
Chrome に追加

Chromeウェブストア
https://chrome.google.com/webstore/

図2 Chromeで上記URLにアクセスし、「ChatGPT for Google」を検索（❶）。「Chromeに追加」をクリックして追加する（❷）

Bardの回答を表示するための設定（初回のみ）

Google
東京と名古屋の名物
❶Googleで検索
画像 動画 地図 ショッピング ニュース 書籍 フライト ファイナンス
すべてのフィルタ ツール
約 20,600,000 件（0.43 秒）
RETRIP[リトリップ]
懐かしのあの味を東京で！東京駅周辺の「名古屋めし」が食べ ...
2016/10/01 — 続いて紹介する東京駅周辺で「名古屋めし」が食べられるおすすめのお店は"玉丁本店・八重洲店"です。名古屋名物「味噌煮込みうどん」を食べることができ ...
note
https://note.com › Tackt.inc
名古屋めしを東京で食べる｜Tackt.inc
2019/07/08 — さてこちらも名古屋名物・手羽先。スタンダードなのは手羽先の唐揚げですが、お土産用には真空パックで煮込みタイプのものも見かけると思います。
❷ChatGPTの回答も表示される
AIに質問 検索エージェント
ChatGPT GPT-4 Claude2 Bard
レスポンス
❸ Bard
東京と名古屋の名物にはそれぞれ
以下にいくつか例を挙げてみましょう：
東京の名物：
1. 寿司 - 東京は寿司の本場として有名で、新鮮な魚介類を使った美味しい寿司が楽しめます。築地市場が特に有名です。
2. 浅草寺 - 東京の代表的な寺院で、雷門や仲見世

図3 拡張機能を追加したChromeでGoogle検索を行うと、画面右側にChatGPTの回答も同時に表示されるようになる（❶❷）。Bardの回答を見るには「Bard」タブをクリック（❸）

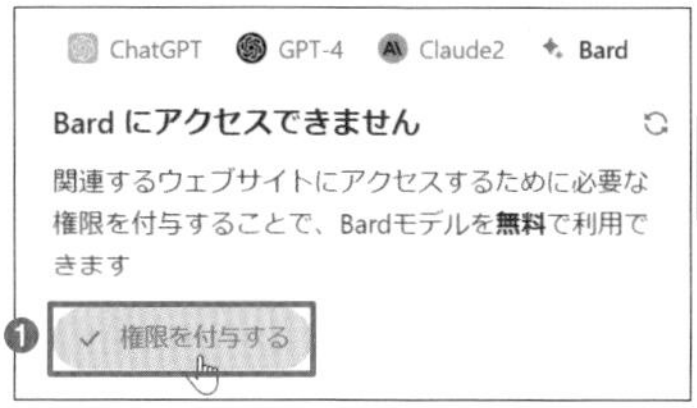

ChatGPT GPT-4 Claude2 Bard
Bard にアクセスできません
関連するウェブサイトにアクセスするために必要な権限を付与することで、Bardモデルを無料で利用できます
❶
権限を付与する

bard.google.comとcontent-push.googleapis.comへのアクセスを許可してください。
これらのウェブサイトへのアクセスを許可することにより（Bard Webアプリへのアクセスに使用される）、Bardモデルに無料でアクセスできます。
❷
許可する
拒否してこのページを閉じる
「ChatGPT for Google」が追加の許可をリクエストしています。
次の権限へのアクセス要求:
bard.google.com、content-push.googleapis.com 上にある自分のデータの読み取りと変更
❸
許可する
拒否

図4 Bardに初めてアクセスする場合は、アクセス権限の設定が必要だ。「権限を付与する」をクリックし、次の画面で「許可する」を選択（❶❷）。Bardのデータへのアクセス許可を与えると（❸）、次回からは自動的に回答が表示されるようになる

Section 09 グラフや画像をアップロード「この画像は何?」に回答

Bardは、文字を入力して質問できるだけではない。画像を与えて、それに関する情報も質問できる。画像をアップロードすると、その画像を解析して「どこの画像か」「似た画像があるか」といった質問に答えてくれるのだ。

さらに、画像に含まれる文字から「何に関する画像か」「どのようなデータか」を聞くこともできる（**図1**）。文字は日本語でも問題ない。

「画像から何がわかるか」を説明してもらう

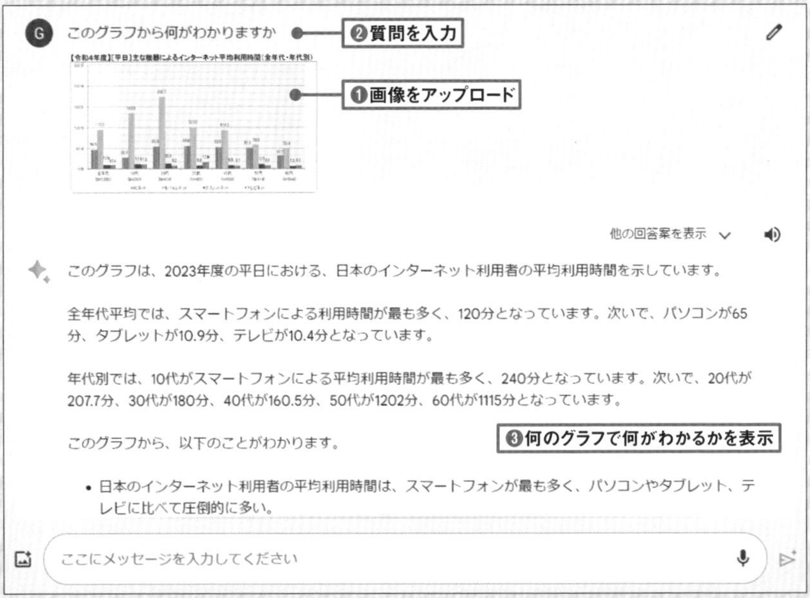
このグラフから何がわかりますか
❷質問を入力
❶画像をアップロード
他の回答案を表示
このグラフは、2023年度の平日における、日本のインターネット利用者の平均利用時間を示しています。
全年代平均では、スマートフォンによる利用時間が最も多く、120分となっています。次いで、パソコンが65分、タブレットが10.9分、テレビが10.4分となっています。
年代別では、10代がスマートフォンによる平均利用時間が最も多く、240分となっています。次いで、20代が207.7分、30代が180分、40代が160.5分、50代が1202分、60代が1115分となっています。
このグラフから、以下のことがわかります。
❸何のグラフで何がわかるかを表示
• 日本のインターネット利用者の平均利用時間は、スマートフォンが最も多く、パソコンやタブレット、テレビに比べて圧倒的に多い。
ここにメッセージを入力してください

図1　アップロードした画像から、何の画像かをBardが解析（❶〜❸）。画像内に文字が表示されていれば、文字データからさまざまな分析ができる。ただし、数字の読み間違いなどが発生することもあるので、過信しないように注意したい

手順は簡単だ。質問したい画像をパソコンからアップロード（**図2**、**図3**）。入力欄に画像が表示されたら、その画像に関して何を聞きたいかを入力すればよい（**図4**）。

アップロードした画像について質問する

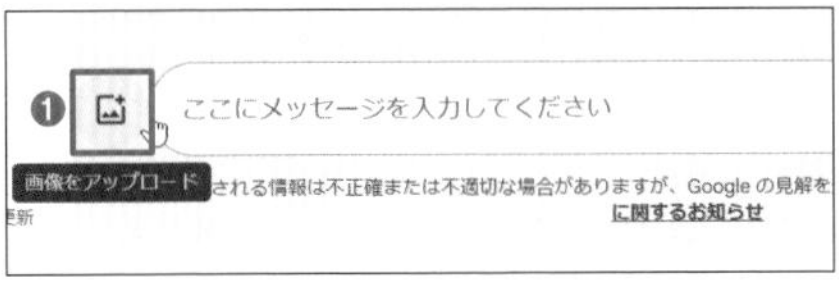
❶
ここにメッセージを入力してください
画像をアップロード
される情報は不正確または不適切な場合がありますが、Google の見解を
に関するお知らせ

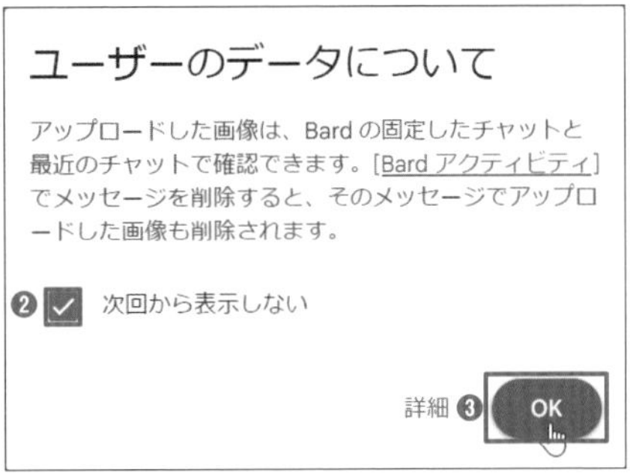
ユーザーのデータについて
アップロードした画像は、Bard の固定したチャットと最近のチャットで確認できます。[Bard アクティビティ] でメッセージを削除すると、そのメッセージでアップロードした画像も削除されます。
❷ 次回から表示しない
詳細 ❸ OK

図2 Bardの質問入力欄左側にある「画像をアップロード」をクリック（❶）。初回に表示される確認画面で説明を読んだら、「次回から表示しない」にチェックを入れ（❷）、「OK」を押す（❸）。そのほか、クリックボードにコピーした画像を貼り付けて質問する方法もある

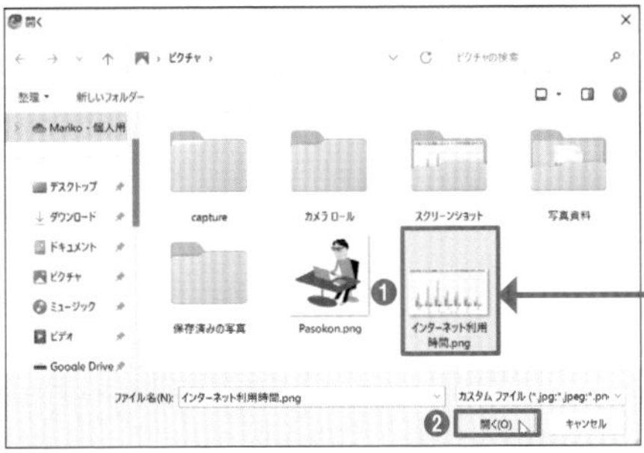
開く
ピクチャ
capture
カメラ ロール
スクリーンショット
写真資料
保存済みの写真
Pasokon.png
❶
インターネット利用時間.png
ファイル名(N): インターネット利用時間.png
❷ 開く(O)
キャンセル

図3 ファイルの選択画面が開いたら、調べたい画像を選んでアップロードする（❶❷）

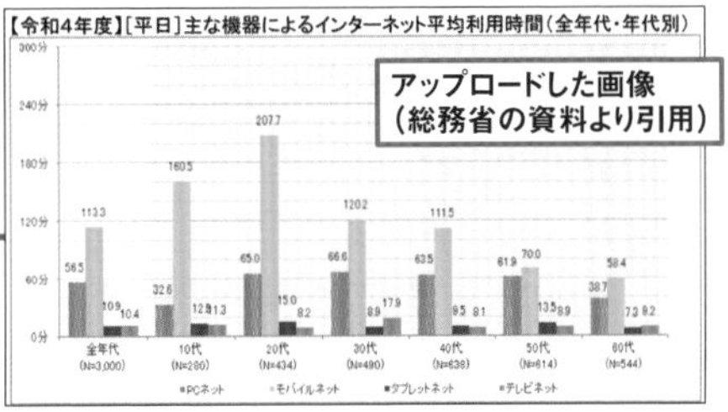
【令和4年度】[平日] 主な機器によるインターネット平均利用時間（全年代・年代別）
アップロードした画像
（総務省の資料より引用）
全年代
10代
20代
30代
40代
50代
60代
PCネット
モバイルネット
タブレットネット
テレビネット

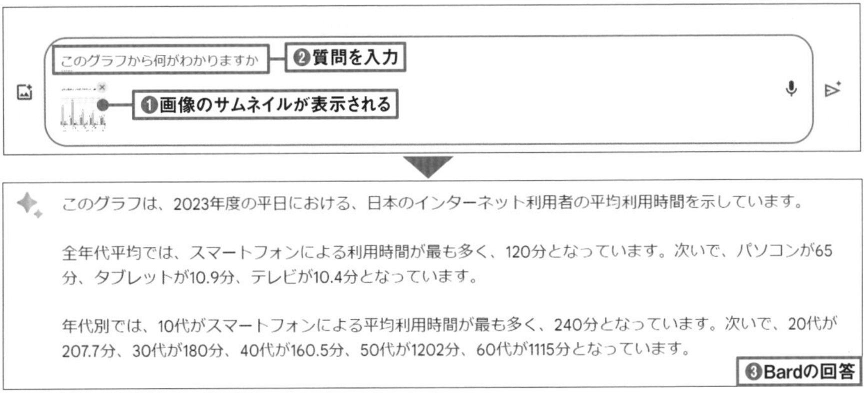
このグラフから何がわかりますか
❷質問を入力
❶画像のサムネイルが表示される
このグラフは、2023年度の平日における、日本のインターネット利用者の平均利用時間を示しています。
全年代平均では、スマートフォンによる利用時間が最も多く、120分となっています。次いで、パソコンが65分、タブレットが10.9分、テレビが10.4分となっています。
年代別では、10代がスマートフォンによる平均利用時間が最も多く、240分となっています。次いで、20代が207.7分、30代が180分、40代が160.5分、50代が1202分、60代が1115分となっています。
❸Bardの回答

図4 Bardの入力欄に画像のサムネイルが表示されればアップロードは完了だ（❶）。その画像について何を知りたいのかを質問として入力する（❷）。この例ではグラフの数値も読み取って回答していることがわかる（❸）

Section 10 GoogleマップやGmailもBardで検索可能にする

Bardは基本的にWeb上の公開情報を収集して回答する。一方、GoogleマップやYouTubeなどのGoogleサービスや、GmailやGoogleドキュメントなどで扱う個人のデータまでをBardの対象にできるのが、「Bard Extensions」という拡張機能だ。例えば通常のBardに「東京タワーの地図を見せて」と質問しても、東京タワーの説明しか出てこないが、この拡張機能を追加すればGoogleマップの地図が表示できる（**図1**）。

「Bard Extensions」でGoogleサービスと連携

図1 「Bard Extensions」は、BardにGoogleサービスやGoogleアプリのデータを連携させる拡張機能。「東京タワーの地図を見せて」と質問すると、通常は文字の説明のみが表示される（上）。拡張機能追加後に英語で「Show me the map of Tokyo Tower」と質問すると、Googleマップが表示され、その場で地図を参照できる（下）[注]

[注] 通常でも英語で質問すれば、Googleマップのサムネイル画像とリンクは表示できる。ただしBard Extention追加後のように、Googleマップの機能そのものを呼び出せるわけではない

2023年9月下旬時点では、この拡張機能は英語でのみ利用でき、Googleアカウントの言語設定を「English」に変更することで、自動的に追加される（**図2、図3**）。表示される「Extensions」ボタンで、どのサービスと連携させるかを指定しよう。初期設定ではユーザーのGmailなどのデータを利用しない設定になっているので、それも含めて検索する場合は「Google Workspace」をオンにする。

Googleアカウントの言語設定を英語に変更する

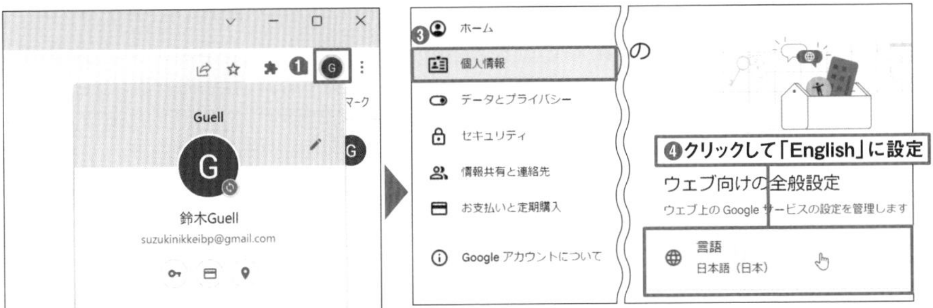

図2 Chromeのユーザーアイコンをクリックし（❶）、「Googleアカウントの管理」を選ぶ（❷）。「個人情報」から「言語」を選択し、「English（United States）」に変更する（❸❹）

連携させるサービスを選択する

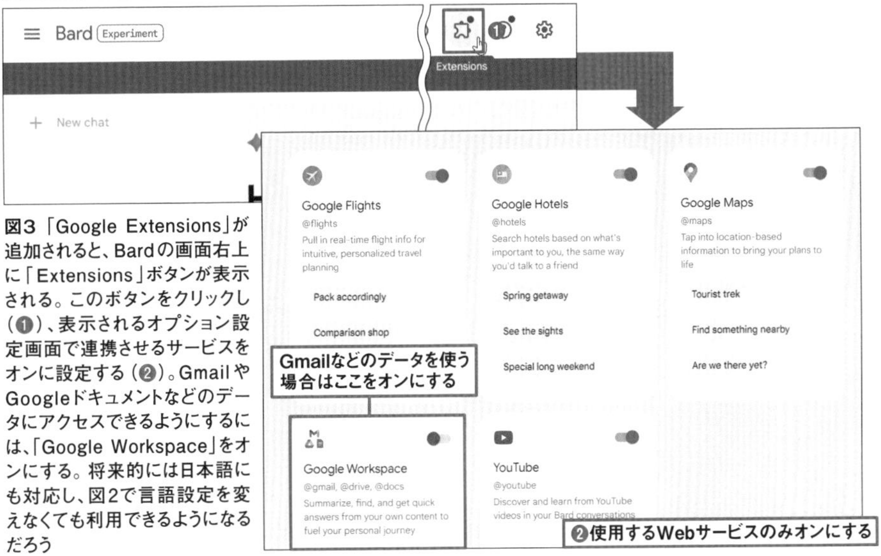

図3 「Google Extensions」が追加されると、Bardの画面右上に「Extensions」ボタンが表示される。このボタンをクリックし（❶）、表示されるオプション設定画面で連携させるサービスをオンに設定する（❷）。GmailやGoogleドキュメントなどのデータにアクセスできるようにするには、「Google Workspace」をオンにする。将来的には日本語にも対応し、図2で言語設定を変えなくても利用できるようになるだろう

Section 11 Googleアプリと完全統合 期待の新機能「Duet AI」

「Google Workspace」(以下、「Workspace」)は、グーグルが提供するグループウエア(16ページ)。Workspaceでは、「Duet AI」という拡張機能を追加することで、Googleアプリに生成AIの機能を追加できる。GmailやGoogleドキュメントの文章、Googleスライドのイラスト、Googleスプレッドシートのデータなどが自動生成でき、作業効率アップが期待できる(**図1～図4**)。

「Duet AI」で文書を自動作成

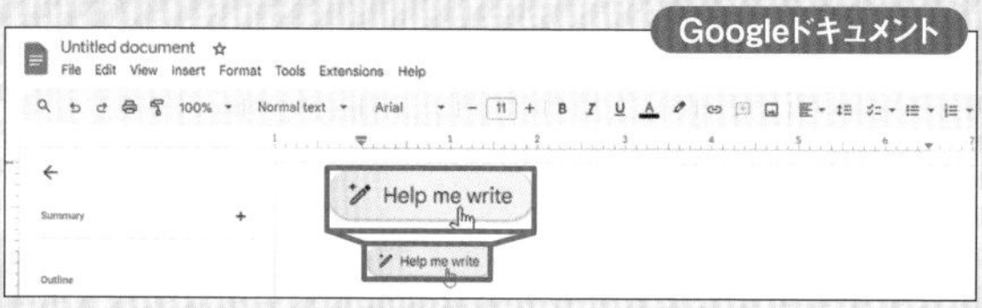

図1 「Duet AI」を導入すると、Googleドキュメントの入力位置に「Help me write」ボタンが表示される。クリックすると、どんな文書を作成したいかを入力する欄が現れる

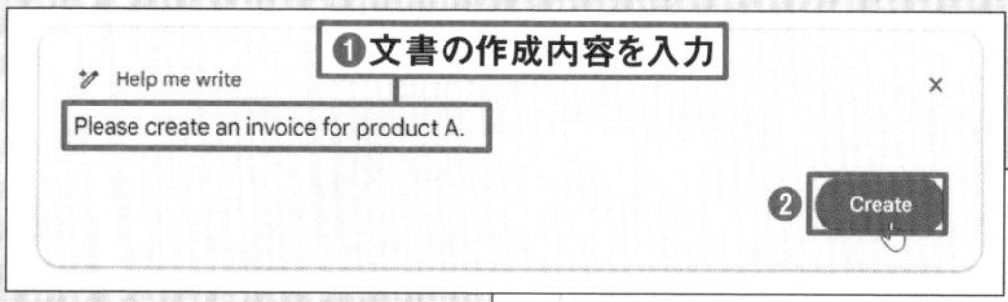

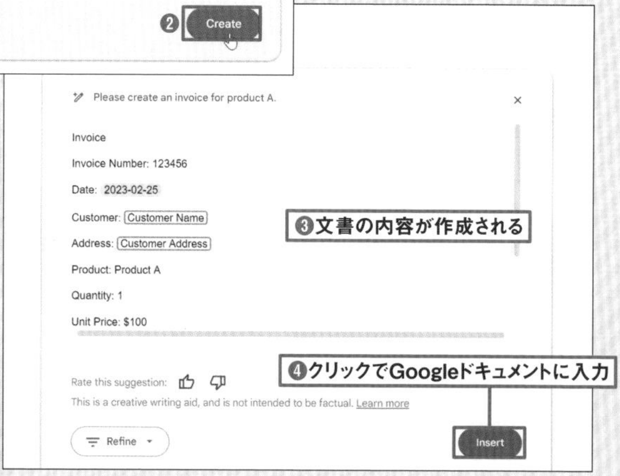

図2 文書の作成内容を入力する(❶)。ここでは請求書の作成を頼んでみた。「Create」を押すと生成が始まる(❷)。生成された内容を確認し、よければ「Insert」を押す(❸❹)

WorkspaceもDuet AIも有料サービスであり、組織全体での導入が前提。2023年9月時点では、Duet AIは英語版でのみ使用可能だ。

Duet AIは現状、個人の無料ユーザーは使えない機能だが、グーグルの最新機能はWorkspaceで先行導入され、その後一般ユーザーに公開されることが多い。Duet AIの機能を知れば、Googleアプリの将来像が見えてくる。

「Duet AI」ならイラストも資料も自動生成

図3 Googleスライドでは、「Help me visualize」というサイドパネルでイラスト生成が可能になる（❶❷）

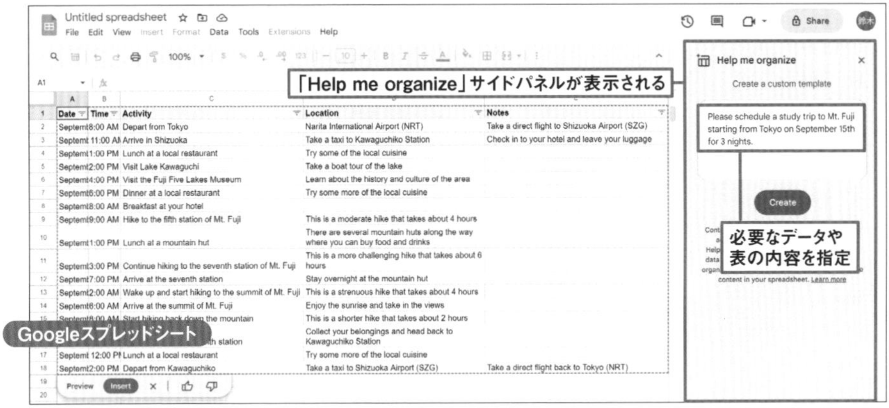

図4 Googleスプレッドシートでは、「Help me organize」というサイドパネルで、データの収集や表の作成を依頼できる。ここでは「富士山での研修旅行の3日間のスケジュール」を立ててもらった

日経PC21

1996年3月創刊の月刊誌。仕事にパソコンを活用するための実用情報を、わかりやすい言葉と豊富な図解・イラストで紹介。Excel、Wordなどのアプリケーションソフトやクラウドサービスの使い方から、プリンター、デジタルカメラなどの周辺機器、スマートフォンの活用法まで、最新の情報を丁寧に解説している。

鈴木眞里子（グエル）

情報デザイナーとして執筆からレイアウトまでを行う。日経PC21、日経パソコンなど、パソコン雑誌への寄稿をはじめ、製品添付のマニュアルや教材なども手がけ、執筆・翻訳した書籍は100冊を超える。近著に『Excel最速時短術』『ビジネスOutlook実用ワザ大全』『PDF最強実務ワザ大全』（ともに日経BP）などがある。編集プロダクション、株式会社グエル取締役。

Googleアプリ×生成AI　最強仕事術

2023年10月23日　第1版第1刷発行

著　　者　鈴木眞里子（グエル）
編　　集　田村規雄（日経PC21）
発 行 者　森重和春
発　　行　株式会社日経BP
発　　売　株式会社日経BPマーケティング
〒105-8308　東京都港区虎ノ門4-3-12

装　　丁　小口翔平＋嵩あかり（tobufune）
本文デザイン　桑原 徹＋櫻井克也（Kuwa Design）
制　　作　鈴木眞里子（グエル）
印刷・製本　図書印刷株式会社

ISBN 978-4-296-20319-2

本書籍に関するお問い合わせ、ご連絡は下記にて承ります。
https://nkbp.jp/booksQA